सिरहाने ग्राम्शी

[एक जेल डायरी]

सिरहाने ग्राम्शी

(एक जेल डायरी)

अरुण महेश्वरी

राजकमल प्रकाशन
नयी दिल्ली पटना इलाहाबाद कोलकाता

ISBN : 978-81-267-2652-3

मूल्य : ₹ 400

पहला संस्करण : 2014

प्रकाशक : राजकमल प्रकाशन प्रा. लि.
1-बी, नेताजी सुभाष मार्ग, दरियागंज
नई दिल्ली-110 002

शाखाएँ : अशोक राजपथ, साइंस कॉलेज के सामने, पटना-800 006
पहली मंजिल, दरबारी बिल्डिंग, महात्मा गांधी मार्ग, इलाहाबाद-211 001
36 ए, शेक्सपियर सरणी, कोलकाता-700 017

वेबसाइट : www.rajkamalprakashan.com
ई-मेल : info@rajkamalprakashan.com

मुद्रक : बी.के. ऑफसेट
नवीन शाहदरा, दिल्ली-110 032

SIRHANE GRAMSHI
by Arun Maheshwari

प्रिय अमित को
जिसके साथ की सघन छाया ने
जेल के कष्टों के ताप को कभी दिमाग
की नसों में नहीं घुसने दिया।

भूमिका

जीवन के एक अजीबोगरीब अनुभव की पृष्ठभूमि में यह विचार-श्रृंखला आज और भी अधिक अर्थपूर्ण जान पड़ती है। सामान्य काल में ऐसा कुछ, एक प्रवाह में कर पाना कितना सम्भव होता, कहना मुश्किल है।

ग्राम्शी हर मार्क्सवादी के लिए आज भी एक बड़ी चुनौती है, इसमें शक नहीं। जो मार्क्सवादी कम्युनिस्ट पार्टियों में शामिल हैं, वे क्रान्ति, अर्थात् चट बाजी मात करने की राजनीति की रणनीति और कार्यनीति की भूलभुलैया में खोए हुए गैर-क्रान्तिकारी परिस्थितियों में समाज पर प्रभुत्व कायम करने के ग्राम्शी के विचारों में अधिक समय जाया करने के लिए तैयार नहीं हैं। और कम्युनिस्ट पार्टी के बाहर के मार्क्सवादियों के लिए बाकी सब ठीक है, लेकिन कम्युनिस्ट पार्टियों की राज-सत्ता के प्रति अति आसक्ति की विसंगतियों और विकृतियों से उपजी भारी विरक्ति के चलते किसी भी प्रकार के सत्ता-विमर्श में शामिल होना उन्हें अपने सतीत्व पर दाग लगाने जैसा दिखाई देता है। यही वजह है कि सामाजिक रूपांतरण की दीर्घ प्रक्रिया में वैज्ञानिक दृष्टि के साथ एक सचेत भूमिका के निर्वाह के लिए ग्राम्शी जिस प्रकार के पूर्ण नियोजित प्राण का आह्वान करते हैं, राजनीति और गैर-राजनीति के एक समग्र क्षेत्र में जिस समान गति से दखल की माँग करते हैं, वैसी समग्रता आज के भागते समय में किसी असम्भव की साधना जैसी जान पड़ती है। इसीलिए ग्राम्शी डराते हैं। उन्हें अपनी मुट्ठी में लेने पर किसी की भी उँगलियों की हड्डियों के चटख जाने का खतरा है।

बहरहाल, अपने खास निजी क्षणों की गाढ़ी अनुभूतियों और गहरी संवेदनाओं के समानांतर ग्राम्शी के साथ की गई इस यात्रा के अनुभव पाठकों के लिए कितने उपयोगी बन पड़े हैं, कहना मुश्किल

है। फिर भी, इनके प्रकाशन के पहले जिन छोटे-बड़ों ने इन्हें पढ़ा या सुना, सबने इनको यथारूप, बिना किसी अतिरिक्त तामझाम के, प्रकाशित करने के लिए प्रेरित किया। आज उन सबके प्रति अपना आभार व्यक्त करता हूँ।

पुस्तक के अन्त में, परिशिष्ट के तौर पर हमारे ही कुछ और लेखों को दिया गया है। वे मूल विषय के पूरक हैं और पुस्तक में उठाए गए मुद्दों को और भी ठोस रूप में समझने में सहायक हो सकते हैं।

–अरुण महेश्वरी

परिशिष्ट

25.6.2012 (मंगलवार)

गुलामों की मंडी

दुर्भाग्य कहूँ या सौभाग्य, बंगाल के एफआईआर राज की मार और हमारे एक कुचक्री सम्बन्धी की कृपा से 22 जून, 2012 को हमें दमदम सेंट्रल जेल में भेज दिया गया।

जेल क्या भेजा, किसी नए नक्षत्र या सदियों पुरानी दासप्रथा के काल में ढकेल दिया। जेल का कैदी आदमी नहीं गुलाम होता है।

जेल में पहला पड़ाव आमदनी वार्ड में–आमदनी वार्ड अर्थात् मालों को, गुलामों को जमा करने का वार्ड। हर वार्ड का एक मालिक होता है–मेड और उसका सहयोगी राइटर। मेड आदमी को ठोक-बजाकर, उसकी सेहत और हैसियत को जानकर अलग-अलग समूहों में बाँटता है। हैसियत के अनुरूप खाने-सोने की व्यवस्था होती है। सिर्फ सेहत वाले गधा खटनी करेंगे और जिनकी न हैसियत हो, न सेहत, वे किसी कोने में हर ऐरे-गैरे की लात और गाली खाने के लिए धकेल दिए जाते हैं।

फिर शुरू होता है गुलामों की वास्तविक मंडी का दूसरा दौर। दरअसल जेल में इस मंडी को, अर्थात् माल की बोली लगाने और खरीदने-बेचने की जगह को केस टेबुल कहते हैं। सुबह-सुबह ठेल-ठालकर लाए गए कैदी मवेशियों के समूह की तरह एक टेबुल के सामने सट-सटकर बैठा दिए जाते हैं। दो-चार लाइफर टेबुल पर कागजातों को सजाते रहते हैं। मेड भी लाइफर होते हैं।

दरअसल जेल मुट्ठीभर सिपाहियों और ढेर सारी लाइफरों का एक स्वायत्त राज है। सुपर और जेलर तो बस किसी जमींदार या औपनिवेशिक शासक की तरह माल बँटोरते हैं और कभी कोई विवाद होने पर पंचायत कर देते हैं।

तो, केस टेबुल की मंडी सज जाने पर शान से जेलर साहब हाजिर होते हैं। उन तक पहले ही तमाम मेड की बोलियाँ पहुँची होती हैं। हैसियत के अनुसार कैदी के दाम लगते हैं। सबसे बड़ी बोली लगाने वाले मेड को उस

कैदी को सौंप दिया जाता है। जेलर कुछ ताक-झाँक करके पहले से लिये गए फैसले पर मोहर लगा देता है। मेड अपने-अपने जरखरीद गुलामों के साथ वार्ड में लौट जाते हैं।

हर कैदी को मेड की मर्जी के अनुसार पैसे चुकाकर सुरक्षित भोजन, स्वच्छ पानी और मच्छरों से बचकर सोने का इंतजाम कर लेना होता है। बोली प्रतिदिन 100 रुपए से लेकर 1 हजार रुपए तक की लगती है। जो जितना रुपया देगा, उतनी ही सुविधाएँ (निश्चित तौर पर जेल की सीमा में) उसे मिल जाएगी। वैसे किस्से तो यहाँ तक प्रचलित हैं कि अमुक व्यक्ति हर रात को जेल के बाहर जाकर सुबह लौट आने तक की सुविधा पाता था। लेकिन यह निहायत अपवाद या शायद गप ही है। कहने के लिए तो कैदियों के रहने-खाने की सारी जिम्मेदारी सरकार की होती है। सेंट्रल किचन चलता है, अस्पताल है, खेलने का मैदान और क्लब भी है-लेकिन इन सबका ढब कुछ इस कदर बिगड़ा हुआ है कि सरकारी सुविधाएँ किसी को भी कोई तसल्ली नहीं देतीं। हर वार्ड में अपना ही एक किचन (प्राइवेट किचन) होता है और उसमें सेंट्रल किचन से उड़ाए गए तथा कुछ अलग से मँगाए गए सामानों से अलग भोजन बनता है। सरकारी भोजन में कुछ भी ढंग का नहीं होता। यहाँ तक कि रोटी भी नहीं। लोग रोटियों का इस्तेमाल ईंधन के तौर पर करते हैं। सब्जी, हमेशा ऐसी रंगत लिये कि झाँकने की भी इच्छा न हो। दरअसल, सरकारी भोजन में जितनी गिरावट होगी, मेडराज का उतना ही बोलबाला होगा और, हम जब इस जेल में आए, तब तो दिवालिया सरकार का पूरा तंत्र ही बिखरा हुआ दिखाई पड़ता है।

कहते हैं कि चार साल पहले एक सदाशय आईजी बी.डी. शर्मा के निर्देश पर विप्लव दास और नन्दी बाबू जेलर के काल में निजीकरण का एक वैकल्पिक स्वतंत्र बाजार तैयार करके यहाँ की दासप्रथा को थोड़ा शिथिल किया गया था। एक कैंटीन खुला, जहाँ बाहर की पैकेट-बन्द सुस्वादु चीजें और हर वक्त कुछ ताजा पकवान बाजार दर पर मिल जाता है। बाजार दर से कुछ सस्ती दरें ही होती हैं। यह कैंटीन अभी भी बदस्तूर चल रहा है, लेकिन चार सालों में इस सुविधा का और विस्तार नहीं हुआ है। लगभग तीन हजार कैदियों को देखते हुए इसका आकार छोटा ही लगता है।

वार्डों के अलावा कैदियों को अकेले रखने वाले सेल भी हैं। सेल में कैदियों को रखने की खास वजहें होती हैं। खूँखार अपराधियों, राजनीतिक नेताओं और जेल का अनुशासन भंग करने वालों को सेल में डाल दिया जाता है। दरअसल, सेल ही शायद सुपर और जेलर के अख्तियार में पड़ते हैं। सेल में भी कुछ ऐसे हैं जिनमें पंखे लगे होते हैं और कुछ बिना पंखे के।

कुछ लोगों को उत्पाती कैदियों से सुरक्षित रखने के लिए भी सेल में रखा जाता है।

हमें भी सुपर ने उत्पातियों से बचाने के लिए बिना पंखे वाले सेल में दूसरे दिन ही डाल दिया। बिना पंखे वाला सेल, इसलिए और भी ज्यादा सुरक्षित, क्योंकि इसमें कोई हैसियतदार खूँखार सरगना नहीं होता है। सोलह कमरों वाले इस सेल वार्ड में बमुश्किल दस भरे हुए थे, हम दोनों को लेकर। सुपर से जब हमने विनती की कि इस गर्मी में कम से कम पंखा तो मुहैया करा दें, तो उनका कहना था कि काफी सोचकर, आपके हित में ही इस सेल को आपके लिए चुना गया है। दूसरे साथी कैदियों ने भी इस बात की ताईद की कि पूरे जेल में यही स्थान सबसे शान्त और सुरक्षित है। बाकी का उत्पात यहाँ की गर्मी से बहुत ज्यादा असहनीय होगा।

हमें भी आमदनी वार्ड के दो दिन के अनुभव से इस बात का अनुभव हो गया था। सारे वार्ड मोबाइल फोनों से भरे हुए हैं। हर वार्ड के मेड के पास चार-पाँच मोबाइल फोन तो होते ही हैं। रात होते ही एक कोने में कोई गाँजा पी रहा था तो दूसरे कोने में कोई मोबाइल फोन पर किसी को धमका रहा था। ड्रग्स की चारों ओर धूम मची थी। वार्ड का रखवाला मेड इन सबसे बेखबर सिर्फ रुपए बँटोरने में लगा था। सारे कैदी इस बेताज बादशाह के रहमो-करम के लिए उसके सामने सिर झुकाए रहते थे। वह लाइफर था, सजा के बीस वर्ष काट चुका था और पता नहीं कितने साल काटने वाला है। रुपए कहाँ भोगेगा-इस धरती पर या जन्नत की हूरों और अप्सराओं के साथ! लेकिन कनक की मादकता का यह अनोखा नजारा था। हम उसके वफादार चाकर। हमें उसने मसहरी दी, हालाँकि सुबह छः बजे, जब हमारी आँख लगी ही थी, बड़ी बेरहमी से उसने मसहरी खींच ली। बगल में लाठी और हाथ में खाता लिये लुंज-पुंज से एक सिपाही को उसे अपने गुलामों की गिनती जो करानी थी। ऐसी गिनती दिन में छः बार होती है। लतखोरों को सामने पंक्तियों में उकड़ूँ बैठा दिया जाता, बाकी उनके पीछे लाइन से खड़े हो जाते। गिनती मिल जाने पर मेट सलाम बजाता या सिपाही, पता नहीं। गुलामों को काम पर लग जाने का आदेश दे दिया जाता।

इस जेल में खासी तादाद बांग्लादेशी अभागों की है। वे हर रोज कानूनी, गैर-कानूनी रास्तों से हजारों की संख्या में भारत आते हैं और पुलिस उनमें से कुछ को जेल की हवा खिलाकर अपनी मुश्तैदी का परिचय देती है। पुलिस की दबोच में वे कमजोर लोग ही आते हैं, जिनसे लूटने-पूटने के लिए उन्हें कुछ माल भी मिल सकता हो। जिनके पास कुछ नहीं होता, उन्हें शायद लाठी और गाली देकर छोड़ दिया जाता है।

बावन बीघा के इस जेल में आदमी की करुण दशा मन में बार-बार एक ही सवाल उठाती है-यह जेल खत्म क्यों नहीं हो जाते? दासप्रथा का शायद यह सबसे जीवंत अवशेष है। जेल का अन्त दासता का अन्त होगा। जब तक जेल हैं, दासता बची हुई है।

14.7.2012 (शनिवार)

चारु चन्द्रलेख

320 पन्नों की चारु चन्द्रलेख कथा को आज पूरा किया। व्योमकेश शास्त्री के नाम से हजारीप्रसाद द्विवेदी ने किसी अघोरनाथ के हाथ लगी इस कथा को यथासम्भव विस्तार से लिखा है। उज्जयिनी के राजा सातवाहन के मुँह से यह रानी चन्द्रलेख, सिद्धें, वाममार्गी बौद्धें और तांत्रिकों-तापसों से भरे भारतवर्ष की हतवीर्य दशा की, नाना मार्गी सिद्धों के सिद्धान्तों और कर्मकांडों की एक अनोखी कहानी है। पृष्ठ-दर-पृष्ठ पढ़ते चले जाइए, धार्मिक विश्वासों और सिद्ध तापसों के करिश्मों से आबद्ध तत्कालीन समाज की एक तिलिस्मी कहानी आपको बाँधे रखती है। इस पूरी कथा की रोचकता से अनायास ही यदि किसी को देवकीनंदन खत्री की चन्द्रकान्ता की याद ताजी हो जाए तो इसमें अचरज की बात नहीं होगी। फर्क सिर्फ यह है कि इस पूरी कथा का तिलिस्म धर्म, आस्था, विश्वास और तंत्र-मंत्र तथा सिद्धियों के आधार पर बुना गया है। इतिहास का सम्पुट देकर एक हतभाग्य देश में जागरण के बिगुल के जरिए इसे जो उद्देश्य प्रदान किया गया है, वह किसी विज्ञानसम्मत विचार से मेल नहीं खाता, लेकिन चरित्रों के चित्रण में भारतीय वाङ्मय के अमर स्रोतों की मदद से जो लावण्य सृष्ट हुआ है, वह इसे कई स्थलों पर शास्त्रों की लम्बी शृंखला से रचे गए एक नए शास्त्र, प्राचीन पाठों के एक लम्बे सिलसिले के विलयन से निर्मित एक नए और अमर पाठ के स्तर तक ले जाता है।

क्या चन्द्रलेख की प्रेरणा सूक्ष्मातिसूक्ष्म रूप में ही क्यों न हो, चन्द्रकान्ता थी? सिद्धों के चमत्कारों और ऐयारों के करतबों में क्या कोई ज्यादा फर्क है?

चन्द्रलेखा क्या है–एक ग्रामीण बाला–समस्त स्त्री लक्षणों से युक्त रानी और सर्वोपरि एक सिद्ध योगिनी–भारतवर्ष की एकता की लड़ाई में निमज्जित एक अद्‌भुत प्राण–

सातवाहन तो एक निमित्त है–कथा का सूत्रधार–चन्द्रलेखा के चरित्र का दर्पण।

17.7.2012 (मंगलवार)

पगली घंटी

आज जेल में पगली घंटी सुनने को मिली। लगभग एक हफ्ते से जेल के सजायाफ्ता और विचाराधीन कैदियों के सबसे बड़े संयुक्त 2 नं. वार्ड में असन्तोष पनप रहा था। किचेन में गैस की आपूर्ति न होने के कारण लकड़ी जलाकर खाना पकता है। सरकार गैस का बिल नहीं चुका पा रही है, इसीलिए गैस की आपूर्ति रुक गई है। लकड़ी से खाना पकाने की समुचित व्यवस्था नहीं है। गैस की व्यवस्था के पहले खाना लकड़ी जलाकर ही तैयार होता था, लेकिन गैस से रसोई शुरू हो जाने के बाद लकड़ी से जुड़ी व्यवस्था वर्षों पहले ही खत्म कर दी गई थी। अब अचानक मजबूरी में लकड़ी के ईंधन के प्रयोग से सारा मामला अस्त-व्यस्त हो गया है। लकड़ी जेल के अन्दर के ही पेड़ों को काटकर इकट्ठी की जाती है। बारिश में इस ताजी लकड़ी को सुलगाने में दिक्कत होती है। इसी वजह से खाना तैयार होने में देर हो जाती है। सेल के कैदियों और सजायाफ्ता कैदियों के दूसरे वार्डों में तो किसी तरह समय पर खाना पहुँच जाता है लेकिन 2 नं. वार्ड के विचाराधीन (यूटी) कैदियों को खाना समय पर नहीं मिल पाता। आज तो दोपहर के साढ़े तीन बजे तक खाना नहीं पहुँचा था, इसीलिए 2 नं. वार्ड के कैदी बुरी तरह भड़ककर जेल गेट पर इकट्ठा हो गए थे। एक सिपाही के सिर पर पत्थर से चोट लगी और सब-जेलर बर्मन साहब पर भी हमला हुआ। भारी शोरगुल और उत्तेजना थी। हमारा सेल वार्ड पूरी तरह शान्त था, लेकिन इस वार्ड से 2 नं. वार्ड का पिछवाड़ा दिखाई देने के कारण हम लोग उधर की उत्तेजना को साफ देख पा रहे थे। भाग-दौड़ मची हुई थी। भूख की ज्वाला और अपराधियों का जमावड़ा-जो हो सकता है, वही हो रहा था। हालाँकि कैदियों में शोर ज्यादा था, हिंसा उतनी नहीं थी। फिर भी इस घटना ने जेल अधिकारियों को अपनी शक्ति के प्रदर्शन का अच्छा मौका दे दिया। पगली घंटी बजी और जेल के बाहर सिपाहियों की आरक्षित टुकड़ी तथा दमदम थाने के सिपाही पूरी तैयारी के साथ घुसकर अन्धाधुन्ध लाठी चलाने लगे। उनके साथ लाठीधारी सजायाफ्ता कैदियों का एक दल भी था। हमने गौर

किया कि स्थिति जैसे ही कुछ काबू में आई, जेल अधिकारियों ने पहला काम 2 नं. वार्ड के सभी कैदियों को खाना भिजवाने का किया। डंडों के साये में कैदियों को खाना खिलाया गया और देखते ही देखते लॉकअप का समय आ गया। शाम के साढ़े पाँच बजे जेल के सभी कैदियों को लॉकअप कर दिया जाता है। लॉकअप के ठीक बाद ही जेल अधिकारियों की कार्रवाई का दूसरा दौर शुरू हुआ। अब 2 नं. वार्ड के एक-एक घर से चुन-चुनकर कुछ शिनाख्त कर लिये गए कैदियों को उठाया जाने लगा। कहते हैं कि उन सबको केस टेबल की जगह पर ले जाया गया और वहाँ इकट्ठा सिपाहियों ने एक-एक की जमकर धुनाई की। फिर घायल कैदियों में से कइयों को सेलों में भेज दिया गया। लगभग साढ़े छः बजे हमने भी गौर किया कि हमारी सेल के खाली कमरों में भी कई ऐसे कैदियों को ठूस दिया गया है।

पगली घंटी का मतलब जेल में आपातकाल की घोषणा जैसा होता है। स्थानीय पुलिस की मदद से जेल को सशस्त्र सिपाहियों के सुपुर्द कर दिया जाता है। दोषी पाए जाने वाले कैदियों की खूब पिटाई होती है। यह जेल के बाकी सभी कैदियों के लिए चेतावनी भी है। साथी कैदियों ने बताया कि अब सरकार के बड़े जेल अधिकारी भी सरेजमीन जाँच के लिए आएँगे। उनके आने पर कैदियों से भोजन सम्बन्धी कोई शिकायत न मिले, इसीलिए अधिकारियों ने पगली घंटी के बजने के दौरान ही पहला काम सबको भोजन कराने का किया था। जहाँ तक कैदियों को अधिकारियों की ताकत के बारे में सन्देश देने का काम है, इसे बाद में चुन-चुनकर कैदियों की पिटाई के जरिए पूरा कर लिया गया।

19.7.2012 (वृहस्पतिवार)

आज का दिन–मन थोड़ा भारी रहा। सरलू से बात करने पर उसकी मनोदशा का अन्दाजा मिला। घर के अन्य सभी व्यस्त हैं और वह अकेले दुश्चिन्ताओं के पहाड़ के नीचे दबी रहती है। समझ नहीं आता कैसे दिलासा दूँ।

सरलू का भारी मन मुझे दुखी कर रहा है। कह रही थी कि ऐसा हमारे साथ क्यों हो रहा है? मैंने कहा कि इसके पीछे सिर्फ हमारा नाम काम कर रहा है। लोग नाम की धुनाई में लगे हुए हैं। वह सुबक रही थी। ऐसे नाम के बोझ पर चिन्तित थी। लेकिन क्या किया जा सकता है। वह मुझसे रवीन्द्रनाथ की गीतांजलि की कविता का जिक्र कर रही थी। ''नामटा जे दिन घुचाबे नाथ/ बाचबो से दिन मुक्त होये/... आमार ए नाम जाक ना चुके/ तोमारि नाम नेबो मुखे/ सबार संगे मिलबो से दिन/ बिना नामेर परिचये।'' (नाथ जब खत्म होगा मेरा नाम/उसी दिन मुक्त होकर बचूँगा/... मेरा यह नाम मिट जाए/मुँह से सिर्फ तुम्हारा नाम लूँगा/मिलूँगा तब सबसे/बिना नाम के परिचय के साथ)

बहरहाल, रोज का अखबार ध्यान से पढ़ता हूँ। राजनीति की साफ निरर्थकता बहुत पीड़ादायी है। सीपीआई (एम) ने प्रणव मुखर्जी को राष्ट्रपति पद के लिए समर्थन देकर काफी दिनों बाद परिपक्व राजनीति का परिचय दिया है। राजनीति मूलतः तत्काल पर ही केन्द्रित होनी चाहिए। किसी भी प्रकार की शास्त्रीयता के चक्कर में समकाल में अप्रासंगिक बन जाना राजनीति का बचकानापन है। पार्टी के कथित रिसर्च ब्यूरो का प्रसनजित और जेएनयू की एसएफआई शाखा ऐसे ही बचकानेपन की शिकार हैं। ज्योति बसु को प्रधानमंत्री न बनने देने की राय सुनाने वाला केन्द्रीय कमेटी का बहुमत भी ऐसे ही बचकानेपन का शिकार था। यूपीए 1 से न्यूक्लियर ट्रीटी को लेकर समर्थन वापस लेते वक्त भी इसी बचकानेपन का परिचय दिया गया था। भारत के कम्युनिस्ट आन्दोलन ने सन् '42 में भी कुछ ऐसा ही रास्ता अपनाया था। इन बचकानी हरकतों ने अक्सर भारत के कम्युनिस्ट आन्दोलन को देश की

राजनीति के हाशिए पर डाला है। आशा है, भविष्य में इस बारे में ज्यादा सतर्कता बरती जाएगी। तात्कालिक और समकालीन विषयों पर हस्तक्षेप करने में असमर्थ राजनीति का कोई भविष्य नहीं होता। शायद का. प्रकाश की तरह के सिद्धान्तकारों को अब यह बात समझ में आ रही है। फल अच्छा ही होगा।

ममता बनर्जी राजनीति में एक भारी कौतुक का विषय हैं। वह हल्दी की एक गाँठ के व्यापारी की तरह बंगाल के मुट्ठीभर लोगों को लेकर पूरी राष्ट्रीय राजनीति की बागडोर अपने हाथ में ले लेने की बाजीगरी दिखा रही हैं। यह शेखचिल्ली का सपना है। 35 वर्षों के एक लम्बे शासन को खत्म करने के बाद उनके प्रति जनता में जो भारी उत्साह दिखाई देना चाहिए था, वह एक उफान के बाद ही इतनी तेजी से स्मित हो रहा नजर आता है कि आश्चर्य होता है। वह वामपन्थ के उस रास्ते की लकीर पीटने में लगी हुई हैं जिसे खुद वामपन्थी अपने लम्बे अनुभवों के बाद छोड़ना ही अपनी राजनीति और राज्य के भविष्य, दोनों के लिए श्रेयस्कर मान रहे थे। ममता सरकार उस पिटे हुए रास्ते के सूत्रों को उठाकर वामपन्थियों के समर्थन में सेंध के जो सपने देख रही हैं, वह उसे न घर का रखेगा, न घाट का। राज्य की तबाही तो सुनिश्चित है। वैश्वीकरण के इस दौर में ही दिशाहीन राजनीति सिवाय अराजकता के और कुछ नहीं दे सकती। पश्चिम बंगाल का पूरा प्रशासन उसी में डूबा हुआ दिखाई देता है।

कल घर से 'इकोनोमिस्ट' के दो ताजा अंक मिले। काफी अच्छा लगा। ध्यान से हिग्सबोसोन के विशेष कण के बारे में पढ़ा और फिर अमेरिका सहित दुनिया के विभिन्न देशों में सेल गैस के अकूत भंडार से ऊर्जा की जो नई भारी सम्भावना पैदा हुई है, वह काफी रोमांचक है। इसके पहले अखबारों में कृत्रिम सेल के जिनोम से खाद्य सामग्रियों के उत्पादन में जो नई क्रान्ति की सम्भावना पैदा हुई है, पढ़ा। इससे मनुष्य जाति के भविष्य के प्रति आशा प्रबल होती है।

'इकोनोमिस्ट' के इन ताजा अंकों में से ही एक में पुस्तक समीक्षा के स्तम्भ में पूँजीवाद पर दो ऐसी किताबों की समीक्षा है जो पूँजीवाद में फिर से आस्था पैदा करने का उपक्रम कही जा सकती है। कुछ दिनों पहले तक सबप्राइम संकट से अमेरिकी अर्थव्यवस्था में आए भूचाल के बाद सभी पत्र पत्रिकाओं में 'पूँजीवाद चल नहीं सकता' की जो गुहार शुरू हुई थी, वह अभी यकबयक थम सी गई है। उलटे अमेरिकी अर्थव्यवस्था के पूरी तरह चंगे होने और मैन्यूफैक्चरिंग के भी वापस अमेरिका लौटने की बातें ज्यादा सुनाई देने

लगी हैं। उपरोक्त दोनों किताबें भी पूँजीवाद के पुनर्जीवन की इस नई कहानी का सैद्धान्तिक रूप कही जा सकती हैं।

क्या अच्छा होता यदि शुरू से ही जेल डायरी लिखा होता।

हिग्सबोसोन की उपलब्धि के बारे में 'इकोनोमिस्ट' के 7 जुलाई के अंक में सही लिखा है कि, "हर बीतते हुए दशक के साथ ऐतिहासिक घटनाओं का महत्त्व गिरता जाता है। राजनीतिक और वित्तीय संकटों को प्रगति के पथ में क्षण भर के लिए ठहराव के तौर पर देखा जा सकता है, जैसा कि वे आमतौर पर होते हैं। यहाँ तक कि युद्ध के आतंक भी अयथार्थ की झाँकी जैसे दिखते हैं। लेकिन भौतिकशास्त्र के नियम सनातन और सार्विक होते हैं। उनकी खोज मानव मात्र की विजय है। और यह सप्ताह ऐसी ही एक विजय और खोज का सप्ताह रहा है।"

20.7.2012 (शुक्रवार)

घर की चिन्ता

आज कोर्ट था। मतलब झूठी परेशानी। सीजेएम कोर्ट ने पिछली बार पीपी (स्पेशल) के न होने के कारण 4 दिन की शॉर्ट डेट दी थी। सभी जानते थे कि जमानत के लिहाज से इसका कोई मायने नहीं है। चूँकि ऊपर की अदालत में अर्जी दी जा चुकी है इसलिए अब इन सबसे नीचे की अदालत में कुछ नहीं होने वाला। यहाँ तक कि पंचनामा भी इस अदालत में नहीं पहुँचा। व्यर्थ में दिन भर की किल्लत। पेशी हुई, यह सुनाने के लिए कि अगली तारीख 14 दिन बाद अर्थात् 3 अगस्त को दी गई। हम जानते हैं कि अगले 4–5 दिन में ही जज कोर्ट में जमानत मिल जाएगी और इस एक पीड़ादायी किस्से का पहला चक्र पूरा होगा।

बहरहाल, अदालत में पेशी पर जाने से सभी घर वालों से मुलाकात हो पाती है। तभी मुझे याद दिलाया गया कि कल 21 जुलाई को रानी का जन्मदिन है। आँखें और गला भर आएँ। उसे पाँच पंक्तियाँ लिखकर भेज दी। वह बेहद दुखी है। यह सब जो हो रहा है, हमारी ही समझ के परे है, तो वह क्या समझेगी। सच्चाई और आदर्श के जीवन में ऐसे षड्यंत्रों की तो कल्पना भी नहीं की जा सकती। पिछले 2 साल से हम भौचक सब कुछ देख रहे हैं, कोई प्रतिकार नहीं सूझता। शैतान को जवाब देने की भाषा ही हमारे पास नहीं है। हम सचमुच असमर्थ और कमजोर हैं। सताया जाना शायद हमारी नियति है। पता नहीं क्या होगा!

जो भी हो, सरलू अगर ठीक रही तो मेरे लिए सब ठीक ही रहेगा। वह अपने को कमजोर न महसूस करे, टूटे नहीं, अपने युयुत्सु सत्व को बनाए रखे, यही देखना है। बाकी सब सह लिया जाएगा। कल फोन करूँगा, खूब बात करने की कोशिश करूँगा। उसके 58 साल पूरे होंगे। अभी और 40 वर्ष साथ जीना है। इस प्रकार के मामूली धक्कों से उसे बिखरने नहीं दूँगा।

अभी रात के साढ़े आठ बज गए हैं। जेल के रूटीन में हम अक्सर 9 बजे तक सो जाते हैं और सुबह 6 बजे उठते हैं। आज देर से सोऊँगा।

पृथु और अनु से, रिचा से भी जब मिलता हूँ, मन भर आता है। परिस्थितियों ने उन्हें अब परिपक्व बना दिया है। वे जीवन अपने ढंग से चलाएँगे। हम लोगों की दी हुई समस्याओं से वे जितना बच पाएँगे, उनका जीवन उतना ही ज्यादा सुखी होगा। देखें क्या होता है!

22.7.2012 (रविवार)

आज रविवार–वैसे जेल में क्या सोमवार क्या रविवार! लेकिन रात को मन काफी व्यग्र था, क्योंकि जहर के सीआईडी के सामने आत्मसमर्पण करने की गुत्थी पूरी तरह सुलझ चुकी थी।

एक तो पंकज राठी ईर्ष्या की आग में जलता हुआ हमारे खिलाफ एक के बाद एक साजिशों से हमारे और कुछ अंश तक खुद के भी जीवन को तबाह किए हुए है। और अब दोजख की इस आग में सांगा परिवार भी कूद पड़ा है। एक गन्दी मछली पूरे तालाब को गन्दा कर देती है।

अभागा प्रदेश

आज के अखबार में ममता बनर्जी की सभा की रिपोर्ट पढ़ी! यह उद्‌देश्यविहीन भीड़ भारी खतरे की सूचक है। इसे उत्तेजित करके एक बार के लिए तो राज्य के लोगों पर कहर बरपाया ही जा सकता है। विधानसभा के अगले चुनाव चुनाव में अभी चार साल बाकी हैं। राज्य के सभी संस्थानों, नागरिक सुविधाओं की ढाँचागत व्यवस्थाओं और सभी चुनी गई स्थानीय स्वयंशासी संस्थाओं को गर्त में ले जाने के लिए ये चार वर्ष काफी हैं।

पश्चिम बंगाल सचमुच आज मुझे भारत का एक अभागा प्रदेश दिखाई देता है। इसका दुर्भाग्य है कि पूँजीवादी वर्चस्व के इस युग में यहाँ पहले 35 सालों तक एक ऐसी सरकार रही, जिसके राजनीतिक कर्णधारों को अर्थनीति के संचालन की कोई तमीज ही नहीं थी। वे राजनीतिक नारों को पूँजी निवेश का पर्याय समझते थे। भूमि सुधार के जरिए कुछ सम्पदा के आवंटन को ही अर्थनीतिशास्त्र का मूल मंत्र मान लिये थे। वे निवेश चाहते थे, लेकिन ऐसा कि जिसकी सुरक्षा की कोई माँग न करे। वे पूँजीपतियों के निवेश और एक कल्याणकारी राज्य के निवेश में कोई फर्क ही नहीं कर पाते थे। इसीलिए सरकारी पैसे के प्रति वे जितना निष्फिक्र रहते थे, उतना ही लापरवाही भरा

उनका रवैया निजी निवेश के प्रति भी होता था। कुल मिलाकर रवैया यह था कि इस प्रदेश में कोई निवेश करे तो अपनी बला से और न करे तो भी अपनी बला से। हल्दिया पेट्रोकेमिकल्स में पूर्णेन्दु चटर्जी की पूँजी फँस गई, आमंत्रित करके बुलाए गए सिंगापुर के सलीम ग्रुप के सारे प्रकल्प अधर में लटक गए और सर्वोपरि टाटा का नैनो कारखाना एक हजार करोड़ से भी ज्यादा लागत से 95 प्रतिशत पूरा हो जाने के बावजूद शुरू नहीं हो सका और प्रतिपक्ष के आन्दोलन के कारण टाटा को उसे गुजरात ले जाना पड़ा। इन सबसे वामपन्थी नेताओं के सिर पर चिन्ता की लकीर भी नहीं पड़ी। उलटे फिक्र उन्हें ज्यादा इस बात की लगी रही कि आम लोग कहीं वामपन्थियों को पूँजीपतियों से मिलाकर न देखने लगें! अन्तिम वाममोर्चा सरकार के पाँच साल इसी प्रकार की दुविधाओं में, 'क्या करें' की दुश्चिन्ता में बीत गए। आम लोगों ने भी ऐसी निकम्मी सरकार को धक्का देना उचित समझा।

दुर्भाग्य की बात यह है कि ममता बनर्जी भी उसी पिटे हुए पथ की पथिक हैं। उनके पास भी कोरी बातें ही बातें हैं। अर्थनीति के नाम पर कुछ सरकारी धन के अपव्यय के अलावा उनकी और कोई अवधारणा नहीं है। पूँजी निवेश की बात करती हैं लेकिन वामपन्थियों की तरह ही पूँजीपतियों को ठेंगे पर रखने के प्रति अधिक उत्साहित रहती हैं। आज उन पर पर किसी भी निवेशकर्ता को कोई भरोसा नहीं है। इसीलिए पश्चिम बंगाल निवेश के लिए भरोसेमन्द जगह नहीं है। अर्थव्यवस्था पूरी तरह ठहरी हुई है और ठहरे हुए पानी में पैदा होने वाली गन्दगियों की तरह ही यहाँ सभी प्रकार की सामाजिक बुराइयाँ तेजी से बढ़ रही हैं। देखते ही देखते एक साल के अन्दर, औरतों पर जुल्म के मामले में कई राज्यों को लाँघकर पश्चिम बंगाल आज राष्ट्रीय तालिका के शीर्ष पर है। आगे ऐसी और भी सभी बुराइयों के मामले में पश्चिम बंगाल का अव्वल स्थान होगा, इसके सारे संकेत सामने हैं। तृणमूल कांग्रेस की उच्छृंखल भीड़ से यही सब पैदा हो सकता है।

सभा में ममता बनर्जी के इस आह्वान से कि येन केन प्रकारेण आने वाले पंचायत चुनावों में विजयी होना ही है, इन चुनावों में भारी हिंसा की आशंका है। देखना यह है कि यहाँ के गाँव के लोग कैसे इस चुनौती का मुकाबला करेंगे। दार्जिलिंग में जीटीए के चुनाव से गुरुंग कम्पनी के अलावा बाकी सबको जिस प्रकार डरा-धमकाकर खदेड़ दिया गया है, क्या पंचायत चुनावों में तृणमूल भी कुछ ऐसा ही प्रयोग करने की कोशिश नहीं करेगी? यह भारत के बहुदलीय जनतंत्र के सामने एक गम्भीर सवाल है।

हरीश जी

जेल में रात के खाने के समय अक्सर बीकानेर में हरीश जी के रात के खाने का दृश्य याद आ जाता है। छः बजे के पहले ही एक थाली में खाना परोसकर ढककर सेल में रख दिया जाता है। रात में खाने की इच्छा होने पर पुराने अखबार पर थाली लेकर चुपचाप कुछ कौर भकोस लेता हूँ और फिर थाली को सरकाकर पानी पीकर लेट जाता हूँ। अकेले, लुंगी समेटकर सिमटते हुए किसी प्रकार मुँह में कुछ डाल लेना और फिर लुढ़क जाना–यह हरीश जी को लेकर हमारा बहुत ही जाना-पहचाना दृश्य रहा है। चूँकि पीने में उनका कोई साथ नहीं देता था तो खाने में कौन दे। वे अकेले ही भुनभुनाते हुए, ठंडे, रखे हुए खाने का कुछ निगल लिया करते थे। जेल में ठंडे, रखे हुए भोजन को अकेले खाने की अनुभूति से आज मैं आसानी से उनकी मानसिकता का अनुमान लगा सकता हूँ। सचमुच कोई कभी इतना अकेला न रहे!

23.7.2012 (सोमवार)

द्विवेदी जी

आज सुबह साढ़े पाँच बजे ही आँख खुल गई। द्विवेदी जी का उपन्यास 'पुनर्नवा' पढ़ रहा था। एक साँस में लगभग 50 पेज पढ़ गया। इसके पहले 'चारु चन्द्रलेख' पूरा पढ़ गया था। 'बाणभट्ट की आत्मकथा' पहले ही पढ़ा हुआ था। उसे जेल में फिर एक बार उलट-पुलट के देख लिया। शायद ऐसे लम्बे निर्वासन के बिना द्विवेदी जी को एक साथ ढंग से पढ़ना मुमकिन नहीं था। वे एक अलग ही प्रकार के शास्त्र के विधाता थे। शान्तिनिकेतन उनके मन-प्राण में बस गया था। तपोवन के ढाँचे में आधुनिक शिक्षा। रवीन्द्रनाथ का यह सोच उनके सम्पूर्ण कृतित्व का आधार था। वे प्राचीन पुराणों-उपनिषदों के ज्ञान से रत्ती भर भी दूर नहीं होना चाहते थे, लेकिन आधुनिक मूल्यों को, जनतंत्र के मूल्यों को भी अपनाना चाहते थे। यही भारतीय राष्ट्रवाद था। इसमें भक्ति थी, पूजा-अर्चना थी, यज्ञ-याग और दूसरे कर्मकांड भी थे और साथ ही आधुनिक ज्ञान विज्ञान की चर्चा भी। द्विवेदी जी के साहित्य के पूरे ढाँचे में शान्तिनिकेतन के इस स्वरूप को साफ देखा जा सकता है। 'विधाता की कृपा' सारे जीवन का एक मूल सूत्र था। यही गरीबों के, एक गुलाम देश के उत्पीड़ित जनों का भी प्रमुख जीवन मंत्र हो तो इसमें आश्चर्य की बात नहीं। दुख, गरीबी और भयानक उत्पीड़न किसी भी असहाय को भाग्य के आसरे छोड़ देती है। यही दैवी कृपा उसकी शक्ति और सहारा बनती है। अलौकिक का सम्बल उसे आशा देता है। द्विवेदी जी अपने पूरे लेखन में एक परम आस्थावादी, भगवान के भक्त, निष्ठावान पुजारी, कर्मकांडों पर विश्वासी और ईश्वर कृपा के अभिलाषी रूप को जरा भी नहीं तजते। उनके कुछ चरित्र शंकालु जरूर हैं, लेकिन विद्रोही नहीं। विद्रोही को केन्द्रीयता उनके साहित्य में नहीं मिलती है। लेकिन फिर भी आस्थावादी का हृदय इसमें जितनी आन्तरिकता और भव्यता के साथ प्रकट होता है, वह अनायास ही एक अनोखे सौन्दर्य की सृष्टि करता है। उस पर शास्त्रीय ज्ञान का प्रलेप, साहित्य की वैभवपूर्ण उपमाओं की लम्बी लम्बी शृंखलाएँ और तत्सम भाषा का समंजित भावपूर्ण रूप, एक से बढ़कर

एक उदात्तता की प्रतिमूर्ति दिखाई देने वाले चरित्रों की भरमार–यह सब रचना का एक ऐसा मोहक रूप तैयार करते हैं कि पाठक का होश उसके वश में नहीं रहता। ठगा–सा वह अर्द्ध निद्रा की दशा में पृष्ठ–दर–पृष्ठ पढ़ता चला जाता है। हासिल चित्र की उदात्तता होती है, जीवन के किसी गूढ़ रहस्य की कुंजी या समझ नहीं।

मैं ये सारी बातें 'चारु चन्द्रलेख', 'बाणभट्ट की आत्मकथा' और 'पुनर्नवा' पढ़कर लिख रहा हूँ। उनके बाकी के विपुल साहित्य की बातें इसके पीछे नहीं हैं।

एक महीने का सफर और पंखा

आज जेल में एक महीना पूरा हो गया। जब हम यहाँ आए थे, तब से अब तक की स्थिति में काफी फर्क आ गया है। जेल में प्रवेश के साथ ही हमें अन्य सभी नए कैदियों की तरह आमदनी वार्ड में भेज दिया गया था। 2 नं. बिल्डिंग का यह 2/10 नं. वार्ड जेल की दीवार के पास ऐसी जगह था जहाँ मच्छरों की भरमार थी। आमदनी वार्ड के मेड थे गुलजार भाई, हर मेड की तरह लाइफर–20 साल उनकी सजा के पूरे हो गए थे। अभी और कितना रहना होगा, पता नहीं। वार्ड में पहुँचते ही हमने जब उनका परिचय जाना तो पता चला कि वे प्रसिद्ध बऊबाजार बमकांड के एक अभियुक्त हैं। बऊबाजार बमकांड अर्थात् तत्कालीन सट्टा किंग रशीद खान के शागिर्द। गुलजार भाई की उम्र अभी 50 साल होगी। मतलब 30 साल की आयु में ही वे जेल आ गए थे।

गुलजार भाई से अपने तार जोड़ने में हमें मिनट भर का समय भी नहीं लगा। रशीद खान को मैं जानता था। 90–91 के जमाने में ही उसे पार्टी ऑफिस में देखा था। पार्टी की एक महिला नेत्री और कोलकाता डीसी के एक नेता के पास वह अक्सर आया करता था। वहाँ काफी समय बिताता था। कुछ लोग कहते थे कि रशीद भाई हातिमताई हैं। उनके दरबार से कोई निराश नहीं जाता।

रशीद खान सम्बन्धी इन्हीं जानकारियों के आधार पर गुलजार भाई से तालमेल बैठाना बहुत ही आसान रहा। उन्होंने बताया कि रशीद खान अभी अलिपुर जेल में हैं। बीमार रहते हैं और कमजोर हो गए हैं।

बहरहाल, इसी सूत्र से बने सम्बन्ध के चलते गुलजार भाई ने हमें अच्छी सी चटाई पर बैठाया। अलग से तैयार किया गया नाश्ता और खाना दिया और रात को साफ–सुथरी चादर और कम्बल का बिस्तर, तकिया और मसहरी भी दे दी। और, इस प्रकार पहला दिन ही खराब नहीं रहा।

दूसरा दिन रविवार था, इसलिए साधारण नियम के अनुसार हमें यह दिन भी आमदनी वार्ड में ही गुजारना चाहिए था। लेकिन हम जेल के लिए साधारण कैदी नहीं थे। हमारी खबरें अखबारों के पहले पेज पर थीं। इसीलिए रविवार के दिन ही हमें आमदनी वार्ड से निकालकर 7 नं. सेल में भेज दिया गया। गुलजार भाई ने बताया कि वह तो पनिशमेंट सेल है। वहाँ न पंखा है और न दूसरी कोई सुविधा। लेकिन हमारे वश में कुछ नहीं था। जेल में घुसने के समय ही हमने यह मान लिया था कि अब आगे जब तक हम जेल में हैं, हमारी जिन्दगी जेल अधिकारियों, सुपरिंटेंडेंट और जेलरों की मर्जी की गुलाम है। इसलिए हम उनकी व्यवस्थाओं में किसी प्रकार का कोई हस्तक्षेप नहीं करेंगे। कष्ट होगा तो उसे सहा जाएगा। हर हाल में यह हिटलर के यातना शिविरों से तो बेहतर ही होगा। यहाँ के बाद भी आगे जीवन तो रहेगा ही।

यही सोचकर हम निर्विकार भाव से जेल अधिकारियों के निर्देश के अनुसार सेल में आ गए। सेल में सचमुच न पंखा था, और न ही कोई साफ सफाई। यहाँ के मेड और राइटर ने हमारे पहुँचने के बाद सेल को थोड़ा साफ कर दिया, कम्बल, चादर वगैरह भी दे दी। तब तक घर से भी चादरें और कपड़े आ गए थे। हम सेल में घुस गए।

भारी गर्मी का दिन था वह। रात को थोड़े मच्छर भी थे। पहली रात बहुत कष्टदायी रही। दूसरे दिन हमने जेलर साहब से कहा कि सुप्रीम कोर्ट का भी निर्देश है कि कैदियों को पंखा दिया जाना चाहिए, कम से कम उसकी तो व्यवस्था कर दीजिए। सब-जेलर बर्मन साहब और सुपरिंटेंडेंट ने बड़ी विनम्रता से कहा कि देखें, हम क्या कर सकते हैं। हमारे बगल में ही प्रसिद्ध एथलीट पिंकी प्रामाणिक भी एक सेल में थीं। उनके लिए अलग से एक टेबुल फैन की व्यवस्था की गई थी। हमने उसका भी हवाला दिया, लेकिन एक बार के लिए बात आई-गई हो गई।

लेकिन, दूसरे दिन से ही थोड़ी-थोड़ी स्थिति बदलने लगी। मेड, राइटर और दूसरे कैदियों के साथ हमारी अच्छी पटने लगी और सबने हमारी सेवा शुरू कर दी। एक-दो दिन में ही हाथ का पंखा आ गया। हमारे कमरों को बहुत ही अच्छी तरह साफ करके जालों से मुक्त कर दिया गया। बाहर में ब्लीचिंग पाउडर का छिड़काव करके चींटियों को रोक दिया गया। हमारा अलग खाना भी आ गया, मार्टिन भी मच्छरों को रोकने के लिए मिल गया। घर से ओडोमास आ गया और इस प्रकार दिन गुजरने लगे। लगभग तीन दिन बाद सुपरिंटेंडेंट साहब से जब हमने फिर पंखा देने की गुजारिश की तो उन्होंने हमें अच्छी तरह समझाते हुए बताया कि देखिए आप लोगों की सुरक्षा वगैरह का ध्यान रखकर

हमने आपको सेल में रखा है। जेल में एक से बढ़कर एक शैतान मौजूद हैं। वे आप जैसों को नाना प्रकार से परेशान कर सकते हैं। इसीलिए आपको उन सबसे अलग कर दिया गया है। और जहाँ तक पंखे का सवाल है, उन्होंने हमें एक काफी चौंकाने वाली बात कही। उन्होंने बताया कि जेल में आप लोगों के आने के साथ ही यहाँ के तृणमूली कर्मचारी नेताओं ने सीधे राज्य के जेलमंत्री को इत्तला करके कह दिया था कि इन वामपन्थी कैदियों को किसी प्रकार की अतिरिक्त सुविधा नहीं दी जानी चाहिए। जेलमंत्री ने आईजी के दफ्तर के जरिए सुपरिंटेंडेंट को यह सन्देश भिजवा दिया कि उनकी सुरक्षा का खयाल रखा जाए, लेकिन कोई अन्य सुविधा उन्हें न मिलने पाए। इसीलिए अभी पंखा वगैरह मुहैया कराने पर शोर मच जाएगा, हम लोगों की नौकरी पर आँच आ जाएगी।

मैंने मृदुभाषी बर्मन बाबू से कहा कि हमें आपकी इन सारी व्यवस्थाओं से कोई शिकायत नहीं है। हम जानते हैं कि हम जेल में हैं और यहाँ से किसी प्रकार के सुख की स्मृतियों को लेकर जाना जेल जीवन की वास्तविक यंत्रणा को झुठलाने जैसा होगा। इसीलिए आपके सारे कष्टों का भी हम स्वागत ही करेंगे।

मैंने उनसे इस बात के लिए धन्यवाद भी कहा कि जेल का यह सारा अनुभव हमारे लिए एक अमूल्य खजाना होगा। हम लाखों खर्च करके भी जेल के अन्दर के इस अजीबोगरीब जीवन की जानकारी नहीं ले सकते थे। और, इसी भावना के साथ, कुछ किताबों और कैदियों से गप करते हुए हमारे दिन कटने लगे। देखते ही देखते हमें नियमित अखबार मिलने लगे।

उधर पृथा लगातार आईजी से सम्पर्क करके उन पर हम लोगों के लिए पंखे की व्यवस्था करने का दबाव डाल रही थी। आईजी ने जेल अधिकारियों के नाम लिखित आदेश भी दे दिया, फिर भी यहाँ के अधिकारी उस आदेश पर अमल के लिए तैयार नहीं थे। हमें पता नहीं, उनकी क्या मंशा थी। वे हमारे पास आकर शिकायत भरे लहजे में कहते हैं कि आपके घर वाले लगातार पंखे के लिए दबाव डाल रहे हैं, तो हम आपको पंखों वाले सेल में स्थानान्तरित कर देते हैं, लेकिन ध्यान रहे, उन सेलों में एक से एक कुख्यात अपराधी, फिरौतीबाज और रंगदार बैठे हुए हैं। हमने उनसे हाथ जोड़कर कहा कि घरवाले वैसे ही चिन्ता कर रहे हैं, उस ओर आप ध्यान न दें। हमें यह जगह काफी सुरक्षित लग रही है और हम गर्मी सह लेंगे, लेकिन अपराधियों के चंगुल में जाना पसन्द नहीं करेंगे।

इस प्रकार और पाँच दिन बीत गए। ऐसे ही बिना पंखे के गर्मी में हमने कुल 10-12 दिन बिताए होंगे कि अचानक एक दिन सुबह-सुबह बर्मन साहब आकर कहते हैं कि आप लोगों को दो टेबुल फैन आज ही दिए जाएँगे। कृपा

करके घर वालों से कहकर आप दो नए फैन मँगवा दें तो अच्छा होगा। पृथा को फौरन टेबुल फैन भिजवाने का सन्देश चला गया। उसी दिन पंखा भी लग गया, मसहरी भी आ गई और देखते-देखते जेल में हो रहे शारीरिक कष्ट दूर हो गए।

जिस दिन पंखा लगा, उसी दिन पृथा ने बताया कि उसके पास आईजी का फोन आया था कि अगर 15 मिनट के अन्दर आपको पंखा लगने का सन्देश न मिले तो मुझे बताइएगा। बर्मन साहब की पंखा लगाने की अतिरिक्त तत्परता का रहस्य हमारे सामने खुल गया।

जो भी हो, तब से ये 15 दिन बिना असुविधा के बीत गए। इसीलिए यह डायरी वगैरह भी लिख पा रहा हूँ।

24.7.2012 (मंगलवार)

द्विवेदी जी...

आज दिन भर 'पुनर्नवा' के प्रवाह के गोते लगाता रहा। क्या अपूर्व भाषा है। जैसा कि मैंने पहले ही कहा, स्तुति की जो भाषा द्विवेदी जी के पास है, अन्यत्र बिरल है। यह पहुँचे हुए पुजारी की भाषा है। इसीलिए चरित्रों के गुणगान में यह अपनी पराकाष्ठा पर होती है। एक के बाद एक उपमाओं की लड़ी तैयार हो जाती है। और उपमाएँ भी ऐसी-वैसी नहीं, निखिल विश्व, ब्रह्मांड और महाकाश के विराटत्व से उत्पन्न। गणिका मंजुला की प्रशंसा करते हैं तो उसे "नगर की शोभा, अनुराग की दीपशिखा, कला की प्रतिमा, छन्दों की रानी, तालों की नर्म संगिनी, शृंगार की रंगस्थली, सम्मोहन की सूत्रधारिणी बताते हैं।"

देवरात जब मंजुला की बेटी मृणाल मंजरी को उसके विवाह के ठीक पहले बेटी के वियोग की पीड़ा के साथ बताते हैं कि वह दो माताओं की बेटी होने पर भी अभी विमाता है, और दोनों माताओं का चित्र खींचते हुए कहते हैं कि "तेरी एक माता नारायण की करुणा का अवतार थी, दूसरी उनकी स्मित रेखा का प्रत्यक्ष विग्रह थी। बेटी, तू नारी धर्म का प्रतिमान बनेगी, तू पवित्रता की मर्यादा सिद्ध होगी, तू सतीत्व का निदर्शन होगी। तुझे देखता हूँ तो लगता है कि तू गोपवेशधारी विष्णु की वेणुमाधुरी का रूप है।"

"सतियों में शिरोमणि, रूप, शील और पवित्रता की साक्षात् मूर्ति, परमप्रिय नर्म सखा की सहधर्मिणी मृणाल मंजरी।"

दरअसल संस्कृत साहित्य, सिद्धों-नाथों का साहित्य, तांत्रिकों के चमत्कारों और बौद्ध धर्म की विभिन्न धाराओं के बीच के शास्त्रार्थों के अलावा उपनिषदों की तत्त्व चिन्ता के भरपूर खजाने को उलीचकर ही द्विवेदी जी ने अपने रचना संसार को तैयार किया है। द्विवेदी जी संस्कृत के इस विपुल वाङ्मय में कितना रमते थे, इसके चरित्रों को स्वयं किस कदर जीते थे और तंत्र-मंत्र तथा तत्त्व चिन्तन की उड़ानों का कैसा भरपूर आनन्द लेते थे, उनका साहित्य इसका प्रमाण है। 'बाणभट्ट की आत्मकथा', 'चारु चन्द्रलेख', 'पुनर्नवा' और

'अनामदास का पोथा'–ये चारों उपन्यास एक ही काल और एक ही प्रकार के चरित्रों और एक प्रकार की संवेदना के आधार पर लिखे गए होने के नाते कभी-कभी दोहराव का अहसास होने लगता है। इसके अलावा शास्त्रों से शास्त्रों को गढ़ने वाली यह तत्त्व चिन्तन प्रणाली यथार्थ के वैविध्य से पैदा होने वाले सौन्दर्य को व्याहत करती है। इस प्राचीन भारतीय तत्त्व चिन्तन को आज के ज्ञान-विज्ञान से जोड़ने के कहीं-कहीं कुछ सूत्र मिलने पर भी उस पर किसी प्रकार का बल देना कोई अनायास उपलब्धि नहीं, बल्कि जोर-जबर्दस्ती होगी। सिद्ध योगियों और तंत्र-मंत्र की अनोखी दुनिया में शरीर की सँरचना सम्बन्धी एक पूर्ण यौगिक ज्ञान उपलब्ध होने पर भी इसे साधकर निश्चित परिणामों को हासिल करने की कभी कोई वैज्ञानिक पद्धति विकसित नहीं होने पाई। यही वजह है कि बाबाओं, ओझाओं और आध्यात्मिक गुरुओं की दुनिया आज भी काफी बनी हुई है। द्विवेदी जी इस पूरे तंत्र के रहस्य का खूब आनन्द लेते हैं।

कहना न होगा कि यह भी शायद द्विवेदी जी के बंगाल सम्पर्क का ही परिणाम है। आज भी देश भर के तांत्रिकों में बंगाली तांत्रिक ही सबसे ज्यादा पाए जाते हैं। बंगाल में तंत्र चर्चा की परम्परा काफी गहरी और विस्तृत भी रही है। मातृशक्ति की अर्चना-आराधना में बंगालियों का भावावेग बिरल है। बांग्ला भाषा की शक्ति में संस्कृत के Superlatives की बड़ी भूमिका है। भक्ति का आवेग, माँ देवी के प्रति व्याकुलता और ध्यान की आत्मलीनता बंगाली आस्थावादी समाज की संस्कृति है। द्विवेदी जी अपने उपन्यासों में इसी सांस्कृतिक पटल पर खड़े हैं। इसीलिए यह हिन्दी के छायावादी रचनाकारों की भाव-प्रवणता और विह्वलता से बिल्कुल अलग हैं। हिन्दी में द्विवेदी जी को इस भावभूमि का प्रवर्तक कहा जा सकता है।

26.7.2012 (वृहस्पतिवार)

अन्तोनियो ग्राम्शी

लगता है यह जेल-प्रवास कुछ और दिनों के लिए खिंच गया। पता नहीं यह कैसी न्याय-व्यवस्था है। जिसका सारे मामले में कोई हाथ नहीं, उसे ही अन्दर डाल दिया। देखें वकील लोग आगे क्या रास्ता अपनाते हैं। सब वकील जज की मर्जी पर है। जितने दिन रख लें। इसलिए फिलहाल अब इस पर सोचना बन्द करता हूँ। जो होगा देखा जाएगा। हम जैसे लोग खुद के प्रति ज्यादा जवाबदेह हैं। जब गुनाह नहीं किया है तो कोई पश्चात्ताप भी नहीं है। बाकी तो इस जगत् का खेल है। शैतानों की माया है। वही सता रही है। भोगेंगे। अमित साथ है और जेल के साथी कैदी भी बेहद सहयोगी हैं इसलिए और कोई कष्ट नहीं है सिवाय घर और दफ्तर के। बाकी तो शरीर ने जेल के वातावरण को सह लेने के अनुरूप अपने को बना लिया है। अभी तक तो स्वास्थ्य सम्बन्धी कोई परेशानी नहीं हुई है। मानसिक परेशानी पर हमारा काबू है। उसमें नहीं फँसेंगे। यह समय भी बीत ही जाएगा। जिस पर हमारा वश नहीं, उसे लेकर सोचने का अर्थ नहीं। कहते हैं जमानत में गिरफ्तारी के दिनों की गिनती का महत्त्व है। दिन तो बीत ही रहे हैं, आगे भी बीत जाएँगे। लेकिन यह जो और चन्द दिन रहना पड़ेगा, इसका सदुपयोग कैसे करूँ, इस पर सोचना है। पढ़ रहा हूँ। द्विवेदी जी के दो खंड साथ थे। उन्हें लगभग पूरा कर लिया है। ग्राम्शी के 1916 से 1935 के चुनिन्दा लेखों का संकलन भी काफी हद तक छान मारा है। अभी उसी पर और केन्द्रित करूँगा। ग्राम्शी के चिन्तन का एक क्रिटीक लिखने की इच्छा है, लेकिन उसके लिए और काफी सन्दर्भ ग्रन्थों की जरूरत होगी। इसीलिए जेल में उसे शुरू करने से कतराता हूँ। लेकिन अब इच्छा है कि स्फुट ढंग से कुछ विचारों को लिख लिया जाए। बाहर निकलकर फिर उन्हें दूसरी चीजों से पुष्ट करूँगा।

एक कम्युनिस्ट की जीवन-लीला

ग्राम्शी एक राजनीतिक सिद्धान्तकार हैं। साहित्य और संस्कृति के नाना विषयों पर उन्होंने आश्चर्यजनक विश्लेषणात्मक ढंग से रोशनी डाली है। लेकिन यह सब मूलत: इटली की कम्युनिस्ट पार्टी और उस देश में समाजवादी क्रान्ति की जरूरतों के तहत ही किया गया है। इटली के समाज की वर्गीय संरचना क्या है, इसका सांस्कृतिक इतिहास क्या रहा है, लोगों की मानसिक बुनावट कैसी है, अर्थव्यवस्था के विकास का स्वरूप और रास्ता क्या है–यह सब कम्युनिस्ट पार्टी की राजनीतिक जरूरतों के अन्तर्गत ही उनके विचार के विषय बने हैं।

लेकिन राजनीति की अपनी कुछ विडम्बनाएँ हैं। वह सामाजिक परिवर्तन के कितने ही महत् और दूरगामी उद्‌देश्य को लेकर क्यों न चल रही हो, काफी हद तक समसामयिकता उसका प्रस्थान और गन्तव्य दोनों ही होते हैं। इसीलिए राजनीतिक चिन्तन में दर्शनशास्त्रीय तात्त्विक चिन्ताओं की तरह की चिरन्तरता और सनातनता नहीं होती। वह हमेशा एक देश–काल सापेक्ष सत्य होता है, कोई ध्रुव, अटल सत्य नहीं। यही वजह है कि राजनीतिक नेता और सिद्धान्तकार भी अक्सर अपने विचारों और विश्लेषणों में काफी तेजी से फेर-बदल करते हुए देखे जा सकते हैं।

मैं यहाँ दलबदलू, अवसरवादी राजनीतिज्ञों की बात नहीं कर रहा हूँ। उनके लिए तो भूत, वर्तमान, भविष्य किसी के भी परिप्रेक्ष्य में सिवाय अपने निजी स्वार्थ के देश, काल, समाज कुछ नहीं होता। मैं उन गम्भीर राजनीतिवेत्ताओं की बात कर रहा हूँ जो अपने समय के सभी घात–प्रतिघातों के बीच भविष्य को एक स्वरूप प्रदान करने के लिए वर्तमान में हस्तक्षेप करने पर विचार किया करते हैं। ग्राम्शी ऐसे पहली पंक्ति के अहम मार्क्सवादी राजनीतिवेत्ताओं में एक प्रमुख स्थान रखते हैं। वे मार्क्सवादी दर्शन के एक सिद्ध विचारक, समाजवादी क्रान्ति के विज्ञान के विशेषज्ञ और विश्व परिस्थितियों के प्रखर ज्ञाता थे। 1891 में जन्मे ग्राम्शी की मृत्यु 27 अप्रैल, 1937 को हुई थी। मृत्यु के पहले लगभग 10 वर्ष उन्होंने मुसोलिनी के जेल में काटे। 1926 में वे अन्य कई कम्युनिस्ट नेताओं के साथ गिरफ्तार किए गए थे और 1928 के जून महीने में उन्हें 20 साल 8 महीने की सजा सुनाई गई। जेल में रहते हुए ही वे काफी बीमार हो गए और बीमारी की संगीन अवस्था में 1937 के आरम्भ में उन्हें जेल से रिहा किया गया। इसी साल 25 अप्रैल को उनके दिमाग की नस फट गई और 27 अप्रैल, 1937 को उनकी मृत्यु हो गई।

ग्राम्शी 17-18 वर्ष की उम्र में ही इटली के समाजवादियों के सम्पर्क में आ गए थे तथा कार्ल मार्क्स की रचनाओं का अध्ययन शुरू कर दिया था। 1913 से वे इटली के कम्युनिस्टों के सम्पर्क में आ गए। स्नातक की पढ़ाई को बीच में ही छोड़कर 1915 में वे सिर्फ 24 साल की उम्र में तुरिन से प्रकाशित समाजवादी अखबार 'अवन्ती!' तथा समान विचार के दूसरे अखबारों में काम करने लगे। इसके साथ ही अलग से उन्होंने भाषाशास्त्र पर भी अपनी थिसिस के लिए अध्ययन जारी रखा।

इस प्रकार शुरू से कम्युनिस्ट पार्टी के प्रकाशनों से जुड़कर ग्राम्शी उस समय के विश्व कम्युनिस्ट आन्दोलन की सभी विचारधारात्मक बहसों से सिर्फ परिचित ही नहीं रहते थे, बल्कि निरन्तर लेखन के जरिए उन बहसों में शिरकत भी किया करते थे। कम्युनिस्ट इंटरनेशनल से गहरे सम्बन्धों के साथ वे इटली की कम्युनिस्ट पार्टी के एक प्रमुख नेता बन गए थे। 1917 की रूस की समाजवादी क्रान्ति के बाद पूरे यूरोप के राजनीतिक एजेंडे पर समाजवाद आ चुका था और इसके साथ ही पश्चिमी यूरोप में, खासतौर पर जर्मनी, इटली और स्पेन में पूँजीवाद के सबसे खूँखार और बर्बर रूप-नाजीवाद और फासीवाद-उभरकर सामने आए थे। उससे पूरे यूरोप का राजनीतिक दृश्यपट काफी उलझनों भरा और तरल स्थिति में था। समाजवादी क्रान्ति रूस से आगे नहीं बढ़ पाई। जन्म के साथ ही समाजवादी सोवियत संघ को साम्राज्यवादियों की नाकेबन्दी का सामना करना पड़ा था। नाजीवाद और फासीवाद ने कम्युनिस्टों को उन्हीं के सांगठनिक तौर-तरीकों के आधार पर परास्त करने की रणनीति अपनाई थी। थोथे, लोक-लुभावन नारों की उनके पास कमी नहीं थी। साथ में आधुनिक राज्य की शक्ति के प्रयोग से उन्होंने संसदीय जनतंत्र को सरेआम कुचलकर विरोधियों के बर्बर दमन का रास्ता अपनाया। रूस तक सीमित रह गई समाजवादी क्रान्ति का जहाज, वहाँ से और कहीं जा ही नहीं सका।

इसीलिए 1917 और उसके चन्द वर्षों बाद तक के विश्व कम्युनिस्ट आन्दोलन की स्थिति एक थी और 1922 में मुसोलिनी और फिर हिटलर और फ्रैंको के उदय, राजसत्ताओं पर उनके बलात् अधिकार और कम्युनिस्टों सहित जनतांत्रिक विपक्ष की सभी पार्टियों और व्यक्तियों को नेस्तनाबूद कर देने के उद्देश्य से चलाए गए क्रूरतम दमन चक्र के समय की स्थिति दूसरी थी। कहाँ तो कम्युनिस्ट क्रान्ति के विजय-रथ के सर्वत्र दौड़ जाने की कल्पना की जा रही थी, और कहाँ यूरोप के पूरे कम्युनिस्ट आन्दोलन के सामने अस्तित्व का ही खतरा पैदा हो गया। स्तालिन ने बुर्जुआ द्वारा फेंक दिए गए जनतंत्र के झंडे को कम्युनिस्टों द्वारा उठाने का आह्वान इन्हीं परिस्थितियों में किया था। फिनलैंड के

दिमित्रोव ने फासीवाद-नाजीवाद विरोधी सभी ताकतों के संयुक्त मोर्चे के निर्माण को कम्युनिस्टों का सबसे प्रथम और महत्त्वपूर्ण कर्तव्य बताया था।

कहने का तात्पर्य यह कि ग्राम्शी जिस समय इटली की कम्युनिस्ट पार्टी के एक महत्त्वपूर्ण नेता और मार्क्सवादी विचारक और सिद्धान्तकार के रूप में सक्रिय थे, उस काल में इटली सहित पूरे यूरोप की राजनीतिक परिस्थिति में भारी उथल-पुथल मची हुई थी। रूस की कम्युनिस्ट पार्टी के अन्दर भी तब कई महत्त्वपूर्ण विषयों पर तीव्र विचारधारात्मक संघर्ष की घटनाएँ घट चुकी थीं। लेनिन की 'एक देश में समाजवाद' और 'नई आर्थिक नीति' (NEP) जैसे मुद्दों पर प्लाखनोव, ट्राटस्की आदि नेताओं के साथ तीव्र बहस हुई थी। ट्राटस्की 'विश्व समाजवादी क्रान्ति' और 'सनातन क्रान्ति' की तरह के विचारों पर अड़े हुए थे। कम्युनिस्ट इंटरनेशनल के अन्दर भी साम्राज्यवादी युद्ध के बारे में दृष्टिकोण को लेकर भारी मतभेद थे। स्तालिन और ट्राटस्की का विरोध एक और ही प्रकार की खुली शत्रुता की दिशा में मुड़ चुका था। ट्राटस्की को पलायन करके दूसरे देश में शरण लेनी पड़ी थी। कम्युनिस्ट पार्टी और सोवियत राज्य के बीच सम्बन्धों का स्वरूप क्या हो, राज्य के अधिकारों और नागरिकों के अधिकारों के बीच समाजवाद के अन्तर्गत कैसे सही सन्तुलन बनाए रखा जाए, पूँजीवाद की पतनशीलता और उसके अवश्यम्भावी पराभव के बारे में कम्युनिस्ट इंटरनेशनल के आकलनों और लगातार घोषणाओं के बावजूद विकसित पूँजीवादी देशों में कम्युनिस्ट आन्दोलन के नगण्य प्रभाव और पूँजीवाद के निरन्तर शक्तिशाली होते जाने का रहस्य क्या है-ये सारे प्रश्न ग्राम्शी के रहते ही विश्व कम्युनिस्ट आन्दोलन के सामने उभरकर आ गए थे। आज 90 वर्ष बाद, सोवियत संघ और समाजवादी शिविर के अन्त के बाद तो ये सभी सवाल पूरी दुनिया के कम्युनिस्ट आन्दोलन को बुरी तरह मथ रहे हैं। इसी प्रकार कम्युनिस्ट पार्टी का सांगठनिक स्वरूप कैसा हो, क्या एक नौकरशाही ढंग के कमांड सिस्टम के आधार पर चलने वाला कम्युनिस्ट पार्टी का ढाँचा उस ऐतिहासिक दायित्व को पूरा कर सकता है जो उसे पूरी मानव सभ्यता को एक नया, पूरी तरह समतापूर्ण, न्यायपूर्ण और मानवोचित स्वरूप देने की जिम्मेदारी प्रदान करता है?

गौर करने लायक बात यह है कि ग्राम्शी ने इन सारे सवालों पर खासतौर पर अपने जेल जीवन के वक्त बहुत ही गम्भीरता से विचार किया था। उन्होंने ऐसे किसी भी कष्टदायी सवाल से कतराने के बजाय उनको सही भावना के साथ एक मार्क्सवादी विचारक के रूप में स्वीकारा था। वे उनसे टकराए और उस टकराहट में अपने अन्दर की भी ऐसी बहुत सी बद्धमूल अवधारणाओं को

तोड़ा जो सच्चाई से दूर थी और इसी के बीच से समाजवादी क्रान्ति के नए रास्ते का सन्धान करने की कोशिश की।

जो सवाल आज भी कम्युनिस्ट आन्दोलन के लिए विकट प्रश्न बने हुए हैं, उन पर ग्राम्शी का गहन अन्तर्दृष्टि के साथ किया गया आलोकपात इतना अभिनव और विचारोत्तेजक है कि मृत्यु के 75 साल बाद भी वे सभी मार्क्सवादी विचारकों और राजनीतिविदों के लिए आकर्षण का विषय बने हुए हैं।

उपरोक्त विवरण से जाहिर है कि ग्राम्शी ने अपने जीवनकाल में कम्युनिस्ट आन्दोलन के उत्थान और पतन के अनेक रूपों को देखा था, परिस्थितियों में तेजी से हुए परिवर्तनों को पहचाना था और उनका विश्लेषण करते हुए क्रान्तिकारी कार्यों की नई सैद्धान्तिकी के निर्माण की पेशकश की थी। इसीलिए स्वाभाविक तौर पर उनके लेखन में किसी को भी अनेक प्रकार की विसंगतियों और अन्तर्विरोधों के दिग्दर्शन हो सकते हैं। यही तो चालू राजनीतिक घटनाक्रमों के विश्लेषणों के किसी भी संकलन की विडम्बना है। यही वजह है कि शुरू में हमने उन्हें एक राजनीतिक सिद्धान्तकार बताकर जिस बात से अभिहित कराने की कोशिश की है, वह इन्हीं यत्किंचित् विसंगतियों और अन्तर्विरोधों की बात है। इन्हीं की पड़ताल पर हम ग्राम्शी का अपना क्रिटीक तैयार करना चाहते हैं। इससे वे सारी बातें सामने आएँगी, जिनके कारण आज भी पूरे मार्क्सवादी, कम्युनिस्ट हलके में ग्राम्शी का डंका बज रहा है।

एरिक हाब्सवाम ने इस संकलन की भूमिका में बहुत सही लिखा है कि ''सही कहें तो मुख्यत: एक कम्युनिस्ट चिन्तक के रूप में ग्राम्शी ने इटली से बाहर लोगों का ध्यान इसलिए आकर्षित किया कि उसने उन देशों के लिए मार्क्सवादी रणनीति प्रदान की जिनमें अब तक क्रान्ति एक प्रेरणा हो सकती थी, लेकिन मॉडल नहीं। अर्थात् गैर-क्रान्तिकारी वातावरण और परिस्थितियों में समाजवादी आन्दोलन की रणनीति।''

गले में दर्द है। लगता है कुछ उपचार करना पड़ेगा। यहाँ घर की तरह भाप वगैरह लेने की व्यवस्था नहीं है।

27.7.2012 (शुक्रवार)

पुनश्च : ग्राम्शी

मार्क्स के खिलाफ

ग्राम्शी पर ही अपने सोच को जारी रखता हूँ।

मेरे हाथ में ग्राम्शी की टिप्पणियों का जो संकलन है, उसका पहला अध्याय है 'समाजवाद और मार्क्सवाद'। ग्राम्शी इटली की सोशलिस्ट पार्टी में वामपन्थी और दक्षिणपन्थी दोनों प्रकार के भटकावों के साक्षी रहे। वे खुद राजनीति में अर्थनीतिवाद (Economism) के कट्टर विरोधी थे। वे पार्टी के मुखपत्र 'अवन्ती!' से जुड़े हुए थे, जिस पर उस समय वामपन्थी उग्रवादियों का कब्जा था। लेकिन ग्राम्शी इनके अराजकतावादी विद्रोही विचारों से सहमत नहीं थे। वे उन दिनों विचारों की शक्ति पर ज्यादा केन्द्रित थे कि कैसे कोई विचार व्यापक जनता के हृदय में प्रवेश करके एक शक्तिशाली भौतिक शक्ति का रूप ले लेता है। इसीलिए उनका ध्यान सांस्कृतिक विषयों के अध्ययन पर था। मार्क्सवाद के साथ ही वे क्रोचे के भाववाद और संकल्पवाद (Voluntarism) को मिलाकर जनगण के भाव-जगत् के व्यापक परिदृश्य को समझना चाहते थे। किसी भी क्रान्ति की दिशा और परिणाम समाजवाद होना चाहिए, उसे स्वत:स्फूर्तता या आर्थिक विकास के स्वाभाविक परिणाम पर नहीं छोड़ा जा सकता है। 1917 की रूस की समाजवादी क्रान्ति ने उनकी इस सोच को और भी पुष्ट किया और इस काल में उन्होंने जो कुछ टिप्पणियाँ लिखीं, वे इतनी शानदार और विचारोत्तेजक हैं कि इतने वर्षों बाद भी उनकी चमक में कोई कमी नहीं दिखाई पड़ती है। रूस की क्रान्ति को उन्होंने मार्क्स की 'पूँजी' के खिलाफ, मार्क्स के ही खिलाफ क्रान्ति बताया था। उनका तात्पर्य यह था कि जिन लोगों ने मार्क्सवाद को पूँजी के विश्लेषण और दुनिया के आर्थिक विकास के इतिहास का पर्याय मान लिया है और यह समझते हैं कि मार्क्स ने पूँजीवाद के जिन आन्तरिक संकटों की अनिवार्यता को प्रत्यक्ष किया था, उन संकटों की स्वाभाविक परिणति के तौर पर ही इस धरती से पूँजीवाद की विदाई हो जाएगी और इतिहास के स्वाभाविक नियम के अनुसार समाजवाद का

अवतरण होगा, वे भारी भ्रम में हैं। इस प्रकार के सोच को ग्राम्शी ने मार्क्सवाद का एक जड़ीभूत रूप (Orthodox) कहा था। रूस की बोल्शेविक क्रान्ति मार्क्स के इसी रूप के खिलाफ वहाँ की कम्युनिस्ट पार्टी के नेतृत्व में की गई क्रान्ति थी।

24 दिसंबर 1917, अर्थात् बोल्शेविक क्रान्ति के बमुश्किल डेढ़ महीने बाद ही ग्राम्शी ने इस क्रान्ति पर यह जो टिप्पणी लिखी थी, उस पर गम्भीरता से गौर करना इस पूरे क्रिटीक के लिए काफी महत्त्वपूर्ण हो सकता है।

कुछ निजी बातें

स्याही खत्म हो जाने से सुबह-सुबह लिखने का क्रम टूट गया था। इधर-उधर की चीजों में लग गया। अनु से बात हुई। उससे बात करने पर हमेशा किसी समझदार परिपक्व व्यक्ति से बात करने जैसा अहसास होता है। मन बहुत आश्वस्त होता है। खयालों की दुनिया में जीने वाले हमारे परिवार के एक शख्स को हालात ने सच्चाई की ठोस जमीन पर उतार दिया है। ये सारे अनुभव उसके लिए उपयोगी ही होंगे। वह अधिक व्यावहारिक और सही बात करता है, अच्छे-बुरे के गहरे बोध के साथ। यह और भी ज्यादा सान्त्वनादायी है। कोरी व्यावहारिकता अक्सर स्वार्थ में पगी होती है। उसे न्याय-अन्याय, सच-झूठ और सही-गलत का कोई बोध नहीं होता। जो तत्काल खुद के लिए सही लगे, उस ओर लपक पड़ो। दूसरे सब जाएँ भाड़ में, अपना उल्लू सीधा कर लो। ऐसे, हमेशा खुद की गोटी लाल करने की फिराक में लगे तथाकथित दुनियादार अथवा व्यावहारिक लोग किसी भी शुद्ध स्वार्थी और प्रताड़क से अलग नहीं होते। इसीलिए अक्सर मुझे व्यावहारिकता की सलाहों से नफरत होती है। सांगा परिवार ऐसी स्वार्थपरक व्यावहारिकता के दलदल में डूब रहा है।

बहरहाल, अनु सारी चीजों की गहराई में जाकर वास्तव को देख पा रहा है।

आज रिचा ने पुष्पा के बारे में जो सूचना दी, उससे मन भर आया। प्रियजनों को विदाई देते-देते मेरी आँखें पथरा गई हैं। अब और यह सब नहीं देखना चाहता। सोचता था कि एक प्रिय अनिल की बलि इस व्याधि सम्राट को दे दी है, अब और देने की नौबत नहीं आएगी। मुझे इस शाही बीमारी के बारे में अपनी जानकारियों पर काफी भरोसा था। मन कहता था कि जितनी तेजी

से इससे निपटने के पथ्य विकसित हो रहे हैं, वह अब हमारे नजदीक के किसी को भी उसके काल में नहीं जाने देगा। लेकिन लगता है कि मेरा भरोसा मेरी मनोकामना भर है। यथार्थ कामनाओं का गुलाम नहीं होता। फिर भी मैं हार मानने के पक्ष में नहीं हूँ। वह कमजोर है। अभी कीमोथैरैपी के पुराने दो चक्र बाकी हैं। इसी बीच रोग रीढ़ में भी उभर आया है। क्या इस प्रकार के Metastatic cancer के लिए इस बीच कोई नई दवा आई है? डॉ. रंगाराव से बात की जानी चाहिए। टाटा संस्थान से भी इस पर सलाह-मशविरा किया जाना चाहिए। किसी प्रकार रोग के फैलाव पर अंकुश लगाकर ज्यादा से ज्यादा समय हासिल करने की जरूरत है। शायद तब तक कुछ और नया आ जाए। लेकिन आज की दशा में यह भी हमारी शुद्ध मनोकामना ही जान पड़ती है।

पुष्पा के बारे में क्या लिखूँ! हर चीज पर लिखकर उससे उऋण नहीं हुआ जाता। चाहता भी नहीं हूँ। कुछ चीजें अन्दर ही बसी रहें, हमारे निजीपन की शोभा बढ़ाएँ, उसे सुगन्धित करें, इसी में उनकी मर्यादा है। पुष्पा की जगह हमारे अन्तर के ऐसे ही सदाबहार कोने में है। उसे पन्नों पर नहीं लाना चाहता।

बाहर निकलूँ तो उसकी किंचित् देखभाल करूँ, सेवा-सुश्रुषा का पुण्य लूँ।

पुनश्च : ग्राम्शी

मार्क्स के खिलाफ...

पेरिस कम्यून के बाद 1917 की रूस की पहली समाजवादी क्रान्ति मार्क्स के अनन्य शिष्य उस लेनिन के नेतृत्व में हुई जिसने मार्क्सवाद की शुद्धता की रक्षा के लिए किस-किस के साथ विचारधारा के क्षेत्र में सींग नहीं भिड़ाएँ। इस बात से कोई भी इनकार नहीं कर सकता कि रूस की समाजवादी क्रान्ति का अगर कोई प्रकाश स्तम्भ था तो वह मार्क्स और वैज्ञानिक समाजवाद की उसकी विचारधारा ही था। फिर भी ग्राम्शी लिखते हैं-यह समाजवादी क्रान्ति मार्क्स के खिलाफ ही, पूँजी की उसकी सम्पूर्ण अवधारणा के खिलाफ ही क्रान्ति थी। ग्राम्शी खुद एक पक्के मार्क्सवादी और रूस की समाजवादी क्रान्ति के अकुंठ प्रशासक थे, फिर भी वे मार्क्स और इस समाजवादी क्रान्ति में साफ विरोध देखते हैं!

क्या यह एक बेहद चौंकाने वाली बात नहीं है? यह कैसा विरोधों का मेल है!

दरअसल, ग्राम्शी की इस टिप्पणी का शीर्षक है-'*पूँजी* के खिलाफ

क्रान्ति'। यहाँ पूँजी को इटैलिक में लिखा गया है, जिसका तात्पर्य मार्क्स की पुस्तक 'पूँजी' से ही है। टिप्पणी में आगे यह बात और भी साफ है।

ग्राम्शी लिखते हैं–''बोल्शेविक क्रान्ति में घटनाओं के बजाय विचारधाराएँ कहीं ज्यादा हैं। और इसीलिए, वस्तुतः हम जितने तथ्य जानते हैं, उससे अधिक जानने की जरूरत नहीं है। यह कार्ल मार्क्स की 'पूँजी' के खिलाफ क्रान्ति है। मार्क्स की 'पूँजी' सर्वहारा के बजाय पूँजीपतियों का ग्रन्थ ज्यादा है। एक पूर्व-नियत रास्ते पर घटनाएँ कैसे घटनी चाहिए, यह उसका महत्त्वपूर्ण प्रदर्शन है। सर्वहारा के मन में क्रान्ति का विचार आए, वह अपनी वर्गीय माँगों और क्रान्ति के बारे में सोचे उसके पहले रूस में एक पूँजीपति वर्ग को तैयार होना होगा, पूँजीवादी युग का श्रीगणेश होना होगा, जिसमें पश्चिम के ढंग की सभ्यता होनी होगी! लेकिन घटनाएँ विचारधाराओं पर भारी पड़ीं। घटनाओं ने ऐतिहासिक भौतिकवाद के मानदंडों के अनुरूप रूस में इतिहास के प्रकट होने की उस समूची पूर्वकल्पित योजना को ध्वस्त कर दिया। बोल्शेविकों ने कार्ल मार्क्स को ठुकरा दिया और उनकी प्रत्यक्ष कार्रवाइयाँ तथा जीत इस बात के भी प्रमाण हैं कि ऐतिहासिक भौतिकवाद के मानदंड उतने जड़ नहीं हैं जितना किसी ने सोचा होगा अथवा जितना कि विश्वास किया जाता है।''

ग्राम्शी इसके बाद इसी टिप्पणी में और भी दिलचस्प बातें कहते हैं। वे लिखते हैं–''मार्क्स ने उन्हीं चीजों का पूर्वाभास किया जिनका पूर्वाभास किया जा सकता था। लेकिन यूरोपीय युद्ध का पूर्वाभास नहीं कर पाए थे, अथवा न वे पहले से यह देख पाए थे कि युद्ध इतने लम्बे काल तक चलेगा, जितना वह चला था, और उसके क्या प्रभाव होंगे। वे इस बात का पूर्वाभास नहीं कर पाए थे कि अकथनीय तकलीफों और दुर्दशाओं से भरे तीन सालों के अन्तराल में यह युद्ध रूस में एक लोकप्रिय आकांक्षा उत्पन्न कर देगा, जैसी कि वहाँ उत्पन्न हुई थी। सामान्य दिनों में इस प्रकार की लोक-आकांक्षा के लिए समाज में उसके क्रमिक विस्तार की एक दीर्घ प्रक्रिया की जरूरत होती है, वर्गीय अनुभव की एक व्यापक परिधि की आवश्यकता होती है।... घटनाएँ एक निश्चित क्रम में दोहराई जाती हैं। इतिहास चरणों में विकसित होता है।''

ग्राम्शी कहते हैं कि वह सामान्य समय की बात है। लेकिन क्या यह जरूरी है कि रूस का सर्वहारा तब तक प्रतीक्षारत ही रहे जब तक रूस में इंग्लैंड का इतिहास दोहरा नहीं दिया जाता?

''समाजवाद में दीक्षित रूस का सर्वहारा अपना इतिहास उस सर्वोच्च स्तर से शुरू करेगा जिस पर आज इंग्लैंड पहुँचा हुआ है। चूँकि उसे बिल्कुल शून्य से प्रारम्भ करना है, वह उस जगह से शुरू करेगा जिसे अन्यत्र पूरी तरह आयत्त

कर लिया गया है और इसीलिए उस आर्थिक परिपक्वता के स्तर को हासिल करने के लिए उन्मुख होगा जिसे मार्क्स सामूहिक कार्रवाई के लिए एक जरूरी शर्त मानते थे। और सामूहिकता को वे पूँजीवाद की तुलना में कहीं ज्यादा तेज गति से तैयार करेंगे। क्रान्तिकारी खुद अपने लक्ष्य को पूरी तरह से प्राप्त करने के लिए जरूरी परिस्थितियाँ तैयार करेंगे और यह काम वे पूँजीवाद की तुलना में कहीं ज्यादा तेजी से करेंगे।'' क्रान्ति के जरिए आर्थिक विकास के नए और समाजवाद के लिए जरूरी चरण में छलाँग लगाकर पहुँच जाना–यही वह प्रमुख समस्या है जिसे समाजवादी क्रान्ति ने रूस के सर्वहारा के सामने उपस्थित किया था। इसी असम्भव को सम्भव बनाने के लिए लेनिन ने 'एक देश में समाजवाद' की पूरी थिसिस और 'नई आर्थिक नीति' की तरह के प्रयोग किए थे।

आर्थिक–सामाजिक क्षेत्र के एक नए चरण में छलांग लगाकर पहुँचने की तरह के कठिन लक्ष्य को साधने के लिए न सिर्फ समाजवादी राज्य बल्कि कम्युनिस्ट पार्टी के ढाँचे से जुड़ी समस्याओं पर भी शुरू से पूरे विश्व कम्युनिस्ट आन्दोलन में विचार–विमर्श और बहस–मुबाहिसे की एक प्रक्रिया शुरू हुई थी। सोवियत संघ में 72 साल के समाजवाद के पराभव के बाद के आज के, एक प्रकार से समाजवाद विहीनता के काल में तत्कालीन कम्युनिस्ट आन्दोलन के अन्दर की बहसों पर गम्भीरता से ध्यान देना कितना महत्त्वपूर्ण हो सकता है, इसका कोई भी आसानी से अन्दाज लगा सकता है। जब दुनिया का पहला समाजवादी राज्य अपने शैशव में था, उस समय समाजवादी व्यवस्था के निर्माण और उसकी नेतृत्वकारी शक्ति, कम्युनिस्ट पार्टी के स्वरूप और संचालन को लेकर हुए गहन विचार–विमर्श में किसी ने भी भटकाव की स्थिति में पूरी समाजवादी व्यवस्था के ही भरभराकर गिर जाने की आज की परिस्थितियों की पूर्व कल्पना नहीं की होगी, ऐसा सम्भव नहीं था। बर्टेंड रसेल से लेकर रवीन्द्रनाथ तक, कइयों ने रूस की अपनी यात्रा के बाद उस व्यवस्था की कुछ बुनियादी कमजोरियों की ओर इशारा किया था। लेकिन ये लोग गैर–कम्युनिस्ट दायरे के लोग थे। कम्युनिस्टों के बीच से तब इस प्रकार की आशंकाओं के आधार पर किस प्रकार के सवाल उठाए गए थे, वह समूचा विमर्श आज के कम्युनिस्टों के लिए काफी शिक्षादायी हो सकता है। इस लिहाज से जब हम ग्राम्शी के उस पूरे काल के लेखन पर गौर करते हैं तो पाते हैं कि ग्राम्शी का लेखन एक ऐसी ही खिड़की है जिसके जरिए तत्कालीन कम्युनिस्ट आन्दोलन के अन्दर की विचारधारात्मक और सांगठनिक कसमसाहटों का एक मूल्यवान निदर्शन पाया जा सकता है।

आज खाँसी ने परेशान कर रखा है। पता नहीं, पिछले दो दिनों में यह सूखी खाँसी अचानक कैसे शुरू हो गई। गले में रुमाल बाँधकर सोया हूँ, लेकिन गर्मी में यह जरा भी सुहा नहीं रहा है। कल तक घर से दवाइयाँ आ जाएँगी तो कुछ उपचार शुरू होगा। यहाँ के अन्य कैदियों का कहना है कि जेल के अस्पताल की दवाइयाँ मत लीजिएगा। किसी को यहाँ की दवाइयों पर भरोसा नहीं है। आश्चर्य की बात है।

28.7.2012 (शनिवार)

पुनश्च : ग्राम्शी

'कल्पनावादी' लेनिन के पक्ष में

इसी अध्याय में एक टिप्पणी है 'यूटोपिया'। 25 जुलाई, 1918 की तिथि में लिखी गई यह टिप्पणी 24 दिसम्बर, 1917 की टिप्पणी की ही पूरक टिप्पणी है। विषय वही है कि क्या बोल्शेविक क्रान्ति इतिहास-सम्मत है? क्या लेनिन इतिहास के नियम के विरुद्ध सोवियत संघ के बारे में किसी काल्पनिक और आत्मगत पथ का विकल्प नहीं तैयार कर रहे हैं? लेनिन यथार्थवादी हैं या एक कल्पनावादी (Utopian)?

इन्हीं सवालों का उत्तर देते हुए इस टिप्पणी में ग्राम्शी ने लेनिन और बोल्शेविक क्रान्ति की जोरदार पैरवी की है। वे कहते हैं कि इतिहास कोई गणितीय गणना नहीं है। इसकी कोई दशमलव वाली प्रणाली नहीं बनी है। यह मनुष्यों का कारोबार है और मनुष्य कोरा हाड़-मांस का पुतला नहीं होता, उसका एक मस्तिष्क होता है। उसे सुख-दुख का अहसास होता है, उसका एक विवेक होता है और वह अपनाना और ठुकराना जानता है। ग्राम्शी के शब्दों में-"एक सर्वहारा क्रान्ति में यह अज्ञात, परिवर्तनशील 'मनुष्यता' दूसरी किसी भी चीज से कहीं ज्यादा रहस्यमय होती है।"

उन्हें लेनिन को एक कल्पनावादी स्वीकारने में कोई आपत्ति नहीं है। फिर भी लेनिन को 'कल्पनावादी' करार देने वालों के प्रति वे कटूक्ति करते हुए कहते हैं-"जो भी लेनिन को कल्पनावादी समझता है, कहता है कि रूस में सर्वहारा की तानाशाही कायम करना एक कल्पनावादी कोशिश है, वह एक सचेत समाजवादी नहीं हो सकता, और उसने ऐतिहासिक भौतिकवाद के सिद्धान्त के अध्ययन के जरिए अपना संस्कार नहीं किया है। वह एक कैथोलिक है, वह धर्मग्रन्थों (Holywrit) में अपना सिर घुसेड़े हुए है। वही एक वास्तविक कल्पनावादी है।"

इस टिप्पणी के अन्त में ग्राम्शी रूस में किए जा रहे प्रयोग के बारे में जो बात कहते हैं, वह और भी मार्के की तथा किसी भी क्रान्तिकारी प्रक्रिया की

समझ को हासिल करने की एक तीक्ष्ण अन्तर्दृष्टि से सम्पन्न बात है। उनके शब्दों में–"तब क्या यह समाजवाद नहीं है? वाकई नहीं, ये बुद्धि विरोधी (Philistines) समाजवाद की अपनी पूरी भव्य रूपरेखा को जिस प्रकार बताते हैं, उस हास्यास्पद अर्थ में यह वाकई समाजवाद नहीं है। यह सर्वहारा के नेतृत्व में विकसित हो रहा एक मानव समाज है। एक बार जब सर्वहारा का अधिकांश हिस्सा संगठित हो जाएगा, सामाजिक जीवन आज की तुलना में समाजवादी अर्थ में ज्यादा समृद्ध होगा और समाजीकरण की प्रक्रिया लगातार तेज और सटीक होती जाएगी। समाजवाद एक दिन में स्थापित नहीं होता–यह एक लगातार प्रक्रिया है, स्वतंत्रता की दिशा में कभी खत्म न होने वाली विकासधारा, जो संगठित है और नागरिकों, सर्वहारा के बहुमत के द्वारा नियंत्रित है।" (पृ. 52)

बोल्शेविक क्रान्ति के पक्ष में ग्राम्शी की ये सभी जोरदार दलीलें विशेष रूप से गौर करने लायक हैं। वे मार्क्सवादियों के ही कतिपय हलकों द्वारा लेनिन के सामने उठाए जा रहे कथित 'शास्त्रीय' प्रश्नों पर पूरी तरह से लेनिन के साथ थे। वे समाजवाद को एक लगातार विकासमान प्रक्रिया बता रहे थे जो मनुष्य को अधिक से अधिक मुक्त करने की दिशा में एक कभी न खत्म होने वाली यात्रा है। यह कोई स्वत:स्फूर्त प्रक्रिया नहीं, बल्कि एक सचेत और संगठित कर्म यज्ञ है–मुक्ति के लक्ष्य की ओर।

ग्राम्शी की इन दलीलों से साफ है कि लेनिन के एक दृढ़ समर्थक के रूप में समाजवाद के सन्दर्भ में उनकी दृष्टि वैचारिक चेतना, संगठन और मानव मुक्ति के लक्ष्य की ओर टिकी हुई थी। आगे समाजवादी विकास की पूरी प्रक्रिया इन्हीं तीन दिशाओं में होने वाली सामाजिक प्रगति पर निर्भरशील थी। मनुष्य की चेतना में क्या परिवर्तन होता है, समाज और राज्य के संगठन का स्वरूप, उनके संचालन की हरावल शक्ति कम्युनिस्ट पार्टी का सांगठनिक ढाँचा कैसा होता है, और ये सब अन्ततोगत्वा मनुष्य को अधिक से अधिक मुक्त करने, उसकी सर्जनात्मकता को उन्मुक्त करने में सहयोगी बनते हैं, या इसके रास्ते की बाधा बनते हैं–तात्त्विक रूप में यही समाजवादी निर्माण की प्रमुख समस्याएँ थीं जिनकी कसौटी पर आगे के समूचे विकास क्रम की जाँच करनी है और प्रयोगों, भूलों और सुधारों के जरिए उसे लगातार सटीक बनाते जाना है।

लेनिन समाजवादी क्रान्ति के चन्द वर्ष बाद ही 1921 में काल-कवलित हो गए। ग्राम्शी उसके बाद और 16 वर्ष जीवित रहे। इसी बीच यूरोप के कुछ देशों में उग्र कम्युनिस्ट विरोधी सशस्त्र प्रतिक्रियावादी ताकतों के उभार ने

कम्युनिस्ट आन्दोलन को गहरा धक्का लगाया, सर्वहारा को बुरी तरह विभाजित कर दिया, कम्युनिस्ट पार्टी के क्रियाकलापों को काफी कठिन बना दिया, प्रतिपक्ष मात्र के दमन ने हर प्रकार की राजनीतिक गतिविधियों को असम्भव बना दिया। उधर रूस में स्तालिन और ट्राटस्की को केन्द्र में रखकर शुरू हुए विचारधारात्मक संघर्ष के दूसरे सांगठनिक परिणामों, पार्टी के अन्दर विपक्ष अथवा अल्पमत की आवाज के प्रति कठोर रवैए के स्तालिनवादी दौर का भी सूत्रपात हो चुका था। समाजवादी विकास के सही रास्ते के सन्धान में लगे किसी भी कम्युनिस्ट विचारक के लिए स्वाभाविक रूप में यह समूचा घटनाक्रम काफी उद्वेग और चिन्ता का कारण था। इन स्थितियों से कतराकर वे आगे के किसी रास्ते की तलाश नहीं कर सकते थे। इसके अलावा समाजवादी निर्माण के और भी कुछ बुनियादी आर्थिक प्रश्न भी थे जिन्हें शुरू से लेनिन अपनी नई आर्थिक नीति, बिजली को ही समाजवाद बताने और अमेरिका में उत्पादन की टेलर पद्धति के अध्ययन के जरिए एक दीर्घकालीन प्रक्रिया के रूप में सूत्रायित करने की कोशिश कर रहे थे। परवर्ती दिनों में स्तालिन ने भी समाजवाद की समस्याओं के अध्ययन के तौर पर इन प्रश्नों पर खुद को केन्द्रित किया था। लेकिन ग्राम्शी के लिए आर्थिक प्रश्न सिर्फ समाजवाद के सन्दर्भ में नहीं, पूँजीवाद के सन्दर्भ में भी समान रूप से महत्त्वपूर्ण थे। पूँजीवाद कैसे अपने संकटों से जूझता है, उसकी प्राणशक्ति का स्रोत क्या है और किसी भी भावी समाजवादी राष्ट्र के लिए पूँजीवाद की इस विरासत में क्या ग्रहणीय है और क्या त्याज्य है–ये सारे विषय उनकी चिन्ता के केन्द्र में थे। और इसी सिलसिले में उन्होंने अपने अध्ययन के लिए विश्व पूँजीवाद की सबसे अग्रिम चौकी, अमेरिका को चुना। 'अमेरिकावाद और फोर्डवाद' ग्राम्शी का एक ऐसा महत्त्वपूर्ण प्रबन्ध है जो किसी भी शास्त्रीय महत्त्व की कृति का दर्जा ले सकता है और आने वाले अनेक वर्षों तक पाठकों का ध्यान अपनी ओर खींचता रहेगा।

राजनीति और हम

आज जेल में इंटरव्यू के लिए पृथा, रिचा के साथ अरुण सिंह और विजय धन्नानी भी आए थे। अरुण सिंह विमान बाबू से हमारे प्रसंग में एक बार बात कर चुका है, अच्छी बात है। यह सच है कि हमारे इस मामले से मूलतः राजनीति का कोई लेना-देना नहीं है। लेकिन पुलिस ने जिस तत्परता से इस तन्तहीन मामले को सीआईडी के सुपुर्द कर दिया और सीआईडी ने पूरे 13 दिनों

तक हमें अपनी हिरासत में लेकर जिस प्रकार का शक्ति प्रदर्शन किया, उसके पीछे राजनीति की भूमिका है, इसमें कोई शक नहीं। एक ऐसे आधारहीन क्षुद्र मामले को अखबारों में भी जिस प्रकार उछाला गया और मीडिया जिस प्रकार की धमा-चौकड़ी कर रहा था, उसके पीछे भी निश्चित तौर पर राजनीति काम कर रही है। इसके अलावा जिस प्रकार बेवजह हमारी जमानत की अर्जियों को खारिज किया जा रहा है, वह भी राजनीति के अदृश्य हाथों का खेल हो तो कोई अचरज की बात नहीं है।

इसीलिए इस विषय पर विमान बाबू को अवगत रखना सही काम है। राजनीति के क्षेत्र के अनुभवी नेता के नाते विमान बाबू को इस बात को समझने में जरा भी दिक्कत नहीं होनी चाहिए। लेकिन पता नहीं क्यों, मेरे अन्दर कोई विशेष उत्साह या आशा की स्थिति नहीं है।

वैसे बंगाल की पार्टी की स्थिति हमें काफी व्यग्र और उत्तेजित रखती है। तथापि, अभी यह मेरी चिन्ता का विषय नहीं है। आखिर पार्टी में हम हैं ही क्या? राजनीति को लेकर कोई महत्त्वाकांक्षा नहीं है। हमने पार्टी के सबसे चुनौती भरे वीरतापूर्ण दिनों से लेकर सबसे अच्छे दिनों में बहुत ही शान और सम्मान के साथ राजनीति के क्षेत्र में काम किया है। वही स्मृतियाँ साथ रहे, काफी है। यह चौतरफा पतन का समय है। इसमें हमारे लिए जगह नहीं हो सकती और न हम उसकी कामना करते हैं। पार्टी को अभी और रसातल में ले जाने वाले उसके सभी खास स्थानों पर वैसे ही बैठे हुए हैं। अब आगे नेताओं के पास चयन के लिए अच्छों में सर्वश्रेष्ठ नहीं, बुरों में सबसे निकृष्ट ही रह गए हैं। पार्टी के संचालन में आत्मनिष्ठता की बुराई का इसके अलावा दूसरा हश्र नहीं हो सकता था।

इस विषय पर पहले ही मेरा एक विस्तृत नोट* लोगों के पास है। उस पर बात को और बढ़ाना नहीं चाहता। दरअसल एक ऐसी सटीक सांगठनिक प्रणाली के विकास की जरूरत है जो इस प्रकार की सांगठनिक विकृतियों से सर्वहारा की पार्टी को बचा सके। सारी दुनिया के कम्युनिस्ट इस विषय पर जुटे हुए हैं। यह काम आसान नहीं है। इसके लिए शायद कम्युनिस्ट आन्दोलन के अब तक की पूरी सोच को ही पूरी तरह से बदल देना होगा।

इस पूरे पार्टी से जुड़े सन्दर्भ में हमारी विडंबना यही है कि

फिर उसी बेवफा पे मरते हैं,
फिर वही जिन्दगी हमारी है।

---

* इस पुस्तक के परिशिष्ट (1) में यह नोट, 'भारतीय वामपन्थ के पुनर्गठन का प्रस्ताव : विचार के कुछ बुनियादी नुक्ते' दिया गया है

शिक्षा और संस्कृति

ग्राम्शी के इस संकलन का अगला अध्याय–'मजदूर वर्ग की शिक्षा और संस्कृति' विषय पर है। आज जब हम इस विषय पर सोचते हैं तो यह किसी को भी अजूबा सा विषय लग सकता है। कम्युनिस्ट आन्दोलन में, कम से कम भारत में तो मजदूर वर्ग की शिक्षा और संस्कृति जैसी कोई चीज विचार का विषय ही नहीं है। कम्युनिस्ट पार्टियाँ पार्टी शिक्षा के बारे में सोचती हैं। पार्टी की राजनीति और मार्क्सवाद सम्बन्धी शिक्षा शिविरों का आयोजन करती है और बस इतना ही। बाकायदा औपचारिक शिक्षा प्रदान करने वाले स्कूलों-कॉलेजों की तरह मजदूर वर्ग के बच्चों, नौजवानों और वयस्कों को भी शिक्षित करने का कोई वैकल्पिक सांस्थानिक रूप हो सकता है, इसकी आज कम्युनिस्ट आन्दोलन में कोई कल्पना ही नहीं करता। इसलिए मजदूर वर्ग के लिए शिक्षा का कोई भिन्न पाठ्यक्रम हो, उसकी संस्कृति पूँजीपतियों की संस्कृति से अलग संस्कृति हो, वह अपने में उन्मुक्त, यथार्थवादी, दायित्वशील तथा समाजोन्मुख और सामुदायिक मुक्ति के विचारों का वाहक हो, स्व की उन्नति मात्र के लिए तैयार किया गया आत्मकेन्द्रित मशीन का पुर्जा भर न हो–इस प्रकार के विषय आज के कम्युनिस्ट आन्दोलन के विषयों की परिधि में शायद रह ही नहीं गए हैं। आजादी की लड़ाई के दिनों में भारत के राष्ट्रवादियों ने स्वदेशी विद्यालयों, महाविद्यालयों और विश्वविद्यालयों का आन्दोलन चलाया था। राष्ट्रीय आन्दोलन में इन संस्थाओं का योगदान भी रहा। इसीलिए ऐसे विषय पर ग्राम्शी जैसे एक गैर-समाजवादी देश के कम्युनिस्ट विचारक के विचारों को जानना काफी दिलचस्प और शिक्षादायी हो सकता है।

खाँसी परेशान कर रही है। कोरेक्स ले लिया है, इसलिए नींद आ जाएगी। आगे कल ही लिखूँगा। सरला ने तालस्ताय की कहानियों के एक संकलन और गीतांजलि श्री का उपन्यास 'खाली जगह' भेजा है। गीतांजलि श्री को लेकर मन में ज्यादा उत्साह नहीं है। उनके भाषा के खेल में कथ्य नहीं के बराबर होता है। अनुभव और दूसरी तैयारियों की भी कुछ कमी है। देखें, इस उपन्यास को पढ़ने की कोशिश करूँगा। लेकिन तालस्ताय का संकलन जरूर काम आएगा।

लॉकअप के ठीक पहले अमित ने सूचना दी कि पुष्पा के carcinoma negative आया है। मन बेहद प्रसन्न हुआ, शान्ति से सोऊँगा।

29.7.2012 (रविवार)
पुनश्च : ग्राम्शी

शिक्षा और संस्कृति...

शिक्षा और संस्कृति के प्रश्न ग्राम्शी के लिए सदा केन्द्रीय महत्त्व के प्रश्न थे। मजदूर वर्ग बौद्धिक रूप से स्वायत्त कैसे हो, इस पर वे हमेशा सोचते रहते थे। यदि मजदूर वर्ग खुद बौद्धिक रूप से समर्थ होगा तो उसे अपने आन्दोलनों को नेतृत्व देने के लिए बाहर से पढ़े-लिखे बाबुओं की जरूरत नहीं होगी। कम्युनिस्ट हलके में आमतौर पर यह बात कही जाती है कि मार्क्सवाद लेनिनवाद विज्ञान है और इस विज्ञान की 'जटिल वाणी' को वहन करके मजदूर वर्ग के पास ले जाने में शिक्षित मध्यवर्ग की बड़ी भूमिका है। इसी बहाने आज तक कम्युनिस्ट आन्दोलन पर मध्यवर्ग का पूरा वर्चस्व बना हुआ है। भारत के कम्युनिस्ट आन्दोलन को देखिए, मजदूर वर्ग के अन्दर से कभी कोई इक्का दुक्का ही नेतृत्व के स्थान पर पहुँचा होगा। मध्यवर्ग तथाकथित रूप में अपने को वर्ग च्युत (de-class) करके मजदूरों के नेतृत्व का हकदार बन जाता है। यह डीक्लास की बात अपने में भारी रहस्य है। किसी भी वर्ग-च्युत हुए नेता का बेटा मजदूरी करता हुआ नहीं पाया जाता। वह अपने मूल, मध्यवर्ग की विरासत को ही आगे बढ़ाता है।

बहरहाल, ग्राम्शी की चिन्ता, हर सच्चे मार्क्सवादी की तरह, मजदूर वर्ग के सदस्यों को ही नेतृत्वकारी स्थान पर लाने की थी। उनका 'जाग्रत् अल्पमत' भी इसी वर्ग का जैविक हिस्सा था और इसके लिए वे पूरे मजदूर वर्ग में शिक्षा के प्रसार को जरूरी मानते थे। यह शिक्षा एक ओर जहाँ बुनियादी भाषा, व्याकरण, तर्क और ज्ञान सम्बन्धी जरूरतों के अनुरूप होगी, वहीं इसका पूरा पाठ्यक्रम पूँजीवादी अर्थात् प्रचलित स्कूली और उच्च शिक्षा से बिल्कुल अलग होगा। बहुतेरे लोग व्याकरण और तर्कशास्त्र सम्बन्धी परम्परागत शिक्षा के महत्त्व पर ग्राम्शी के बल को संरक्षणवादी सोच बताकर उसकी आलोचना करते हैं। लेकिन ग्राम्शी इन्हें किसी भी व्यक्ति के आलोचनात्मक विवेक के विकास की प्राथमिक जरूरत मानते थे। शिक्षा यदि मनुष्य के मस्तिष्क की

रोशनी है तो भाषा, व्याकरण, नीतिशास्त्र और तर्कशास्त्र वे मूल आधार हैं जिन पर कदम रखकर ही कोई ज्ञान-विज्ञान के अन्य क्षेत्रों की सही दिशा में उड़ान भर सकता है। इस सन्दर्भ में ग्राम्शी की बातों पर ही विस्तार से चर्चा करना जरूरी है। स्वतः सारी बातें साफ हो जाएँगी।

29 जनवरी, 1916 की एक टिप्पणी है-'समाजवाद और संस्कृति'। हमें संस्कृति को विश्वकोशीय ज्ञान के रूप में देखने के अभ्यास से मुक्त होना होगा। आदमी को सिर्फ एक पिटारे की तरह देखने के अभ्यास को छोड़ना होगा, जिसमें कुछ आँकड़ों और कोरे असंलग्न तथ्यों का ढेर होता है जो शब्दकोश के स्तम्भों की तरह दिमाग में भर दिया जाता है, ताकि किसी भी जरूरत के समय वह उन्हें उगल सके। संस्कृति का यह रूप, खासतौर पर सर्वहारा के लिए, सचमुच नुकसानदेह है। इससे सिर्फ समाज में रम न पाने वाले लोग पैदा होते हैं, ऐसे लोग जो बाकी मनुष्यों से अपने को श्रेष्ठ मानते हैं क्योंकि उन्होंने कुछ तथ्यों और तारीखों को रट लिया है और हर मौके-बेमौके उन्हें प्रस्तुत कर देने में माहिर होते हैं। इस प्रकार यह उनके तथा अन्यों के बीच लगभग एक विभाजक रेखा बन जाती है।

''....संस्कृति इससे बिल्कुल अलग है। यह एक संगठन है, अन्तर का अनुशासन, अपने खुद के व्यक्तित्व की पहचान, यह एक उच्चतर चेतना को प्राप्त करना है जिसके जरिए कोई भी खुद के ऐतिहासिक महत्त्व को, जीवन में अपनी भूमिका को, अपने अधिकारों और कर्तव्यों को समझने में सफल होता है। सर्वोपरि मनुष्य मस्तिष्क होता है अर्थात् वह इतिहास की उत्पत्ति है, प्रकृति की नहीं।''

इसी में ग्राम्शी बताते हैं कि किस प्रकार बौद्धिक मनन के जरिए मनुष्यता खुद अपने मूल्य की चेतना अर्जित करती है। पहले चन्द लोग इसका दिग्दर्शन करते हैं, फिर समूचा वर्ग। इटली के ज्ञान प्रसार आन्दोलन ने पूरे यूरोप में एक एकीकृत चेतना के रूप में पूँजीवादी अन्तर्राष्ट्रीयता का आत्मिक भाव पैदा किया था। इटली, फ्रांस, जर्मनी-सब जगह उस समय एक ही प्रकार के विषयों, एक सी संस्थाओं और एक जैसे सिद्धान्तों पर बहस चल रही थी।

''नेपोलियन की सेना के बेयोनेट के पहुँचने से पहले ही अठारहवीं सदी के प्रथमार्द्ध में पेरिस से निकली किताबों और पर्चों की अदृश्य सेना ने उसके रास्ते को प्रशस्त कर दिया था और जरूरी पुनर्नवीकरण के लिए मनुष्यों और संस्थाओं को तैयार कर दिया था।''

ग्राम्शी की इस टिप्पणी का अन्तिम वाक्य यह है कि ''यदि यह सच है कि विश्व इतिहास विशेषाधिकारों, पूर्वग्रहों और व्यक्ति पूजा से खुद को मुक्त

करने के मनुष्य के प्रयासों की शृंखला है, तब यह मानना मुश्किल है कि क्यों सर्वहारा, जो इस शृंखला में एक और कड़ी को जोड़ना चाहता है, इस बात को नहीं जाने कि उसके पूर्वज क्यों और कैसे तथा कौन से रहे हैं, अथवा इस ज्ञान से वह क्या लाभ उठा सकता है।" (पृ. 57-59)

इतिहास के सम्पूर्ण प्रवाह में अपनी पहचान को प्राप्त करना और आगे के अपने कर्तव्यों को निर्धारित करना–मनुष्य को ऐसी आत्म-चेतना प्रदान करने में संस्कृति की भूमिका सम्बन्धी ग्राम्शी की अवधारणा ही उनकी सर्वहारा की शिक्षा की विशिष्टता सम्बन्धी अवधारणा का मूल आधार था। ग्राम्शी की इस टिप्पणी से उनके समूचे सोच का जो एक बीज तत्त्व निकलकर सामने आता है, वह है 'जाग्रत् अल्पमत' की अवधारणा का तत्त्व। इतिहास की गति को पहले किसी भी वर्ग का एक जाग्रत् अल्पमत आत्मसात् करता है, फिर वही पूरे वर्ग की चेतना बनकर नए इतिहास की रचना का हेतु बनता है। यह 'जाग्रत् अल्पमत' मार्क्सवाद के विज्ञान के कथित धारक-वाहक मध्यवर्ग से काफी अलग है।

साथी कैदी

आज बगल के एक सेल में कैदी संजीव से बात कर रहा था। गठे बदन का, औसत लम्बाई का फुर्तीला लड़का, उम्र 35, एक सुपारी किलर है। मैंने पूछा कि क्या करते हो तो साफ शब्दों में कहा–आदमी को मारता हूँ। रुपए लेकर किसी का भी काम तमाम कर देता हूँ। आठ साल से जेल में है। उम्मीद करता है कि अब एक-दो महीने में छूट जाएगा।

इतने दिनों में आज पहली बार ही मैंने उससे यह जानने की कोशिश की थी कि वह जेल में कैसे आया। तभी उसने एक पेशेवर हत्यारे की अपनी पहचान को बेहिचक मेरे सामने रख दिया। यादवपुर विश्वविद्यालय से बीकॉम पास किया है। रोज मेरे से बांग्ला अखबार 'वर्तमान' लेकर पढ़ता है। एक बार उसकी एक कॉपी हाथ लग गई थी। हाथ से लिखी बांग्ला को पढ़ना आसान नहीं था। अभी कोशिश कर ही रहा था कि वह छीनकर ले लिया। दरअसल उस कॉपी में उसके सेल के एक और कैदी बुलेट ने अमित के नाम एक पत्र लिखकर डाला था और कॉपी सहित उसे अमित को दे दिया था। उसके पत्र के साथ ही मैं इस कॉपी को भी पढ़ने की कोशिश करने लगा। तभी संजीव छीनकर ले गया।

संजीव मध्यवर्ग का बंगाली लड़का है। मैंने उससे पूछा कि ऐसी लाइन में वह आया कैसे? उसने कहा–सिर्फ पैसों के लिए। ग्रेजुएट हो गया, कोई काम नहीं मिल रहा था। घर का दबाव था कि कमाकर लाओ, बहन की शादी होने वाली थी–और इसी चक्कर में एक नेत्री के हाथ में पड़ गया। पहले तो उसने कुछ आर्थिक मदद की, लेकिन बाद में उसे अपने हत्यारे स्क्वैड में शामिल कर लिया। बेहाला के एक फ्लैट में वह और तीन साथियों के साथ रहता था। नेत्री का निर्देश आने पर हत्या के काम में लग जाता और फिर काम निपट जाने पर उसी फ्लैट में बन्द हो जाता। 10–20 हजार महीने की कमाई हो जाती थी। यही काफी था।

वह किसे मार रहा है, क्यों मार रहा है–इन बातों से उसे कोई लेना-देना नहीं था। बस निर्देश मिलते ही उसे मारना है, इतना भर जानता था।

अब तक उसने कइयों को मौत के घाट उतार दिया है, जिनमें अधिकांश अपने क्षेत्र के राजनीतिक व्यक्ति हैं। उसे दमयन्ती सेन, आईपीएस ने पहचान लिया था और संजीव के कहे अनुसार ग्रांड होटल में बुलाकर इस रास्ते से हट जाने के लिए काफी अच्छी तरह समझाया था, लेकिन तब तो उसके पास पैसे आ रहे थे, वह कहाँ सुनने वाला था। दमयन्ती सेन से अभी भी उसका सम्पर्क बना हुआ है। संजीव ने उसके पूछने पर भी अपने बॉस का नाम नहीं बताया था। बाद में दमयन्ती सेन को जब पता चला, तब तक काफी देर हो गई थी। वह हाथ मलकर रह गई। संजीव से उसने कहा कि काश, तुम पहले ही मुझे बता देते, मैं कितने लोगों को बचा पाती और तुम्हारी भी यह दशा नहीं होती। संजीव को भी आज अफसोस हो रहा है।

मैंने अपने ढंग से उसे समझाने की कोशिश की है। अपराध की दुनिया से निकलने के लिए बताया है। वह भी सहमति जाहिर कर रहा था कि अभी उसकी उम्र ही क्या है। वह बाहर निकलकर एक साधारण आदमी की तरह, मेहनत-मजूरी का जीवन जीना चाहता है, अपना घर बसाना चाहता है और अपने बेटे की उँगली पकड़कर घूमना चाहता है।

पता नहीं, वह बाहर निकलकर भी सुधर पाएगा या नहीं। मेरी बातें वह कुछ भी ग्रहण कर पा रहा था कि नहीं, इसका भी मुझे अनुमान नहीं है। लेकिन उसने बताया कि वह बीड़ी पीने के अलावा दूसरा कोई नशा नहीं करता। आठ साल से जेल में होने पर भी चरस, गाँजा, हेरोइन से बचा हुआ है, यही बात जरा सा आश्वस्त करती है। लेकिन ठोकने-ठुकाने की जिस भाषा का वह अभ्यस्त है, उसमें स्वस्थ जीवन या अपराध-मुक्त जीवन की भाषा का स्थान कैसे होगा, सोचकर कठिन जान पड़ता है। उसके अब तक के मालिकान ही उसे किसी नए जीवन में जाने देंगे, इस पर सन्देह है।

वैसे संजीव की बातों में सच कम और गप ज्यादा लगती है। यह अपराधियों का जगत् है। यहाँ खुद को बड़े से बड़ा अपराधी बताना ही प्रतिष्ठा की बात है। दमयन्ती सेन का पूरा प्रसंग साफ तौर पर कल्पना की उड़ान जान पड़ता है। किसी आईपीएस के पास इतना फालतू समय नहीं होता कि वह ऐसे चिन्दी लोगों को ग्रांड होटल में फिजूल में दावत दे। उसकी गप तब तो अपने चरम पर चली गई थी जब उसने बताया कि दमयन्ती सेन ने बेवजह उसे अपने ढेर सारे दोस्तों के साथ ग्रांड में दावत उड़ाने का मौका दिया था। इसी एक प्रसंग के आधार पर मैं कह सकता हूँ कि वह कोई चिन्दी चोर है जो खुद को चम्बल का डाकू बता रहा है। उसके बारे में कुछ दूसरे स्त्रोतों से भी जानकारी लूँगा।

30.7.2012 (सोमवार)
पुनश्च : ग्राम्शी

शिक्षा और संस्कृति...

सुबह से ग्राम्शी पर बात को ही आगे बढ़ाता हूँ–

संस्कृति और आत्म पहचान–यह एक ऐसा विषय है जिस पर चरम प्रतिक्रियावादी और घनघोर प्रगतिशील दोनों ही एकमत जान पड़ते हैं। प्रतिक्रियावादियों के लिए आत्म पहचान धर्म, नस्ल और जाति से जुड़ी बात है और प्रगतिशीलों के लिए वर्ग से। इसलिए संस्कृति की इस आत्म पहचान कराने वाली परिभाषा में ग्राम्शी ने कोई नई बात नहीं कही है। उनकी चिन्ता सर्वहारा को उसकी पहचान कराने वाली शिक्षा और संस्कृति को लेकर है, और यह काम शिक्षा के अब तक के परम्परागत रूप से सम्पन्न नहीं हो सकता–यहीं पर ग्राम्शी के विचारों की अभिनवता या मौलिकता है।

इस अध्याय की अन्तिम टिप्पणी 'मैरिनेटी क्रान्तिकारी' में वे लिखते हैं–"एक नई सभ्यता के निर्माण की रणभूमि पूरी तरह से रहस्यमय, जिसका पहले से अनुमान नहीं लगाया जा सके, और पूरी तरह से अनपेक्षित है। पूँजीवादी सत्ता से मजदूर सत्ता के मातहत आने पर भी कारखाने उसी प्रकार की चीजों का उत्पादन करते रहेंगे जैसा कि आज कर रहे हैं। लेकिन कविता, नाटक, उपन्यास, संगीत, चित्रकला तथा नैतिक और भाषायी कृतियों की रचना किस प्रकार की होगी? कोई ठोस कारखाना तो इन कृतियों का उत्पादन नहीं कर सकता है। इसे मजदूर सत्ता किसी योजना के जरिए पुनर्संगठित नहीं कर सकती है।"

और आगे ग्राम्शी कहते हैं कि इन क्षेत्रों में पूँजीवादी स्वार्थपरकता (careerism) को नष्ट कर दिया जाएगा और सर्वहारा सभ्यता के अनुरूप कविता, कहानी, नाटक, उपन्यास, भाषा, नीति संहिता, चित्रकला आदि की रचना होगी। इन रचनाओं का रूप कैसा होगा, इसके बारे में ग्राम्शी निश्चिन्त नहीं हैं लेकिन इस बारे में निश्चिन्त हैं कि पुरानी आत्मिक विरासतों को, पूर्वग्रहों, प्रतिमानों और जड़ीभूत परम्पराओं को ध्वस्त करना होगा जिस प्रकार

मैरिनेटी की तरह के Futurist, जो अतीत की हर चीज से मुक्ति का घोषणापत्र लेकर सामने आए थे, ने पूँजीवादी संस्कृति के क्षेत्र में बिना इस बात की परवाह किए कि उनका सृजन ध्वंस किए जा रहे सृजन से बेहतर है या नहीं, सिर्फ ध्वंस, ध्वंस और ध्वंस किया। उसी प्रकार मजदूर वर्ग भी पुरानी संस्कृति का ध्वंस करेगा। गौर करने लायक है कि ग्राम्शी पाँच वर्ष पहले व्याकरण और तर्कशास्त्र पर अधिकार को किसी भी शिक्षित मस्तिष्क की बुनियादी शर्त बता रहे थे, वे ही इस ध्वंस के जोश में उसे भी अस्वीकारने की बात कहते हैं– ''न व्याकरण की परवाह करो, न कविता, चित्रकला के अन्य तथाकथित स्वीकृत मानदंडों की। जो बन पाए, वही रचो।''

ग्राम्शी के इस सोच के पीछे सम्भवत: 'प्रोलेतकुल्त' की सोवियत संघ में चल रही मुहिम का प्रभाव था। लेनिन ने इस 'प्रोलेतकुल्त' के विध्वंसक मिशन की निन्दा की थी और सभ्यता की साझा विरासत के महत्त्व को समझने पर बल दिया था। समाजवाद के इन लगभग एक सौ साल के अनुभव के बाद तो इस प्रकार की विनाशकारी मुहिम की निस्सारता और भी जगजाहिर है। चीन की सांस्कृतिक क्रान्ति का पीड़ादायी अनुभव बताता है कि अर्थव्यवस्था की तरह संस्कृति के क्षेत्र में भी यदि उत्पादन की पद्धति रातोरात नहीं बदली जा सकती तो उत्पादित वस्तु के रूप को भी मनमाने ढंग से बदला नहीं जा सकता। यह सब एक लम्बी ऐतिहासिक प्रक्रिया पर निर्भर है। मार्क्स के खिलाफ 'विद्रोह' करके 'एक देश में समाजवाद' और 'साम्राज्यवाद की सबसे कमजोर कड़ी' के 'तात्त्विक विचारों' के आधार पर समाजवादी क्रान्ति की जा सकती है, लेकिन समाजवादी समाज का निर्माण किसी झटका कार्रवाई से सम्भव नहीं है। ग्राम्शी की तरह के एक स्थिर और गहन विचारक का किसी भी प्रचारवादी बहाव में बहना उसकी एक बड़ी कमजोरी थी, और उसमें तत्कालीन कम्युनिस्ट आन्दोलन पर सोवियत संघ का मुखापेक्षी होने की जो प्रबल प्रवृत्ति काम कर रही थी, उसकी भूमिका से इनकार नहीं किया जा सकता है।

आज सरला ने बताया कि अरुण सिंह को विमान बाबू ने बुलाया था। उससे हमारी स्थिति की जानकारी ली। यह जानकर अच्छा लगा कि विमान बाबू ने उसे हमारी सेवा में लगे रहने की अनुमति दे दी। और क्या बातें हुईं, यह तो अरुण से ही पता चलेगा।

पुनश्च : ग्राम्शी

मजदूर आन्दोलन का खास अनुभव

इस संकलन का तीसरा अध्याय है–'फैक्टरी परिषदें और समाजवादी जनतंत्र'। एक कम्युनिस्ट नेता के रूप में बिल्कुल जमीनी स्तर पर 1920 में विशाल ट्रेड यूनियन आन्दोलन को संगठित करने का ग्राम्शी का यह अनुभव उनके बाकी के जीवन के सारे लेखन और चिन्तन के लिए महत्त्वपूर्ण खजाने की तरह उनके काम आता रहा। 1917 की रूसी क्रान्ति के बाद हवा में सर्वत्र ऐसे ही कम्युनिस्ट क्रान्ति की गर्मी थी। ऊपर से 1919 में ही इटली के मजदूरों ने आठ घंटा काम और राष्ट्रीय न्यूनतम वेतन की महत्त्वपूर्ण विजय हासिल की थी। इसी से उत्साहित होकर उत्तरी इटली, खासतौर पर मिलान, तुरिन और जेनोआ के औद्योगिक केन्द्र में मजदूरों की कई माँगों पर एक जबर्दस्त हड़ताल आन्दोलन शुरू हुआ था। इसमें इटली के कम्युनिस्ट नेता पामिरो तोल्याती, ग्राम्शी तथा और कुछ नेताओं द्वारा शुरू किए गए 'ल आदीन नूयेवे' (नई व्यवस्था) अखबार ने एक अहम भूमिका अदा की थी। आन्दोलन के दौरान औद्योगिक क्षेत्र में फैक्टरी परिषदों के गठन का प्रस्ताव रखा गया था, जो कारखाने के प्रत्यक्ष प्रबन्धन के साथ ही जनतांत्रिक स्व शासन के राजनीतिक काम को भी पूरा करेगी। नाना कारणों से लाखों मजदूरों की यह हड़ताल और कारखानों पर कब्जा करने की मुहिम विफल रही थी। तब ग्राम्शी की इस बात के लिए आलोचना भी की गई थी कि उन्होंने फैक्टरी परिषद के इस आन्दोलन को पार्टी के साथ अच्छी तरह नहीं जोड़ा था। पार्टी इसकी दर्शक भर थी। ग्राम्शी ने अपनी इस गलती को स्वीकारा था, फिर भी उन्होंने इस बात पर बल दिया था कि फैक्टरी परिषद और ट्रेड यूनियन एक चीज नहीं है और नीचे से मजदूर वर्ग की लामबन्दी और संगठन की कीमत पर ऊपर से पार्टी के सख्त नेतृत्व को मानने से भी इनकार किया था। इस मामले में मजदूर वर्ग की स्वायत्तता और समाजवादी जनतंत्र पर ग्राम्शी ने जिस प्रकार बल दिया था, वह इस समूचे आन्दोलन का सबसे मौलिक और शक्तिशाली पहलू था। ग्राम्शी ने इस हड़ताल की विफलता के अन्य कई कारण, मसलन–उस क्षेत्र की भौगोलिक विच्छिन्नता और किसान जनता से कोई सम्पर्क न होने को बताया था। जैसा कि पहले ही कह आया हूँ ग्राम्शी का आगे का सारा लेखन इस आन्दोलन की पराजय से ली गई सीखों द्वारा प्रभावित रहा।

पुनश्च : ग्राम्शी

कम्युनिस्ट पार्टी

संकलन का अगला अध्याय है–'कम्युनिज्म'। 1919 से 1924 के बीच का यह लेखन अनेक दृष्टि से काफी महत्त्वपूर्ण समझा जा सकता है। लिवोर्नो में इटली की सोशलिस्ट पार्टी की 17वीं कांग्रेस में पार्टी के विभाजन के बाद इटली की कम्युनिस्ट पार्टी का गठन हुआ था। इसी साल 1919 में कम्युनिस्ट इंटरनेशनल ने फासीवाद के खिलाफ 'संयुक्त मोर्चा' की नीति अपनाई, लेकिन इटली में कम्युनिस्ट पार्टी के महासचिव बोर्दिगा की राय थी कि ''यह पूँजीवादी संकट का एक लक्षण है और इसका या तो स्वयं पतन हो जाएगा या इसे उखाड़ फेंका जाएगा।'' 1922 के अक्टूबर में सत्ता पर फासिस्टों के आ जाने के बाद भी बोर्दिगा यह मानते थे कि इटली में क्रान्तिकारी संघर्ष ही प्रमुख एजेंडा है। समाजवादियों के साथ मोर्चा बनाकर वे हरावल पार्टी की क्रान्तिकारी शक्ति को कमजोर करना नहीं चाहते थे। ग्राम्शी और तोल्याती ने इसका विरोध किया और लगभग ढाई वर्षों के अन्दरूनी संघर्ष के बाद वे पार्टी को बोर्दिगा के मत से दूर करने में सफल हुए। इस समय ग्राम्शी ने अपने राजनीतिक लेखन में चार नुक्तों पर प्रमुख रूप से बल दिया था। उनका पहला और दूसरा नुक्ता यह था कि प्रथम विश्वयुद्ध ने देश की किसान जनता और निम्न पूँजीपति वर्ग का तेजी से राजनीतीकरण किया है। लेकिन उनके साथ कम्युनिस्ट पार्टी का सुदृढ़ सम्पर्क न होने की वजह से किसान कैथोलिक पार्टी से जुड़ गए और निम्न पूँजीपति वर्ग फासिस्ट पार्टी से। ये दोनों पार्टियाँ वामपन्थी पार्टियों की कीमत पर मजबूत हुई हैं।

तीसरा नुक्ता कामिन्तर्न और उसकी संयुक्त मोर्चा की नीति का था। ग्राम्शी के अनुसार ऐसा मोर्चा नीचे से बनना चाहिए न कि 'ऊपर' से।

और, चौथा नुक्ता पार्टी के चरित्र को लेकर था। एक हरावल पार्टी की प्रचलित बातों के विपरीत ग्राम्शी पार्टी के सदस्यों और नेतृत्व के बीच एक प्रकार के द्वन्द्वात्मक सम्पर्कों के पक्षधर थे। यह पूरी अवधारणा कम्युनिस्ट पार्टी के पूरे स्वरूप पर ग्राम्शी की सोच का ऐसा पहलू था जो आज भी कम्युनिस्ट पार्टी के सांगठनिक ढाँचे पर नजर रखने वाले किसी भी पर्यवेक्षक के लिए काफी महत्त्वपूर्ण है। इस मायने में ग्राम्शी को पार्टी के संगठन सम्बन्धी प्रश्नों को गहराई से उठाने वाले एक अग्रणी कम्युनिस्ट विचारक की कोटि में रखा जा सकता है।

31.7.2012 (मंगलवार)

माओवाद

आज सुबह सुबह चंडी सरकार से मुलाकात हुई। माओवादियों के एक नेता। कृष्णनगर के हैं। सात-आठ साल से जेल में ही हैं। रास्ते पर ही चन्द मिनट बात हुई। उनकी उम्र 60-65 के बीच होगी। सामने के कुछ दांत न होने तथा बाल भी काफी उड़ जाने के कारण कुछ ज्यादा उम्र के लगते हैं। मेरे से हमारा परिचय जाना। राजस्थान में कोई कम्युनिस्ट आन्दोलन है, इस पर अचरज कर रहे थे। वे कहते थे कि शुरू से ही चारु मजुमदार के साथ रहे, 1967 से। सीपीआई (एम) में दो साल मात्र थे। हमारी जमानत न होने के बारे में कह रहे थे कि यही होता है संसदीय राजनीति में। सीपीआई (एम) अपने शासन में जो करती थी, तृणमूल आज हूबहू उसी रास्ते पर चल रही है। कह रहे थे कि नक्सलवादी आन्दोलन पूरे भारत में फैला था, लेकिन राजस्थान में नहीं जा पाया था। इस पर मैंने कहा कि तब राजस्थान में जमीन की समस्या भारत के दूसरे हिस्सों से अलग थी। इफरात में जमीन ही जमीन थी। कौन कब्जा करेगा और करके भी क्या करेगा? इस पर उनका कहना था कि सिर्फ जमीन ही एकमात्र विषय नहीं था नक्सलवादियों का। अब बात लम्बी चलने की थी, इसीलिए मैंने कहा कि बैठकर शान्ति से बात करना उचित होगा। मैंने उनसे कहा कि आपके अनुभवों को जानना चाहूँगा।

देखें, फिर कब उनसे मुलाकात और बात होती है। मुलाकात तो कभी भी हो सकती है, बात होगी यह कहना मुश्किल है। मैं उनके सेल में जाकर बात करना नहीं चाहूँगा।

पहली नजर से ऐसा ही लगा कि वे नक्सली परम्परा की ही उपज हैं, इसलिए राजनीति की अन्य धाराओं के बारे में कितनी जानकारी रखते हैं, पता नहीं। नक्सली परम्परा एक अपेक्षाकृत बन्द और आत्मलीन परम्परा है। इसमें साजिशों की प्रमुखता है। जैसे आरएसएस है। हमेशा अपने असली मंसूबों को छिपाते हैं। नक्सलवादियों का बन्दूक की नली का मोह अभी छूटा नहीं है। यह यथार्थ से दूर जंगलों में तापसजनों की एक अलग आध्यात्मिक दुनिया है।

कहने के लिए राजनीति कर रहे हैं, लेकिन राज हासिल करने की कोई अवधारणा नहीं है। यह सच्चाई है कि भारतीय राजनीति में इन्होंने खुद को अप्रासंगिक बना रखा है। उत्पीड़न के कुछ स्थानीय मुद्दों के साथ कहीं उनकी बन्दूक की नल चलती है, लेकिन चन्द रोज में ही उसे बन्द होने में समय नहीं लगता। वजह यह है कि कोई भी व्यापक और समसामयिक परिप्रेक्ष्य नहीं है उनकी राजनीति का। समसामयिकता के बिना राजनीति अर्थहीन होती है। नक्सली माओवादी जिस रणनीति पर चल रहे हैं, वह आज के शासकों के खिलाफ नहीं, बल्कि सम्भवत: उनकी तीन पीढ़ियों के बाद की सन्ततियों के खिलाफ तैयार की जा रही रणनीति है। अब तीन पीढ़ी बाद का जगत् कैसा होगा, किसने देखा है! इसीलिए राजनीति के किसी गम्भीर मानदंड पर इनके बारे में चर्चा करना मुश्किल है। यही वजह है कि मैंने इसे वन-वन भटकते संन्यासी तापसों की एक और आध्यात्मिक साधना कहा है। इस साधना का फलीभूत होना सन्देहास्पद है।

पुनश्च : ग्राम्शी

कम्युनिस्ट पार्टी...

लिवोर्नो में इटली की सोशलिस्ट पार्टी की 17वीं कांग्रेस के बारे में ग्राम्शी ने लिखा था कि समसामयिक इटली के जीवन में यह एक सबसे ऐतिहासिक घटना होने जा रही है। लिवोर्नो में यह तय होगा कि इटली का मजदूर वर्ग खुद अपने कार्यकर्ताओं के बीच से अपनी एक स्वायत्त वर्गीय पार्टी का गठन करने में समर्थ है कि नहीं? इतिहास में मजदूर वर्ग की भूमिका को इटली के सन्दर्भ में प्रकट करते हुए लिवोर्नो कांग्रेस के बारे में इस टिप्पणी में कम्युनिस्टों और सुधारवादियों की इस जुदाई को विशेष महत्त्व की बात बताया गया है और टिप्पणी के अन्त में कहा गया है कि लिवोर्नो में इटली के मेहनतकशों के भवितव्य पर बहस होगी, इटली राष्ट्र के इतिहास में एक नए युग का श्रीगणेश होगा।

1921 में इटली की कम्युनिस्ट पार्टी का गठन हुआ था। 1923 में ही ग्राम्शी ने इस विषय पर एक नोट लिखा कि इटली की कम्युनिस्ट पार्टी (PCDI) तथा कामिन्तर्न के बीच कैसा सम्बन्ध होना चाहिए।

यह मास्को में बैठकर लिखा गया एक बहुत ही तीखा नोट है। इसमें ग्राम्शी कामिन्तर्न की इस नीति की आलोचना करते हैं कि हर मामले में पार्टी की राय

में सर्वसम्मति दिखाई देनी चाहिए। इससे पार्टी में कुछ इस प्रकार का वातावरण बनता है कि हमें कोई बात मान्य न होने पर भी हम अनुशासन का पालन करेंगे और चुप रहेंगे। ग्राम्शी के अनुसार यह रवैया कहीं ज्यादा खतरनाक है क्योंकि इससे अफवाहों और कानाफूसी का जन्म होता है। ''इससे बेहतर यह है कि निजी बहसों में किसी भी सवाल को उसके तमाम पहलुओं के साथ उठाया जाए, अपने मत को गर्व के साथ रखा जाए और जाहिर किया जाए कि वह इसके लिए संघर्ष करने को तैयार हैं। इसी सिलसिले में ग्राम्शी इंटरनेशनल की संयुक्त मोर्चा की नीति की तीखी आलोचना करते हैं कि इसे किसी भी देश में अमली जामा पहनाने वाली कोई पार्टी या व्यक्ति नहीं मिल रहे हैं। ग्राम्शी इंटरनेशनल के नेतृत्व से इस बात के लिए सबसे ज्यादा खफा थे कि वह इटली की कम्युनिस्ट पार्टी के अधिकृत व्यक्तियों के बजाय कुछ दूसरे लोगों से बातचीत कर रहा था, जो लोग– ''मूलभूत प्रश्न पर समाजवादियों से समझौता करना चाहते हैं।'' ग्राम्शी के शब्दों में, ''कामिन्तर्न का यह रवैया और उसके प्रतिनिधियों की गतिविधि कम्युनिस्टों की कतार में बिखराव और भ्रष्टाचार का कारण बन रहे हैं। हमारी पार्टी को समाप्त करने वाले तथा भ्रष्ट तत्त्वों के खिलाफ हम संघर्ष के लिए कटिबद्ध हैं। प्रतिबंधित पार्टी और निर्वासन की परिस्थिति इसे अनिवार्य बना देती हैं। हम नहीं चाहते कि हंगरी और युगोस्लाविया में जो हुआ वह इटली में दोहराया जाए। हमारे जवाबी हमले से कामिन्तर्न पर भी कुछ चोट लगे तो उसके लिए हम जिम्मेदार नहीं होंगे; अविश्वसनीय तत्त्वों के साथ जुड़ना किसी के लिए भी गलत है।'' (पृ. 127)

1923 के इस नोट के 8 महीने के अन्दर ही ग्राम्शी ने 9 फरवरी, 1924 को पार्टी के तोल्याती, तेरासिनी और अन्यों के नाम एक लम्बा पत्र लिखा। इस पत्र के शुरू में वे लिखते हैं–''न सिर्फ हमारी पार्टी बल्कि हमारे देश के इतिहास मे एक नए चरण का प्रारम्भ हो रहा है। इसीलिए यह जरूरी है कि हम पार्टी के अन्दर सम्बन्धों के मामले में और पार्टी तथा इंटरनेशनल के बीच सम्बन्धों के मामले में कहीं ज्यादा स्पष्टता के चरण में प्रवेश करें।'' और इसके साथ ही वे पार्टी में व्यक्ति की भूमिका के सवाल को सबसे पहले उठाते हैं।* पार्टी ही सब कुछ है, कहकर व्यक्ति के अस्तित्व से इनकार को वे पार्टी में सभी प्रकार की बुराई की जड़ बताते हैं। इसके कारण ही पार्टी में बहस और विवाद के लिए जगह नहीं होती, जो हर प्रकार की गुटबाजी को भी पैदा करता है। व्यक्ति को महत्त्व न देने से ही पार्टी शुद्ध आदेशों और निर्देशों के आधार पर चलने लगती है।

ग्राम्शी कहते हैं कि हमारी पार्टी में इससे एक और जो दुखदायी बात पैदा

* देखिए परिशिष्ट-2 का लेख–'व्यक्ति विमर्श और ज्योति बसु'।

हो सकती है, वह व्यक्ति की सारी गतिविधियों के ठप हो जाने की बात है। सदस्यों के अन्दर निष्क्रियता; इस प्रकार का मूर्खतापूर्ण विश्वास कि कोई है जो हर चीज के बारे में सोच रहा है और हर चीज पर नजर रखे हुए है। संगठन के क्षेत्र में इसके सबसे गम्भीर परिणाम होते हैं। पार्टी में विवेकसंगत मानदंडों के आधार पर विशेष काम के लिए योग्य व्यक्ति को चुनने की सम्भावना नहीं रहती है।

"आज भी यह स्थिति बनी हुई है और मुझे लगता है कि इसमें अनगिनत खतरे हैं। मास्को में अपने प्रवास के दौरान मैंने ऐसे एक भी राजनीतिक तौर पर निर्वासित व्यक्ति को नहीं देखा जो इटली के विभिन्न हिस्सों से आए थे और पार्टी के सबसे सक्रिय लोगों में थे, लेकिन जो हमारी पार्टी के मत को समझता हो अथवा केन्द्रीय कमेटी की तीखी आलोचना न करते हों। (हालाँकि वह अनुशासन और आज्ञाकारिता के सभी नियमों का पालन करता है।) पार्टी की गलती यह है कि उसने पार्टी संगठन की समस्या को अमूर्त रूप में प्राथमिकता प्रदान की है, जिसका व्यवहार में सीधा मतलब यह है कि किसी प्रकार पार्टी के अधिकृत विचार पर अन्धविश्वास करने वाले निर्भरशील लोगों को लेकर कार्यकर्ताओं का एक ढाँचा तैयार कर दिया जाए। ऐसा माना जाता था और आज भी माना जा रहा है कि क्रान्ति ऐसे ढाँचे के अस्तित्व मात्र पर निर्भर है; और कभी-कभी तो यहाँ तक मान लिया जाता है कि ऐसे किसी ढाँचे का अस्तित्व ही क्रान्ति को ला सकता है।"

ग्राम्शी की यह बात बहुत मार्के की बात है। इतिहास गवाह है कि सत्ता के अनेक केन्द्रों के ढाँचे यथावत् बने रहे, लेकिन वे केन्द्र देखते ही देखते समाज में पूरी तरह से अप्रासंगिक हो गए। भारत में मठ-मन्दिर कभी सत्ता के केन्द्र हुआ करते थे। आज भी इन मठों का अस्तित्व विद्यमान है। इनमें नियमित दीया-बाती से लेकर पूजा-अर्चना की सारी गतिविधियाँ होती हैं। मठाधीशों के चयन की प्रक्रियाओं का भी पालन किया जाता है। लेकिन व्यापक समाज के संचालन के लिहाज से ये संस्थान पूरी तरह से मृत कहे जा सकते हैं। इनकी सम्पत्तियाँ इनमें बैठे लोगों के भोग-विलास से लेकर दाना-पानी जुटाने तक का काम कर देती हैं। इसी तर्ज पर आधुनिक राजनीतिक संस्थान भी सिर्फ ढाँचागत सुविधाओं के बल पर कोई राजनीतिक महत्त्व की भूमिका का पालन नहीं कर सकते हैं। भारत में बेशुमार संसाधनों और ढाँचागत सुविधाओं वाली सीपीआई की परिणति हमारे सामने है। सीपीआई (एम) भी सिर्फ अपने सांगठनिक ताने-बाने के बल पर अपनी गिरती हुई राजनीतिक हैसियत को बचाने में खुद को असमर्थ पा रही है। इस सच की और गहराई से जाँच करेंगे तो यह भी पता चलेगा कि संगठन सम्बन्धी अमूर्त चिन्तन के कारण ही यह पूरा

सांगठनिक ताना-बाना माटी के माधवों से, व्यक्तित्व शून्य, नेतृत्व के इशारे पर हाथ उठाने वालों की भर्ती से वस्तुतः पूरी तरह खोखला बना दिया गया है। ढाँचा है लेकिन पूरी तरह निष्प्रभावी, उसका कोई भी अंग ठीक से काम नहीं कर रहा है और नेतृत्व लापरवाह है।

इसके बाद ही ग्राम्शी इस पत्र में इटली की विशेष परिस्थितियों का जिक्र करते हुए बताते हैं कि इस पर अन्य देशों की परिस्थितियों में लिये गए निर्णयों को नहीं लादा जा सकता है। ''अन्तर्राष्ट्रीय अल्पमत के दृष्टिकोण से चीजों को देखने के बजाय हमें राष्ट्रीय बहुमत के दृष्टिकोण से चीजों को देखना होगा।''

इस पत्र के अन्त में ही उन्होंने इटली की परिस्थिति के बारे में उन चार नुक्तों की चर्चा की है जिनका यहाँ हमने इस अध्याय के शुरू में जिक्र किया था।

कुछ निजी बातें...

आज रानी से थोड़ी लम्बी देर तक बात हुई। मन को अच्छा लगा। जेल में यह फोन की सुविधा जेल की परिस्थिति को मानवीय बनाती है। हालाँकि अपराधी कार्यों के लिए इसका दुरुपयोग प्रशासन के लिए बेहद चिन्ता का विषय है। दमदम जेल में हमने गौर किया कि मोबाइल फोन को यहाँ के प्रबन्ध ने जैसे स्वीकार लिया है। बीच-बीच में चेकिंग होती है, लेकिन लोग इतने उस्ताद हैं कि दस फीसदी फोन भी शायद पकड़े नहीं जाते। हमें मन में भारी डर लगा रहता है। इसीलिए कभी भी फोन में बात करते वक्त फोन का मालिक बाहर सख्त पहरे पर रहता है। लेकिन आम कैदियों को हम बेखौफ फोन का इस्तेमाल करते देखते हैं। इससे लोगों का निरन्तर घरवालों से सम्पर्क बना रहता है। सुख-दुख की खबरों से अपराध जगत् से वे कुछ समय तक दूर रह पाते हैं। जेल से बाहर की जिन्दगी का उनका अहसास उन्हें अपराध के दलदल में पूरी तरह डूब जाने से भी बचाता है। मेरा यही मानना है। सरकार ने भी वोडाफोन की कानूनी सुविधा उपलब्ध कराके इसी सच को माना है। लेकिन यह सुविधा अभी बहुत सीमित है। इसमें अनेक बाधाएँ भी हैं। इसके अलावा बड़ी आसानी से सर्वत्र मोबाइल उपलब्ध होने के कारण बहुत कम लोग ही वोडाफोन की सुविधा का लाभ उठाते हैं।

1.8.2012 (बुधवार)

फासीवाद के बरक्स

ग्राम्शी की रचनाओं के इस संकलन का अगला अध्याय है–'फासिस्ट प्रतिक्रिया और कम्युनिस्ट रणनीति 1924 1926।'

सन् 1924 से 1926 के बीच के लेखन में एक ओर फासीवाद का उदय, दूसरी ओर सोवियत संघ में घट रही कुछ नई घटनाओं और तीसरी ओर इटली की क्रान्ति का भविष्य–इटली के एक प्रमुख कम्युनिस्ट नेता के रूप में ग्राम्शी इन सभी चीजों के सम्मुखीन थे। इसी दौरान 1924 के जून महीने में इटली के जाने–माने सोशलिस्ट नेता जाकोमिओ मेट्टियोटी की हत्या हो गई। इससे वहाँ के राजनीतिक वातावरण में भारी हलचल हुई थी। जो मध्यवर्ग फासिस्टों का मूल जनाधार था, वह उससे हटने लगा था। मध्यवर्ग के सामने आर्थिक संकट भी प्रबल रूप में दिखाई दिया था, जिसकी वजह से ग्राम्शी सर्वहारा के साथ मध्यवर्ग के गठबन्धन की सम्भावना देख रहे थे। उसी समय विपक्ष की लिबरल्स, रिपब्लिकन्स, कैथोलिक तथा सोशलिस्ट संसदीय पार्टियों का एक मंच तैयार हुआ जिसे 'अवन्तीन' के नाम से जाना जाता था। इटली की कम्युनिस्ट पार्टी भी शुरू में इसमें शामिल हुई, लेकिन जब 'अवन्तीन' ने आम हड़ताल की उसकी माँग का समर्थन करने से इनकार कर दिया, तब कम्युनिस्ट पार्टी उस मोर्चे से निकल गई। उस समय कम्युनिस्ट पार्टी के कुछ लोग 'अवन्तीन' से जुड़े रहने के पक्ष में थे, लेकिन पार्टी का बहुमत, जिनमें ग्राम्शी भी शामिल थे, यह समझता था कि जनतांत्रिक प्रत्यावर्तन के कुछ अर्से बाद परिस्थिति मजदूर वर्ग के अनुकूल हो जाएगी और समाजवादी क्रान्ति की सम्भावना बनेगी। इसीलिए वे 'अवन्तीन' की तरह के एक अत्यधिक कानूनी और पूँजीवादी जनतंत्र की सीमाओं में कैद मंच को अपने लक्ष्य के लिए उपयुक्त नहीं समझते थे।

आज यह साफ दिखाई देता है कि ग्राम्शी ने तब फासीवाद के संकट के सम्मुख मजदूर वर्ग के प्रतिरोध की ताकत को बढ़ा–चढ़ाकर देखा था। 'अवन्तीन' के कानूनी विपक्ष के बारे में भी उनका रुख बेहद संकीर्णतावादी

था। फिर भी ग्राम्शी के इस काल के लेखन से एक बात साफ है कि वे वामपन्थ के चरित्र को क्रान्तिकारी के बजाय जनतांत्रिक बनाने के पक्ष में थे और इसी में उसका भविष्य देखते थे, जबकि कम्युनिस्ट पार्टी के अन्दर कतिपय वामपन्थी इसके भी पक्ष में नहीं थे। इसके अलावा ग्राम्शी ने इस बात को तभी समझ लिया था कि फासीवाद के खिलाफ अपने जनाधार को बढ़ाने के लिए संयुक्त मोर्चा की कार्यनीति का प्रयोग करना होगा।

दूसरी ओर, अपने मास्को प्रवास में ग्राम्शी को सोवियत संघ की कम्युनिस्ट मार्टी के अन्दर की स्थिति का अन्दाज लग गया था। स्तालिन और ट्राटस्की के बीच तीव्र मतभेद उभरकर सामने आए थे। शुरू में ग्राम्शी को ट्राटस्की की कुछ दलीलें सही जान पड़ी थीं। उनको स्तालिन द्वारा की गई ट्राटस्की की आलोचना के तीखेपन ने चिन्तित भी किया था। उन्होंने अपनी पत्नी के नाम एक खत में लिखा–''मैं न ट्राटस्की के लेख के बारे में और न स्तालिन के लेख के बारे में कुछ जानता हूँ।... मैं स्तालिन के आक्रमण को नहीं समझ पा रहा हूँ, जो बहुत ही गैर-जिम्मेदाराना और खतरनाक है।'' उन्होंने सीपीएसयू के नाम अपने एक पत्र में 1926 में फिर ऐसी ही चिन्ताएँ जाहिर की थीं। तब तक सैद्धान्तिक प्रश्नों पर ग्राम्शी की राय बदल गई थी और वे सीपीएसयू की लाइन को सही मान रहे थे, लेकिन पार्टी के अन्दर दरार के मसले पर उनकी राय नहीं बदली थी।

इस काल में ग्राम्शी ने इटली की परिस्थितियों की विशिष्टताओं का विश्लेषण करते हुए फासीवाद और पार्टी की रणनीति पर जिस प्रकार चर्चा की है उसे किसी भी देश की ठोस सामाजिक परिस्थिति के मार्क्सवादी विश्लेषण की एक मिसाल कहा जा सकता है। और यहीं से ग्राम्शी के विचारों में मजदूरों और किसानों के बीच गठजोड़ तथा बुद्धिजीवियों और प्रभुत्व (Hegemony) सम्बन्धी उन विचारों की झलक देखी जा सकती है जो बाद में उनके जेल जीवन की 'प्रिजन नोटबुक' की रचनाओं के केन्द्रीय विषय बने और उन्हीं के आधार पर मार्क्सवादी सिद्धान्तकारों में ग्राम्शी की अपनी एक विशिष्ट पहचान बनी हुई है।

इस अध्याय का पहला लेख अगस्त 1924 में लिखा गया–'मध्यवर्ग का संकट'। इसमें वे यहाँ तक कहते हैं कि चूँकि फासीवादी शासक मध्यवर्ग के संकट को रोकने में सिर्फ विफल ही नहीं हुआ है बल्कि वह उसे और तीव्र करने में सहायक का काम कर रहा है, इसलिए यह शासन मरणासन्न है। इटली के आर्थिक संकट का समाधान सर्वहारा के पास है। फासीवाद ने सर्वहारा क्रान्ति को विलम्बित जरूर किया है, लेकिन असम्भव नहीं बनाया है।

ग्राम्शी पूछते हैं कि फासीवाद के संकट का स्रोत क्या है? कहते हैं कि इसे जानने के लिए यह जरूरी है कि फासीवाद के सार तत्त्व को परिभाषित किया जाए। और फासीवाद का सार तत्त्व? ग्राम्शी के अनुसार यह कुछ भी नहीं है। फासीवाद ने निम्न पूँजीपति वर्ग का संगठन तैयार किया है, जिसे ग्राम्शी इतिहास की पहली घटना बताते हैं। वे कहते हैं कि फासीवादी अपने विचारधारात्मक लक्ष्यों को प्राप्त करने में असमर्थ हैं। इसके साथ ही एक और अनोखी बात कहते हैं कि वह राजसत्ता पर विजय हासिल करना चाहता है और साथ ही यह भी कह रहा है कि अब वह मुख्यत: देहातों की पार्टी बनेगा। ग्राम्शी के अनुसार ये दोनों चीजें परस्पर विरोधी हैं। उनका मानना था कि किसी भी पूँजीवादी देश में राजसत्ता पर विजय प्राप्त करने का मतलब कारखानों पर नियंत्रण, देश की उत्पादक शक्तियों को शासित करने वाले पूँजीपतियों के हाथ से सत्ता को हासिल करना है। यह काम मजदूर वर्ग कर सकता है, निम्न पूँजीपति वर्ग नहीं।

इसी में आगे ग्राम्शी ने कम्युनिस्ट पार्टी को एक बड़ी पार्टी, मजदूरों और किसानों का सबसे बड़ा संगठन बनाने, देश के हर कोने में उसके विस्तार पर जोर दिया था–"हमें पार्टी को संकीर्ण दायरे में सीमित रखने के रुझान के खिलाफ लड़ना होगा।"

इस प्रकार जाहिर है कि ग्राम्शी के दिमाग में फासिस्ट पार्टी के लक्ष्यों को लेकर जो तमाम भ्रान्तियाँ थीं, उनके पीछे ठोस यथार्थ की समझ कम और कुछ सैद्धान्तिक सूत्रों की आत्मगत समझ ज्यादा काम कर रही थी। किसी भी पूँजीवादी देश में राजसत्ता पर विजय के लिए जरूरी है कि उत्पादन के केन्द्र, कारखानों पर कब्जा किया जाए–इस प्रकार की सोच से साफ है कि वे यही नहीं समझ पा रहे थे कि फासीवाद पूँजीवादी सत्ता पर विजय करके उसे बदलने के लिए नहीं, बल्कि उसे पूँजीपतियों के हित में ही और क्रूर तथा बर्बर ढंग से इस्तेमाल करने के लिए काम कर रहा है। विचारधारात्मक धुँध इसी प्रकार अक्सर राजनीतिक नेतृत्व को यथार्थपरक सोच से दूर ले जाता है और आत्मगत तरीके से निर्णय के लिए मजबूर करता है।

भारत के कम्युनिस्ट आन्दोलन के इतिहास में ऐसी अनेक नजीरें मिल सकती हैं। इसीलिए यह सच है कि राजनीति को अधिक से अधिक समसामयिक समय में प्रासंगिक बने रहना चाहिए अन्यथा हमेशा समय की नब्ज पर से हाथ हट जाने का खतरा बना रहता है। एक बार लाइन से हट गई राजनीति की गाड़ी को पटरी पर लाने में जो समय और शक्ति जाया होती है, इसका अनुमान लगाना कठिन है। यद्यपि प्रासंगिकता का मानदंड व्यापक

जनता के तात्कालिक हित के अलावा और कुछ नहीं हो सकता। जनता के हितों की लड़ाई लड़ें और जनता ही उससे अनभिज्ञ रहे–यह राजनीति की ऐसी विडम्बना है जो नेतृत्व के यथार्थ से दूर रहने की सच्चाई को प्रगट करता है।

पार्टी संगठन की समस्याएँ

ग्राम्शी को जल्द ही फासिस्ट पार्टी के बारे में अपनी समझ में कमी का अहसास होने लगा था। उन्हें यह समझते देर नहीं लगी कि यह पार्टी मर नहीं रही बल्कि उसे मजदूर वर्ग की चुनौती का मुकाबला करने के लिए सभी परम्परागत सत्ताधारी वर्गों और पूँजीपतियों का भी खुला और भरपूर समर्थन मिल रहा है। ल्याहेंज थिसिस के नाम से प्रसिद्ध उनका लम्बा दस्तावेज इसी बात का प्रमाण है। इटली की परिस्थिति और इटली की कम्युनिस्ट पार्टी के कर्तव्यों के बारे में तैयार किए गए इस दस्तावेज में ग्राम्शी ने वहाँ की अर्थव्यवस्था और उसमें विभिन्न वर्गों की स्थिति के अतिरिक्त जिस बात पर सबसे अधिक बल दिया, वह कम्युनिस्ट पार्टी के संगठन के बारे में है। फासीवाद की राजनीतिक और आर्थिक गतिविधियों के साथ उसके साम्राज्यवादी रुझान को उन्होंने पहचाना था। फासिस्ट इटली विश्व प्रभुत्व के लिए संघर्षरत साम्राज्यवादी गुटों में से किसी एक के हाथ का मोहरा बनेगा, इसे भी वे साफ देख रहे थे। ग्राम्शी का मानना था कि कम्युनिस्ट पार्टी को बोल्शेविक पार्टी की तर्ज पर ढालना होगा। इसके लिए पार्टी की विचारधारा, उसके संगठन का स्वरूप और आन्तरिक एकता, जनता के साथ जुड़कर काम करने की उसकी शक्ति और उसकी रणनीतिगत तथा कार्यनीतिगत क्षमता की तरह के विषयों पर उन्होंने विशेष रूप से ध्यान दिया था। संगठन की सभी समस्याओं को वे अनिवार्य तौर पर राजनीतिक समस्याएँ मानते थे। पार्टी में बुद्धिजीवियों की भूमिका पर भी अब उन्होंने अलग से बल दिया। सर्वहारा का लौह अनुशासन और पार्टी का केन्द्रीय रूप, बोल्शेविक पार्टी की इस विशेषता को वे कम्युनिस्ट पार्टी के लिए अनिवार्य बताते हैं।

इस प्रकार, बोल्शेविक पार्टी के स्वरूप को इटली की कम्युनिस्ट पार्टी के लिए एक अनुकरणीय आदर्श बताने वाले ग्राम्शी ने ही ल्याहेंज थिसिस के नौ महीने बाद, 1926 के अक्टूबर महीने में इटली की कम्युनिस्ट पार्टी के पोलित ब्यूरो की ओर से सोवियत संघ की कम्युनिस्ट पार्टी (सीपीएसयू) की केन्द्रीय कमेटी के नाम एक पत्र लिखा था। कहते हैं कि ग्राम्शी ने यह पत्र तब मास्को

स्थित पामिरो तोल्याती को भेजा था कि वे उसे पढ़कर सीपीएसयू तक पहुँचा दें, लेकिन तोल्याती ने उसे पढ़ने के बाद अपने पास ही रख लिया, सीपीएसयू के नेतृत्व के सुपुर्द नहीं किया।

इस पत्र के प्रारम्भ में इस बात पर चिन्ता जाहिर की गई है कि आज सीपीएसयू में दरार दिखाई दे रही है और चूँकि सीपीएसयू में दरार के अन्तर्राष्ट्रीय परिणाम हैं, इसीलिए इटली की कम्युनिस्ट पार्टी इस पर पत्र लिखकर अपनी राय जाहिर करना अपना कर्तव्य समझती है।

पत्र में लेनिन की बात को उद्धृत करते हुए कहा गया है कि लेनिन की एक सबसे मूल्यवान शिक्षा यह थी कि अपने वर्ग शत्रु की राय पर हमें काफी ध्यान देना चाहिए। सीपीएसयू में दरार पर भी सारी दुनिया के पूँजीवादी प्रेस की नजरें टिकी हुई थीं और इस दरार को वे सर्वहारा की तानाशाही की क्रमिक मृत्यु के संकेत के रूप में देख रहे थे। जिस चीज को स्वेत गार्ड वाले हासिल नहीं कर सके, उसे वे इस दरार के जरिए पूरा होते, अर्थात् क्रान्ति के खात्मे को देख रहे थे। इन तमाम चीजों का उल्लेख करते हुए इस पत्र में मुख्य रूप से ट्राटस्की के साथ पार्टी के संघर्ष के एक प्रकार के हिंसक स्वरूप पर गहरी चिन्ता जाहिर की गई है। व्यापक जनता इस प्रकार के हिंसक विवाद के पीछे चल रही बहस के दूसरे बिन्दुओं को नहीं समझ पा रही है। तत्कालीन दुनिया के इतिहास में सीपीएसयू की अहम भूमिका का उल्लेख करते हुए इस पत्र में यहाँ तक कहा गया है कि पार्टी में इस प्रकार के झगड़ों से आप अपनी उपलब्धियों को नष्ट कर रहे हैं। पत्र में सीपीएसयू की लाइन के साथ सहमति जाहिर करते हुए भी अन्त में यह कहा गया है कि "कॉमरेड जिनावियेव, ट्राटस्की, कामेनेव ने हमें भी क्रान्ति के लिए शिक्षित करने में शक्तिशाली योगदान किया है।... वे हमारे शिक्षकों में रहे हैं।...रूस में हमारी बिरादराना पार्टी की एकता दुनिया की क्रान्तिकारी ताकतों के विकास और विजय के लिए जरूरी है। इस जरूरत के लिए प्रत्येक कम्युनिस्ट और अन्तर्राष्ट्रीयतावादी को बड़े से बड़े बलिदान के लिए तैयार रहना चाहिए। किसी भी एकजुट पार्टी के लिए अपनी गलतियों को सुधारना आसान है, लेकिन किसी विभाजित अथवा लम्बे काल से चली आ रही भीतरी विभाजन की स्थिति में यह गलती अपूरणीय क्षति और प्राणघाती हो सकती है।" (पृ. 171)

सीपीएसयू की केन्द्रीय कमेटी के नाम लिखे गए पत्र के एक महीने बाद ही ग्राम्शी इटली की कम्युनिस्ट पार्टी के कई नेताओं के साथ गिरफ्तार कर लिये गए। लगभग डेढ़ वर्ष की सुनवाई के बाद 1928 के जून महीने में उन्हें 20 साल 8 महीने की कैद की सजा सुनाई गई। सरकारी वकील मिकेल इस्रो

ने न्यायाधीश से यह माँग की थी कि कम से कम 20 साल के लिए हमें इस मस्तिष्क को काम करने से रोक देना चाहिए। और, जेल में 1929 से ग्राम्शी के लिखने का सिलसिला शुरू हो जाता है जो 'प्रिजन नोटबुक' शीर्षक से संकलित है। 1929 से 1935 के काल के उनके इस लेखन को आज सारी दुनिया में सामाजिक परिवर्तन में सांस्कृतिक कारकों की भूमिका के बारे में मार्क्सवादी चिन्तन की अमूल्य विरासत का अमर स्थान मिला हुआ है।

2.8.2012 (वृहस्पतिवार)

रक्षाबन्धन

आज रक्षाबन्धन का दिन था। जेल में कई बहनें राखियों के साथ आई थीं। जेल के बड़े गेट के बाहर भाइयों को राखी बाँधने की व्यवस्था थी। हमारे सेल का एक कैदी कार्तिक हालदार शाम को रो रहा था कि दिन भर प्रतीक्षा करता रहा, उसकी बहन नहीं आई। उसने फोन करके आने की विनती की थी। अपने भतीजों-भतीजियों के लिए उसने क्या क्या नहीं किया। उनकी हर फरमाइश पूरी की। फिर भी बहन ने उसका मन नहीं रखा।

मेरी कल्पना में राखी हथकड़ी दिखाई दे रही थी। वरना आज जेल में क्यों होता।

पुनश्च : ग्राम्शी

जेल-लेखन

सन् 1926-ग्राम्शी के जीवन का एक ऐसा वर्ष जो उन्हें खींचकर क्रान्ति के उच्छ्वसित विचारों से यथार्थ की ठोस जमीन पर, बल्कि कठिन जमीन पर उतार लेता है। उनके देखते-देखते यह साफ हो गया कि पश्चिम में क्रान्ति का तूफान न सिर्फ थम गया है, बल्कि पूँजीवाद अपने युद्धोत्तर संकट से निपटने में सक्षम साबित हो रहा है, संसदीय प्रणालियाँ या तो मजबूती से टिकी हुई हैं या उनके स्थान पर तानाशाही शासन कायम हो गए हैं। यह 1917 से 1921 के काल के क्रान्तिकारी माहौल से बिल्कुल अलग वातावरण था। पूँजीवादी समाज के राजनीतिक और विचारधारात्मक संसाधनों की नई व्याख्या की जरूरत थी, उसके भीतर की असाधारण जीवनी शक्ति के स्रोत को समझने की आवश्यकता थी। जो रूस में सम्भव हो गया, अब अन्यत्र वह सम्भव नहीं था। क्रान्तिकारी ताकतों को नया रास्ता तलाश करना होगा।

इसी उधेड़-बुन और चिन्तन-मनन के साथ ग्राम्शी ने अपनी जेल डायरी

लिखी। पूँजीवादी विकास और उसके अन्तर्विरोधों, पूँजीवाद के संकट और सर्वहारा क्रान्ति के बारे में सामान्य मार्क्सवादी ज्ञान को और व्यापक तथा गहन करने की जरूरत थी। राजनीतिक सत्ता के नाना रूपों के, सामाजिक वर्गों तथा राजनीतिक प्रतिनिधित्व के बीच ठोस सम्बन्धों के तथा सामाजिक विरोध जिन सांस्कृतिक और विचारधारात्मक स्वरूपों में व्यक्त होते हैं, टकराते हैं और खत्म होते हैं, उनके ठोस विश्लेषण की जरूरत थी। राजनीति, कानून और संस्कृति वगैरह के जरिए अधिरचना का जो जटिल क्षेत्र या ताना-बाना है, राजसत्ता है–इसमें एक पूर्ण मार्क्सवादी सिद्धान्त की कमी थी। इसीलिए ग्राम्शी ने खुद को ऐतिहासिक भौतिकवाद के उस यान्त्रिक स्वरूप के विरुद्ध, जिसे अर्थनीतिवाद कहा जाता है, एक पूरी सैद्धान्तिकी के विकास पर केन्द्रित किया। मार्क्सवाद को राजनीति मात्र समझने की प्रचलित अवधारणा के विपरीत मार्क्सवादी चिन्तन परम्परा में राजनीति के स्थान की एक समझ के विकास का उन्होंने बीड़ा उठाया। सामाजिक-आर्थिक परिस्थिति अपने आप किसी परिवर्तन का सबब नहीं बनती। इसके लिए राजनीतिक स्तर पर एक नया शक्ति सन्तुलन कायम करना होगा, विचारधारा के स्तर पर लगातार संघर्ष के जरिए राजनीतिक चेतना के स्तर से राजनीतिक गठबन्धनों की शक्ति को अर्जित करना होगा। इसी सन्दर्भ में ग्राम्शी के पूरे सोच की जो दो बीज अवधारणाएँ विकसित हुईं, वे 'प्रभुत्व' और 'ऐतिहासिक निर्मिति' (Hegemony and Historical Bloc) की अवधारणाएँ हैं।

यहाँ शुरू में सबकी सुविधा के लिए इन दोनों पदों की अलग से व्याख्या कर देने की जरूरत है, जो इस पुस्तक की पाद टिप्पणियों में की गई है। Hegemony (प्रभुत्व) पद को ग्राम्शी ने रूसी सामाजिक जनवादियों और तीसरे इंटरनेशनल के राजनीतिक शब्दकोश से लिया था। इसका अर्थ था किसी भी वर्गीय गठबन्धन का नेतृत्व अर्जित करना, मसलन 1905 में रूस में हुई क्रान्ति के सन्दर्भ में इस पद का अर्थ था पूँजीवादी जनवादी क्रान्ति का सर्वहारा नेतृत्व। 1917 के बाद इसका अर्थ हो गया किसान जनता और शोषित तबकों के साथ गठजोड़ का सर्वहारा नेतृत्व। ऐसा नेतृत्व नेतृत्वकारी वर्ग की केन्द्रीय आर्थिक भूमिका पर आधारित होता है जिसे वह वर्ग अपने गठबन्धन के दूसरे वर्गों को आर्थिक रियायतें देकर और खुद कुछ त्याग करके राजनीतिक तौर पर अर्जित करता है। इससे एक बात साफ है कि यह प्रभुत्व ऐसे वर्ग ही हासिल कर सकते हैं जिनका आर्थिक रूप से आधिपत्य होता है या हो सकता है।

ग्राम्शी की जेल डायरी में इसी बुनियादी अर्थ में प्रभुत्व पद का प्रयोग होने पर भी इसे बिल्कुल नया और व्यापक विस्तार दिया गया था। इस पद को

उन्होंने अलग-अलग समय में सभी अलग-अलग वर्गों के शासन के लिए प्रयोग किया और इसे गुणात्मक रूप में भिन्न 'सांस्कृतिक, नैतिक और विचारधारात्मक' नेतृत्व का पर्याय बताया। अर्थात् यह सिर्फ दो बुनियादी वर्गों, पूँजीपति वर्ग और सर्वहारा तक सीमित नहीं है और न ही इसके मायने सिर्फ आर्थिक दृष्टि से प्रभुत्व से है। एक प्रकार से मान्य सामाजिक नैतिकता का ही यहाँ दूसरा नाम है-'प्रभुत्व'। वे विचार जो समाज के बहुमत को मान्य है अर्थात् सामाजिक मर्यादा के मानदंड। ग्राम्शी ऐसे प्रभुत्व को गतिशील मानते हैं जिसमें उन समूहों के हितों की मान्यता भी शामिल मान ली जाती है जिन पर प्रभुत्व कायम किया जाता है।

Historical Bloc, ऐतिहासिक निर्मिति से ग्राम्शी का तात्पर्य सामाजिक शक्तियों के किसी गठबन्धन से नहीं, बल्कि आधार और अधिरचना की, सिद्धान्त और व्यवहार की द्वन्द्वात्मक एकता से है। अर्थनीतिवाद से अलग ठोस ऐतिहासिक परिस्थितियों के अध्ययन में द्वन्द्वात्मकता के प्रयोग को बताने के लिए ही ग्राम्शी इस पद का प्रयोग करते हैं। इसमें किसी भी समय की सारी जटिलताएँ, परस्पर विरोधी और असामंजस्यपूर्ण चीजें समाहित होती हैं, जो दरअसल उत्पादन के सामाजिक सम्बन्धों के स्वरूप को प्रतिबिम्बित करता है।

आधार और अधिरचना

अब हम बढ़ते हैं ग्राम्शी के जेल-लेखन की ओर। इस संकलन में इस लेखन के पहले अध्याय का शीर्षक है-प्रभुत्व, शक्ति के सम्बन्ध, ऐतिहासिक निर्मिति (Hegemony, Relations of Force, Historical Bloc)।

इस अध्याय की पहली टिप्पणी है-आधार और अधिरचना (Structure and Superstructure)। यहाँ जिस अर्थ में Structure शब्द का प्रयोग किया गया है वह Base ही है। हिन्दी के पाठक आधार और अधिरचना की मार्क्सवादी पदावली से भलीभाँति परिचित होने के कारण, हम यहाँ Structure का हिन्दी शब्द आधार ही रख रहे हैं। इस पर ग्राम्शी की तीन छोटी-छोटी टिप्पणियाँ संकलित की गई हैं।

इस विषय पर एंगेल्स ने बहुत पहले ही स्पष्ट कर दिया था कि आधार और अधिरचना के बीच जटिल द्वन्द्वात्मक सम्बन्ध होते हैं। आधार को प्रमुख मानना और अधिरचना को आधार की उत्पत्ति बताना कोरी यान्त्रिकता है। इसका मार्क्स के विचारों अथवा ऐतिहासिक भौतिकवाद से कोई सम्बन्ध नहीं

है। लेकिन फिर भी यह सच है कि आज भी मार्क्सवादी हलके में सिद्धान्तकारों की ऐसी एक पूरी फौज देखी जा सकती है जो राजनीति की हर छोटी से छोटी घटना के पीछे उसके वर्गीय उत्स की तलाश में अजीब प्रकार की भौंडी व्याख्याओं का कूड़ा इकट्ठा करती रहती है। वे हर सामाजिक घटनाक्रम के पीछे आर्थिक स्वार्थों की तलाश में ऐसी अन्तर्विरोधी बातें एक सुर में कहते पाए जाते हैं मानो राजनीति का संचालन हमेशा निश्चित आर्थिक हितों को साधने के लिए प्रभु वर्गों के इशारे पर ही किया जाता है। किसी भी सामाजिक-राजनीतिक प्रक्रिया की ऐसी सरलीकृत समझ इन मार्क्सवादी घोंघा वसंतों को राजनीतिक परिदृश्य की समझ के मामले में बिल्कुल मूर्ख साबित कर देती है–वे राजनीति के क्षेत्र के कुछ दुर्लभ प्राणी नजर आने लगते हैं।

ग्राम्शी का अपने काल में ऐसे ही वर्ग स्रोत सन्धानी पंडितों से पाला पड़ा था और उन्हीं से मार्क्सवाद को मुक्त करने के लिए उनका साफ कथन था कि "इस दावे का कि राजनीति और विचारधारा में हर फेर-बदल को आधार की फौरी अभिव्यक्ति के रूप में प्रस्तुत और व्याख्यायित किया जा सकता है, आदिम बचकानापन कहा जाना चाहिए।" मार्क्सवाद के नाम पर किए जाने वाले इस प्रकार के दावे के जवाब में वे मार्क्स की रचनाओं, अठारहवीं ब्रुमेर, पूरब के प्रश्न तथा और कइयों का उल्लेख करते हैं।

ग्राम्शी बताते हैं कि किसी भी समय में अर्थव्यवस्था की कोई स्थिर तस्वीर (फोटोग्राफिक तस्वीर) पेश करना कठिन है। इसमें नाना प्रकार की प्रवृत्तियाँ सक्रिय रहती हैं, लेकिन जरूरी नहीं कि प्रकट रूप में वे सभी दिखाई दें। और, राजनीति किसी भी समय में इन प्रकट और अप्रकट प्रवृत्तियों के अंश को ही प्रतिबिम्बित करती है। यही वजह है कि ग्राम्शी राजनीति में प्रभुत्वशाली वर्गों के नेतृत्व की भूमिका और साथ ही नेतृत्व की भूलों और गलतियों की भूमिका को भी समान महत्त्व देते हैं। कोई भी राजनीतिक संकट अनिवार्यत: अर्थव्यवस्था के संकट का ही परिणाम नहीं होता। परिस्थिति के आकलन में नेता का गलत या सही होना इसीलिए एक जटिल लेकिन तात्पर्यपूर्ण मामला है।

ग्राम्शी यह भी कहते हैं कि बहुत सारी राजनीतिक कार्रवाइयाँ किसी भी संगठन के अपने चरित्र की भीतरी जरूरतों के चलते भी की जाती हैं। इसके लिए वे पुन: कैथोलिक चर्च के इतिहास का जिक्र करते हैं। चर्च के अन्दर के हर विचारधारात्मक संघर्ष के पीछे कोई यदि आर्थिक कारण ढूँढ़ने लगे तो वह चक्कर में पड़ जाएगा। सच्चाई यह है कि इनमें से अधिकांश बहसें सीमित और सांगठनिक जरूरतों के लिए चलाई जाती हैं, मसलन–रोम और बाइजैंतियम के बीच 'पवित्र आत्मा' के जुलूस के बारे में चली बहस कि पूर्वी यूरोप में यह

सिर्फ पिता के यहाँ से चलती है और पश्चिम में पिता और बेटे, दोनों के यहाँ से–इसमें किसी आर्थिक बात को खोजना हास्पास्पद होगा।

अदालत में पेशी

पहले मैंने जिस संजीव की चर्चा की थी कि वह अपने को झूठे ही चम्बल का डाकू बता रहा है, उसका सच सामने आया है। कल ही उसे एक मुकदमे में दस साल की सजा सुना दी गई है। उसने अपनी पत्नी को जलाकर मार डाला था। आठ साल की सजा वह काट चुका है, अब और लगभग डेढ़ साल काटना होगा।

कल कोर्ट है। यह एक बेकार की कसरत है। मजिस्ट्रेट के सामने हाजिर होना है। सारा दिन बेकार होगा। वैसे कोर्ट जाने पर अनु पृथा से सीधे बात हो जाती है। वे और क्या कर रहे हैं, इसका अनुमान मिल जाता है।

4.8.2012 (शनिवार)

कल दिन भर कोर्ट की हुज्जत में काफी थकान हो गई थी। कोर्ट में एक अच्छी सुविधा मिल जाती है कि निकट के लोगों से सीधे बात करना सम्भव होता है। फिर कल तो कोर्ट में रानी भी आ गई थी। चन्द मिनट ही रही, लेकिन अच्छा रहा। उसके चेहरे पर ही दुख और परेशानी साफ झलक रही थी। मैं तो जेल में भी अनेक लोगों से बातचीत कर लेता हूँ, यह खुद में पूरा एक संसार है। लेकिन रानी ने अपने को पूरी तरह घर में सिमटा लिया है। किसी से कोई सम्पर्क नहीं रखना चाहती, किसी से खास बात नहीं करती। इससे उसकी पीड़ा और बढ़ती जाती है। पता नहीं कैसे उसे इस चीज से मुक्त कर पाऊँगा।

कोर्ट में रेखा भी आ गई थी। पता चला कि बिट्टू 10 तारीख को आएगी। अच्छा है, मुलाकात होगी। सचमुच, शैतान ने सबको बुरी तरह झकझोर दिया है। खैर!

सरला ने 'उदास नस्लें' उपन्यास भेजा है। पढ़ने की कोशिश करूँगा।

आज फिर से ग्राम्शी में रमना चाहता था। लेकिन 'उदास नस्लें' पढ़ने लगा और शुरू से ही उपन्यास ने खींचना शुरू कर दिया। बीस पेज पढ़ने के बाद जबर्दस्ती रुक गया, क्योंकि ग्राम्शी प्रकल्प से अभी हटना नहीं चाहता था। वह भी विचार का एक प्रवाह है। उसमें अभी कोई रोक लगी तो सम्भव है फिर वापस लौटना थोड़ी दिक्कत का काम होगा। वैसे भी भारत के कम्युनिस्ट आन्दोलन के बारे में पिछले दिनों काफी सोचता-लिखता रहा हूँ। दरअसल यह हमारे लगभग 45 वर्षों के संचित अनुभवों का परिणाम है। इस आन्दोलन के रगो-रेशे से हमारा गहरा परिचय, इससे जुड़ी सारी राष्ट्रीय-अन्तर्राष्ट्रीय बहसों के सार से हमें बहुत स्वाभाविक रूप में जोड़ देता है। हमें उसके पूरे अन्तर्प्रवाह में गोते लगाने में दिक्कत नहीं होती। इसीलिए ग्राम्शी की चिन्ताओं को हम और भी विस्तार के साथ, पिछले 90 वर्ष की दुनिया के अनुभवों को उससे मिलाकर देख पाते हैं। इस दौरान समाजवादी शिविर के उत्थान और पतन की

कहानी ग्राम्शी के इस कथन की विडम्बना को भी जाहिर करती है कि रूस की समाजवादी क्रान्ति मार्क्स के खिलाफ, उसकी 'पूँजी' के खिलाफ क्रान्ति थी। काल सचमुच कितना निर्मम है। कितनी सारी सद्-इच्छाओं से भरे वीरतापूर्ण उद्घोष इसमें थोथी बातें दिखाई देने लगते हैं। फिर भी इससे काल विशेष में उठाए गए ऐसे 'अन्तरिम' चरणों की अहमियत कम नहीं हो जाती। अपवाद ही किसी सामान्य नियम की सच्चाई का प्रमाण होते हैं। इतिहास की गति को तेज करने में ऐसे अपवाद कहे जाने वाले घटनाक्रमों की क्या भूमिका होती है, इसकी थाह पाना मुश्किल है। रूस की समाजवादी क्रान्ति सम्पन्न न हुई होती तो इतिहास में ऐसा बहुत कुछ, बहुत कुछ न हुआ होता जो आज सभ्यता की प्रगति के मानदंड बने हुए हैं। फिलहाल, मैं यहाँ इस 'बहुत कुछ' को गिनाना नहीं चाहता, क्योंकि इससे अपने विषय से बुरी तरह भटक जाने का खतरा है। अभी मैं ग्राम्शी के साथ ही समय काटना चाहता हूँ। उनके बाद के जीवन को अपने सोच से स्थगित रखने में ही अपनी भलाई मानता हूँ।

पुनश्च : ग्राम्शी

आधार और अधिरचना...

आधार और अधिरचना के बारे में इसी आशय की तीन छोटी-छोटी टिप्पणियों के बाद एक टिप्पणी ऐतिहासिक निर्मिति (Historical Bloc) के बारे में है। इसमें ग्राम्शी ने अपने समय के इटेलियन विचारक क्रोचे के इस अभियोग का खंडन करते हुए अपनी बात शुरू की है कि मार्क्सवाद आधार और अधिरचना, दोनों को जुदा रूप में देखता है और इस तरह एक प्रकार के धार्मिक दोहरेपन को फिर से खड़ा करता है और आधार को 'अदृश्य ईश्वर' बना देता है। ग्राम्शी मार्क्सवाद पर क्रोचे के इस अभियोग को मानने से इनकार करते हैं। धार्मिक दोहरापन तथा यथार्थ की प्रक्रिया को तोड़कर देखने के मार्क्सवाद पर लगाए गए अभियोग को वे खोखला और उथला अभियोग बताते हैं। ग्राम्शी इस बात पर अचरज जाहिर करते हैं कि इस प्रकार का आरोप उस क्रोचे ने लगाया है जिसने खुद बिल्कुल जुदा चीजों के द्वन्द्ववाद की अवधारणा रखी थी और जिसके लिए उस पर आरोप लगाया जाता है कि उसने यथार्थ की प्रक्रिया को तोड़कर रखा है।

इसी सिलसिले में ग्राम्शी नैतिक-राजनीतिक इतिहास (Ethic-Political History) की बात उठाते हैं और कहते हैं कि सबसे महत्त्वपूर्ण विचारणीय बात यह है कि क्या मार्क्सवाद नैतिक-राजनीतिक इतिहास को नहीं स्वीकारता,

क्या वह प्रभुत्व के क्षण की सच्चाई को पहचानने में विफल है, क्या वह नैतिक और सांस्कृतिक नेतृत्व को महत्त्वहीन मानता है और अधिरचना के तथ्यों को सचमुच सिर्फ प्रतीतियाँ (Appearances) समझता है। ग्राम्शी कहते हैं कि ऐसा बिल्कुल नहीं है। उलटे, बिल्कुल हाल की घटनाओं से यह साफ है कि अपने प्रभुत्व की स्थापना में, राज्य की अपनी अवधारणा में वह नैतिक-राजनीतिक इतिहास को एक जरूरी तत्त्व मानता है, आर्थिक और राजनीतिक मोर्चों के साथ ही सांस्कृतिक मोर्चे, सांस्कृतिक गतिविधियों को अनिवार्य समझता है। ग्राम्शी कहते हैं कि क्रोचे दर्शन की दूसरी मामूली महत्त्व की धाराओं के विश्लेषण में जिस विधि के मानदंडों का प्रयोग करते रहे हैं, मार्क्सवाद के मामले में उसका प्रयोग करने से चूक जाते हैं। यदि उन्होंने उन्हीं मानदंडों का प्रयोग किया होता तो वे यह समझ जाते कि अधिरचनाओं को 'प्रतीति' बताने के बारे में उन्होंने जो राय सुनाई है वह चालू बद्धमूल अवधारणाओं को 'ऐतिहासिक' मानकर दी गई राय के अलावा और कुछ नहीं है और इसीलिए इसे चलताऊ मुहावरों की भाषा में लोगों के सामने चलाया गया है। ग्राम्शी की दो टूक राय है–''मार्क्सवाद इतिहास को सिर्फ नैतिक-राजनीतिक इतिहास में सीमित करने को अनुचित और मनमानापन मानता है, लेकिन उसकी अवहेलना करने के भी पक्ष में नहीं है।''

क्रोचे के साथ विवाद करते हुए भी ग्राम्शी मार्क्सवाद की उनकी आलोचना को पूरी तरह से फालतू घोषित नहीं करते हैं। इसकी वजह यह है कि ग्राम्शी की नजर अर्जुन के लक्ष्य बेध की तरह मार्क्सवाद के उस ऐतिहासिक नियतिवादी रूप, अर्थनीतिवाद को बींधने पर टिकी हुई थी। अर्थनीतिवादी कुत्सित मार्क्सवाद के खिलाफ अपनी लड़ाई में क्रोचे की दलीलों को वे महत्त्वपूर्ण समझते थे। नैतिक-राजनीतिक इतिहास पर अपनी दूसरी टिप्पणी में वे क्रोचे को इस बात का श्रेय देते हैं कि उसने इतिहास के विकास में संस्कृति और विचार के तथ्यों के महत्त्व की ओर शक्तिशाली ढंग से ध्यान आकर्षित किया था। नागरिक समाज और राजसत्ता के जैविक जीवन में, प्रभुत्व कायम करने के क्षण में महान बुद्धजीवियों की भूमिका और सर्वसम्मति की ठोस ऐतिहासिक निर्मिति के जरूरी रूप की ओर ध्यान खींचने के लिए भी ग्राम्शी क्रोचे को श्रेय देते हैं। इतिहास में राजसत्ता की शक्ति के पूरक के रूप में ही प्रभुत्व के सिद्धान्त की भी समान भूमिका है। इसीलिए ग्राम्शी यह मानते हैं कि मनमाने और स्वेच्छाचारी ढंग से इतिहास की रचना के लिए नैतिक-राजनीतिक इतिहास के पहलू की भूमिका को भी इतिहास के अध्ययन के जरूरी औजार के रूप में दिमाग में रखना होगा। इस मानदंड पर

भारत में समान वर्गीय आधार वाली पार्टियों के बीच 'साम्प्रदायिकता' और 'धर्मनिरपेक्षता' के आधार पर बुनियादी तौर पर फर्क करने की जरूरत को समझा जा सकता है।

इस प्रकार, एक बात साफ है कि ग्राम्शी जेल डायरी के उन चन्द प्रारम्भिक पृष्ठों में अपने प्रभुत्व के सिद्धान्त के अलग-अलग घटक तत्त्वों को परिभाषित करने की कोशिश कर रहे हैं। इसी क्रम में वे राजनीतिक विचारधाराओं के बारे में क्रोचे के विचारों की पड़ताल करते हैं और उसके जरिए मार्क्सवादी विचारों की स्थापना करते हैं।

विचारधारा, व्यावहारिक निर्मितियाँ राजनीतिक नेतृत्व का औजार होती हैं। मार्क्सवाद विचारधाराओं को मनमानी उपज नहीं मानता। वे वास्तविक ऐतिहासिक तथ्य हैं जिनका मुकाबला करना ही होगा और नैतिक आदि नहीं, बल्कि प्रभुत्व के औजारों के रूप में उनकी प्रकृति का खुलासा करना होगा, ताकि शासित को बौद्धिक तौर पर शासन के जुए से आजाद किया जा सके, ताकि एक प्रभुत्व को खत्म करके दूसरा प्रभुत्व स्थापित किया जा सके। मार्क्सवाद के लिए अधिरचनाएँ एक लक्ष्य हैं और सक्रिय यथार्थ भी। मार्क्सवाद साफ कहता है कि मनुष्य अपनी सामाजिक स्थिति के प्रति सचेत हो जाता है तो वह विचारधाराओं की जमीन पर अपने कर्तव्यों के प्रति सचेत हो जाता है, जो यथार्थ की कोई मामूली पहचान नहीं है। ग्राम्शी कहते हैं कि "मार्क्सवाद खुद एक अधिरचना है, यह वह जमीन है जिस पर निर्णायक सामाजिक समूह अपनी सामाजिक प्राणी सत्ता के प्रति, अपनी शक्ति, दायित्वों और खुद के भावी रूप के प्रति सचेत होता है।" इस मामले में क्रोचे के कथन को ग्राम्शी सही बताते हैं कि "मार्क्सवाद इतिहास है जो अब तक बन चुका है या बनाए जाने की प्रक्रिया में है।"

ग्राम्शी 'ऐतिहासिक निर्मिति' को अधिरचना का ठोस रूप बताते हैं और कहते हैं कि इसी से यह जाहिर हो जाता है कि आधार और अधिरचना के बीच एक जरूरी और महत्त्वपूर्ण सम्बन्ध विद्यमान होता है।

विचारधारा व्यक्तियों के मनन-चिन्तन की चीज भर नहीं, बल्कि अधिरचना है। यह न समझने पर विचारधारा के वास्तविक स्वरूप को समझने में भूलें होती हैं। उसे आधार से पूरी तरह अलग मानकर परिवर्तन का कारक सिर्फ आधार को मान लिया जाता है। किसी भी समस्या के राजनीतिक समाधान को आधार से पूरी तरह असम्बद्ध, सिर्फ विचारधारात्मक मानना ग्राम्शी के अनुसार उसे निरर्थक और मूर्खतापूर्ण मानना है और इसी से यह धारणा भी जन्म लेती है कि विचारधारा शुद्ध रूप में प्रतीति है, बेकार और मूर्खता है इत्यादि।

अन्य विचारधाराओं से मार्क्सवाद को गुणात्मक रूप में भिन्न बताते हुए ग्राम्शी उसे जैविक (Organic) बताते हैं। दूसरी विचारधाराएँ गैर-जैविक हैं क्योंकि वे अन्तर्विरोधी हैं, वे विरोधी और अन्तर्विरोधी हितों को एक साथ साधने की कोशिश करती हैं; उनकी 'ऐतिहासिकता' अल्पकालिक होती हैं क्योंकि प्रत्येक घटना के बाद, जिनके पीछे वे औजार की तरह काम करती हैं, उनके अन्तर्विरोध उभरकर सामने आ जाते हैं। इसके विपरीत मार्क्सवाद का रुझान इतिहास में निहित अन्तर्विरोधों के शान्तिपूर्ण समाधान की ओर नहीं होता। यह खुद उन अन्तर्विरोधों का सिद्धान्त है। यह दबे हुए वर्गों पर प्रभुत्व स्थापित करने और सर्वसम्मति कायम करने के लिए प्रभावी समूहों के शासन का औजार नहीं है। यह उन दबे-कुचले वर्गों की अभिव्यक्ति है जो शासन की कला में खुद को शिक्षित करना चाहते हैं और जो सारी सच्चाइयों को, यहाँ तक कि बुरी लगने वाली सच्चाइयों को भी जानने में दिलचस्पी रखते हैं और शासक वर्ग के धोखे से, खुद के छद्म से भी बचना चाहते हैं।

इसीलिए, कहना न होगा, मार्क्सवाद ही समाज के अन्तिम आदमी के उत्थान की अथक लड़ाई का अचूक विचारधारात्मक हथियार है।

इस अध्याय की दसवीं टिप्पणी है–परिस्थितियों का विश्लेषण : शक्ति के सम्बन्ध।

किसी भी काल के इतिहास में जो शक्तियाँ सक्रिय हैं, उनका सही विश्लेषण करने के लिए आधार और अधिरचना के सम्बन्धों की समस्या को ठोस रूप में रखते हुए उसका समाधान करना होगा। तभी इन शक्तियों के बीच के सम्बन्धों का सही रूप में निर्धारण होगा। इसमें दो प्रमुख सामाजिक सिद्धान्त निर्णायक होते हैं। पहला यह कि कोई भी समाज अपने लिए उन कार्यों की पूर्ति का कर्तव्य निर्धारित नहीं करता है जिन कार्यों के लिए जरूरी परिस्थितियाँ भरपूर मात्रा में उस समाज में पहले से ही मौजूद न हों या कम से कम उभरनी और विकसित होनी शुरू न हो गई हों। और दूसरा यह कि कोई भी समाज उस समय तक टूटता नहीं है या बदला नहीं जा सकता जब तक उसके आन्तरिक सम्बन्धों में निहित जीवन के सभी रूप विकसित न हो गए हों।

परिस्थितियों के विश्लेषण के बारे में इस बुनियादी मार्क्सवादी समझ के आधार पर ही ग्राम्शी इस टिप्पणी में इन सिद्धान्तों के व्यावहारिक प्रयोग की समस्या पर और गहराई से विचार करते हैं। किसी भी परिस्थिति में क्या स्वाभाविक है और क्या क्षणिक, इसे जानकर ही कार्यनीतिगत सही राजनीति का प्रयोग किया जा सकता है।

इसी प्रकार, एक लम्बी टिप्पणी 'अर्थनीतिवाद के कुछ सैद्धान्तिक और

व्यावहारिक पक्ष' के बारे में है। 'अर्थनीतिवाद' अर्थात् अर्थव्यवस्था के स्वत:स्फूर्त क्रमिक विकास की पूरी समझ के परिप्रेक्ष्य में पूर्ण स्वतंत्र वाणिज्य की क्लासिक परिकल्पना होती है। लेकिन आर्थिक उदारतावाद इससे पूरी तरह भिन्न है। यह स्वतंत्र नहीं बल्कि पूँजीवादी विकास के नियमन से जुड़ा हुआ है। यह आर्थिक तथ्य की कोई स्वत:स्फूर्त अभिव्यक्ति नहीं है। यह एक सोची-समझी नीति है, अपने उद्देश्यों के प्रति सचेत। यह आर्थिक कारकों की क्रमिक अभिव्यक्ति का साधन है। इसीलिए कहा जा सकता है कि किसी भी समय में किसी व्यवस्था का पूरा आर्थिक स्वरूप अपने को जाहिर नहीं करता।

इसी बिन्दु पर 'राजनीति की कला और विज्ञान' का प्रश्न महत्त्वपूर्ण हो जाता है। ग्राम्शी की जेल डायरी का अगला अध्याय इसी विषय पर है।

साथी कैदी...

आज सेल से आठ कैदियों का दूसरे जेल में स्थानान्तरण हो गया। ये वही सब कैदी थे जिन्हें पगली घंटी के दूसरे दिन हमारे सेल के कमरों में भर दिया गया था। हम जब इस सेल में आए थे तब हम सिर्फ पाँच लोग थे। सोलह कमरों में पाँच लोग। बाकी सब कमरे खाली थे। दिन भर पूरे सेल में शान्ति रहती थी। इधर कैदियों की संख्या बढ़ते-बढ़ते पचीस तक चली गई है। इनमें ये आठ-नौ कैदी तो सचमुच भारी उत्पाती थे। हमेशा शोर मचाए रहते थे। रात को गाते-बजाते और गाँजा, चरस, हेरोइन का धुआँ उड़ाते रहते। इन सबके आ जाने से हमारे मेड का कारोबार काफी बढ़ गया है। वह सबको गाँजा, चरस, हेरोइन और नाइट्रोजन टेबलेट बेचता है। अन्य छोटी-मोटी सुविधाओं के लिए भी पैसे बटोरता है। मेड ने अपने कमरे में एक दुकान लगा रखी है जहाँ प्याज, लहसुन, बीड़ी, सिगरेट से लेकर तमाम मादक सामग्रियाँ रहती हैं। पिछले दिनों जब हम सिर्फ पाँच थे, मेड की कोई आमदनी नहीं थी। हमारे साथ एक बहुत वीवीआईपी कैदी थी पिंकी प्रामाणिक। उस पर आरोप था कि उसने अपने घर में रहने वाली महिला से बलात्कार किया था। पिंकी खुद एक लड़की, देश की जानी-मानी एथलीट, एशियाड में देश के लिए स्वर्ण पदक लाने वाली-और उसने उस महिला से ही बलात्कार किया! इस आरोप से उन दिनों अखबारों में भारी सनसनी फैली हुई थी। आरोपी ने यह भी कहा था कि पिंकी महिला ही नहीं है।

इसी आरोप पर पिंकी को गिरफ्तार करके, यह तय होने के पहले ही कि वह महिला है या पुरुष, जेल अधिकारियों ने पिंकी को पुरुष वार्ड में रख दिया।

था। जेल अधिकारी अपने इस इकतरफा फैसले के लिए मजिस्ट्रेट को जिम्मेदार बता रहे थे कि उसने अपने आदेश में पिंकी को अमुक का बेटा लिखा था।

बहरहाल, यहाँ प्रसंग इतना ही है कि एक ऐसे सनसनीखेज मामले के वीवीआईपी अभियुक्त के साथ रहने के कारण मेड का कहना था कि उसे अतिरिक्त आमदनी के बजाय अपनी गाँठ से पैसे खर्च करके पिंकी की सेवा करनी पड़ती थी। पिंकी के आने के दूसरे दिन ही मेड की अनुभवी आँखों ने समझ लिया था कि उसे उसकी मदद की जरूरत है। मेड खुद एक पूरा गँजेड़ी है। उसने पिंकी की भरपूर सहायता की। वह पिंकी का प्रिय 'काकू' बन गया। पिंकी के यहाँ से चले जाने के बाद मेड ने जेल अधिकारियों से अपना दुखड़ा कहा कि कैसे उसे अपनी जेब से खर्च करके पिंकी को खुश रखना पड़ा था। जेल अधिकारी मेड से खुश थे और उन्होंने मेड की इस सेवा के लिए उसे पुरस्कृत करने का वादा किया। पिंकी के निकलते ही इस सेल में धीरे-धीरे कैदियों को भरा जाने लगा। ये ऐसे कैदी थे जो गाँजा, चरस, हेरोइन का सेवन करते थे, लेकिन अपने पैसों के बल पर। मेड ने पिंकी की जो सेवा की, एवज में उसे आमदनी के अच्छे साधन मिल गए। मेड इधर काफी खुश रहता है।

आज ऐसे ही बीस लोगों में से नौ को अलिपुर जेल भेज दिया गया। सुबह में उनके जाने के बाद ही सेल में काफी शान्ति हो गई है। वरना पिछले दस दिन तो वे हमेशा आसमान सर पर उठाए रहते थे। इन्हीं नौ कैदियों में से एक संजीव बोस की कहानी मैंने पहले एक दिन लिखी थी। अपनी पत्नी को जलाकर मारने वाला वह अपराधी अपना परिचय सुपारी किलर के रूप में दे रहा था।

उन्हीं में से एक, शान्तनु चक्रवर्ती, से मैंने कल ही विस्तार से बात की थी। सिर्फ तेईस साल का यह जनेऊधारी लड़का हमारे सेल के सामने के बागान में रखे हुए शिवलिंग की रोज बड़ी तन्मयता से पूजा करता था। उसका पुकार का नाम था बुलेट, और इसी नाम के कारण मेरी उसके प्रति उत्सुकता बढ़ी थी।

बुलेट मध्यमग्राम के निकट का निवासी निर्माण का 'प्रमोटेरी' और 'सिंडिकेट' वाला काम करता है। उसके कहे, पिता बीएसएनएल के कर्मचारी हैं, जिन्हें पचास हजार रुपए महीना मिलता है। उसने खुद सबसे पहले तेरह वर्ष की उम्र में एक पिस्तौल हाथ में ली थी, और कच्ची उम्र में ही हथियार के प्रति उसके आकर्षण ने उसे अपराध की दुनिया का एक छोटा-मोटा सरगना बना दिया। कहता था कि उसने अपने हाथ से तीन-चार खून किए हैं और उसकी एक पुकार पर दो-ढाई सौ लड़के कभी भी इकट्ठे हो सकते हैं। एक इतनी कम उम्र का, जिसकी दाढ़ी-मूँछ भी अभी पूरी तरह से निकलनी शुरू नहीं हुई,

मासूम सी सूरत का लड़का अपने को दो-ढाई सौ लोगों के गिरोह का सरगना बता रहा है।

मेरे दिमाग में फिर वही संजीव की गप पुनर्जीवित हो गई। पता नहीं क्यों, ऐसे बच्चे से दिखाई देने वाले अपराधी भी खुद को किसी गब्बर से कम नहीं बताते।

उससे जब मैंने पूछा कि तुम पकड़े किस मामले में गए हो, तो बताया एनडीपीएस, अर्थात् गाँजा केस। इसीलिए अब उसकी गप को और आगे लिखने की इच्छा नहीं हो रही है। कहता था कि छूट जाने पर अपराधों से दूर रहूँगा।

पुनश्च : ग्राम्शी

राजनीति की कला

राजनीति की कला और विज्ञान-किसी भी गम्भीर राजनीतिक कार्यकर्ता के लिए यह एक सबसे मौजू विषय है।* वामपन्थी राजनीति में हमेशा रणनीति और कार्यनीति के बीच एक सही सन्तुलन की बात कही जाती है। रणनीति पार्टी का किसी काल विशेष का अन्तिम लक्ष्य है। समाज को नए रूप में ढालकर उसे कैसा स्वरूप प्रदान करना है, यह रणनीति का विषय है। शामिल करने के लिए तो रणनीति में साम्यवादी समाज, शोषणविहीन समाज को भी शामिल किया जा सकता है, लेकिन यह सभ्यता के विकास का एक चरम, अन्तिम लक्ष्य है। अनिवार्य रूप से परिवर्तनशील जगत् में अन्तिम कुछ नहीं होता। इसीलिए साम्यवादी समाज की पूरी परिकल्पना यूटोपिया की श्रेणी में आती है। लेकिन इस यूटोपिया की ओर प्रगति के कई चरण हैं, और इन चरणों को ही काल विशेष का रणनीतिगत लक्ष्य कहा जाता है। जैसे भारत की कम्युनिस्ट पार्टी (मार्क्सवादी) का रणनीतिगत लक्ष्य भारत में जनता के जनवादी राज्य की स्थापना करना है। इस रणनीतिगत लक्ष्य को हासिल करने के लिए रोजमर्रे की राजनीति के जो असंख्य सोपान चढ़ने-उतरने पड़ते हैं, उन्हें कार्यनीति कहते हैं। किसी भी पार्टी में यदि रणनीति का प्रश्न ही प्रमुख हो जाए तो वह संकीर्णतावादी रास्ते पर बढ़ जाने के खतरे में पड़ जाती है और यदि रणनीतिगत लक्ष्य को पूरी तरह से दरकिनार करके सिर्फ कार्यनीति के रोजमर्रा के कदम ही प्रमुख हो जाएँ तो वह पार्टी किसी भी बड़े परिवर्तन की वाहक

* देखिए, परिशिष्ट (3) का लेख-'राजनीति का सौन्दर्यशास्त्र'।

बनने के बजाय शुद्ध अवसरवाद, यथास्थिति के दलदल में धँस जाने का खतरा मोल लेती है।

कम्युनिस्ट पार्टी की रणनीति और कार्यनीति सम्बन्धी इस सारी सैद्धान्तिक समझ के बावजूद इतिहास इस बात का साक्षी है कि सारी दुनिया की पार्टियाँ अक्सर इन दो ध्रुवों–संकीर्णतावाद और अवसरवाद–के बीच डोलती रहती हैं। यही किसी भी पार्टी के अन्दरूनी विचारधारात्मक संघर्ष का प्रमुख कारण होता है। और शायद इस सन्तुलन को हासिल करना ही राजनीति की कला और विज्ञान है।

इस विषय में ग्राम्शी के सैद्धान्तिक विश्लेषण की ओर बढ़ें, उसके पहले हम और भी कुछ बात कहना चाहेंगे।

जैसा कि ग्राम्शी के बारे में अब तक यहाँ जो भी लिखा गया है, उसके संकेतों से साफ होगा कि ग्राम्शी क्रान्ति के विज्ञान के नहीं बल्कि लम्बे काल की गैर-क्रान्तिकारी परिस्थितियों में राजनीति की कला और विज्ञान के एक प्रमुख सिद्धान्तकार रहे हैं। प्रभुत्व का उनका पूरा सिद्धान्त कि जिसमें कोई विचार अपने आपमें एक ऐतिहासिक निर्मिति का अंग बनकर सामाजिक सम्मति की मर्यादा पाए और इस प्रकार राज्य के साथ ही एक प्रभुत्वकारी शक्ति का स्थान ग्रहण कर ले–समाज और सभ्यता की प्रगति के लिए एक दीर्घकालिक संघर्ष का सिद्धान्त है। इसमें क्रान्ति के झटके के साथ सब कुछ बदल देने की रणनीति से इनकार न होने पर भी उसे विचार का विषय नहीं बनाया गया है। इससे जाहिर है कि वे समाज के सभी स्तरों पर विचारों और शक्तियों के एक दीर्घकालीन संघर्ष की प्रक्रिया के सिद्धान्तकार थे। और, यह दीर्घकालीन प्रक्रिया ही किसी भी क्रान्तिकारी पार्टी के लिए एक सबसे बड़ी चुनौती होती है, जिसमें अपने निरन्तर सांगठनिक, विचारधारात्मक और सामाजिक-राजनीतिक कामों के जरिए उसे समाज में अपनी प्रासंगिकता और प्रभाव को बनाए रखना पड़ता है। राजनीतिक दलों के सामने यह एक बड़ी चुनौती होती है, जो उन्हें कभी भी अपनी समकालीन चुनौतियों से दूर नहीं हटने देती है। आर्थिक-सामाजिक संकट नाना कारणों से नाना रूप में अपने को जाहिर करता रहता है। इसी में किसी भी समाज में परिवर्तन के तत्त्व निहित होते हैं। जो राजनीतिक पार्टी अपने किसी भी विचारधारात्मक आग्रह के कारण इस रोजमर्रे के सामाजिक-राजनीतिक घटनाचक्रों के प्रति बेफिक्र होती है, वे समाज में पूरी तरह से अप्रासंगिक होकर शून्य में विलीन हो जाने के खतरे में पड़ी होती है। यह बात राजनीतिक पार्टियों के विस्तार की परिधि को भी तय करती है।

अपनी इसी डायरी में हमने एक माओवादी नेता चंडी सरकार से जेल में हुई मुलाकात के सन्दर्भ में माओवादी राजनीति पर जो संक्षिप्त टिप्पणी की है,

उसे इसी समझ की रोशनी में देखा जा सकता है। इसी प्रकार बहुत शुरू में सीपीआई (एम) के बारे में की गई टिप्पणी का भी यही आधार है। राजनीति किसी बड़बोले बुद्धिजीवी की टीका-टिप्पणी या भविष्यवाणी नहीं है, उसे हर रोज अपनी उपस्थिति को ठोस रूप में साबित करना पड़ता है, नितान्त स्थानीयता से लेकर राष्ट्रीय और अन्तर्राष्ट्रीय स्तर तक भी—जहाँ तक उसका विस्तार होता है।

आइए, अब हम ग्राम्शी के सूत्रीकरणों के बीच जाते हैं। इस विषय पर ग्राम्शी के विचार प्रभुत्व और ऐतिहासिक निर्मिति के बारे में उनकी विचार शृंखला की ही एक और कड़ी है। अर्थनीतिवाद की सैद्धान्तिक आलोचना को यहाँ उसकी व्यावहारिक परिणतियों के जरिए स्थापित किया गया है। रोजा लुक्सेमबर्ग की 'व्यापक हड़ताल' और ट्राटस्की की 'सनातन क्रान्ति' की अवधारणाओं को अर्थनीतिवादी राजनीतिक चिन्तन का परिणाम बताया गया है। ट्राटस्की के विचार को अन्तर्राष्ट्रीयतावाद का अमूर्त रूप बताते हुए कहा गया है कि वह राष्ट्रीय परिस्थिति की ओर यथेष्ट रूप में ध्यान नहीं देता है। इसी सिलसिले में ग्राम्शी सामरिक कार्रवाई के एक रूपक का इस्तेमाल करते हुए बताते हैं कि इन दृष्टियों में यह मान लिया जाता है कि आर्थिक संकट के कारण शत्रु की कतार में दरार पड़ जाती है और उस दरार का लाभ उठाकर सीधा सफल राजनीतिक आक्रमण किया जा सकता है। ग्राम्शी कहते हैं कि वे विकसित औद्योगिक राज्यों द्वारा ऐसे सीधे हमले का मुकाबला करने की शक्ति को कम करके आँकते हैं। इसी वजह से अपनी 'सेना' के बीच, अर्थात् जनता में एक सामूहिक आकांक्षा को तैयार करने के काम की जरूरत की अहमियत को छोटा करके देखते हैं। इसी सिलसिले में यह भी बताते हैं कि 1917 में रूस में राजसत्ता पर सीधे आक्रमण की कार्रवाई इसलिए सफल हो पाई थी कि क्योंकि वहाँ सिर्फ राज्य ही राज्य था, नागरिक समाज अभी अजन्मा या बिल्कुल शैशव की स्थिति में था। ग्राम्शी के अनुसार पश्चिम में राज्य सिर्फ एक बाहरी खोल है, जिसके अन्दर मजबूत नागरिक समाज काम कर रहा है। इसीलिए वे सीधे आक्रमण की सैनिक रणनीति War of Movement के बजाय अन्दर में अपनी स्थिति को लगातार मजबूत करने, War of Position को पश्चिम के मामले में जरूरी समझते हैं।

जेल डायरी के इस अध्याय में ग्राम्शी की कई टिप्पणियाँ इसी सामरिक पदावली द्वारा राजनीतिक घटनाक्रमों के विश्लेषण पर केन्द्रित हैं।

पार्टी संगठन

इस अध्याय की आखिरी दो टिप्पणियाँ पार्टी के स्वरूप के बारे में हैं। ग्राम्शी इसकी तुलना 16वीं सदी में लिखी गई मैकियावेली की पुस्तक 'राजा' (The Prince) से करते हैं। पार्टी उनकी नजर में एक आधुनिक राजा ही होता है जो 'राष्ट्रीय लोकप्रिय सामूहिक आकांक्षा' का प्रतीक और निर्माता है। कम्युनिस्ट पार्टी को सर्वहारा तथा दूसरे सामाजिक समूहों के बीच प्रभुत्वशाली गठबन्धन कायम करने की प्रक्रिया को गतिशील करना होगा। इसे एक 'बौद्धिक और नैतिक नवजागरण' की प्रक्रिया को चलाने में सहायक होना होगा। इस रूप में काम करने के लिए पार्टी कार्यकर्ताओं का एक बन्द संगठन काम नहीं आ सकता है और न ही किसी नौकरशाही उपकरण के रूप में उसका पतन होना चाहिए। उसे यदि पूरे वर्ग तक फैलना है तो उसका ढाँचा और उसका व्यवहार जनतांत्रिक होना होगा। पूरे वर्ग में विस्तार के जरिए वह 'पूरी मानवता को एकजुट' करने की ओर बढ़ेगी।

इस अध्याय की एक टिप्पणी है–'अन्तर्राष्ट्रीयतावाद और राष्ट्रीय नीति'। इसमें सेंसर से बचने के लिए स्तालिन को जोसेफ बेसारिओन और ट्राटस्की को लिओ डेविडोविची कहा गया है, जैसे पूरी पुस्तक में मार्क्सवाद का उल्लेख Philosophy of Praxis कहकर किया गया है। स्तालिन ने 1927 में प्रश्नोत्तर के रूप में एक नोट तैयार किया था जिसमें ग्राम्शी के अनुसार राजनीति के विज्ञान और कला की कई प्रमुख समस्याओं पर चर्चा की गई थी। ग्राम्शी इस चर्चा में जिस प्रश्न को अधिक विस्तार से समझने की जरूरत व्यक्त करते हैं, वह यह कि अन्तर्राष्ट्रीय परिस्थिति को राष्ट्रीय सन्दर्भ में कैसे समझा जाए? उनके अनुसार हर राष्ट्र की अन्दरूनी परिस्थिति अपने आपमें कुछ अर्थों में अनोखी या विशिष्ट होती है। उसे उसकी इस मौलिकता और विशिष्टता के साथ ही ग्रहण किया जा सकता है। इसीलिए, कहा जा सकता है कि विकास की दिशा 'अन्तर्राष्ट्रीयतावादी' होने पर भी उसका प्रारम्भिक बिन्दु 'राष्ट्रीय' होता है और यात्रा की शुरुआत इस बिन्दु से ही होनी चाहिए, परिप्रेक्ष्य भले ही अन्तर्राष्ट्रीय हो। इसी बात को रूस के सन्दर्भ में आगे बढ़ाते हुए ग्राम्शी कहते हैं कि 1902 से 1917 के दौरान बोल्शेविकों के संघर्ष का अध्ययन करने पर यह साफ हो जाता है कि इस लड़ाई की मौलिकता इस बात में थी कि उसने अन्तर्राष्ट्रीयतावाद को हर प्रकार के अमूर्त और शुद्ध विचारधारात्मक तत्त्व से मुक्त करके उसे एक वास्तविक राजनीतिक अन्तर्वस्तु (content) प्रदान की थी। प्रभुत्व की अवधारणा में राष्ट्रीय चरित्र की ये

विशिष्टताएँ परस्पर गुँथी होती हैं। वैश्विक योजना के अनुरूप चलने वाली किसी भी अर्थव्यवस्था को नाना प्रकार के क्षेत्रीय तत्त्वों के अनेक चरणों से गुजरना पड़ता है।

ग्राम्शी गैर-राष्ट्रीय अवधारणाओं के विचार को इसलिए भी गलत बताते हैं क्योंकि उनसे एक प्रकार की निष्क्रियता और आत्म अवरोध पैदा होते हैं। पहला तो उस पर कोई यकीन ही नहीं करता कि वे चल भी पाएँगे, हमेशा उनके अलग-थलग हो जाने का खतरा रहता है। और दूसरी, और भी खराब बात यह है कि इसमें जिस चीज की कामना की जाती है वह नेपोलियनवाद का एक असामयिक (Anachronistic) और अस्वाभाविक रूप है। इस पुरानी बात के आधुनिक रूप की सैद्धान्तिक कमजोरी को ही, ग्राम्शी के अनुसार, 'सनातन क्रान्ति' के सिद्धान्त की नकाब में छिपाया गया है।

राजसत्ता के विभिन्न रूपों, नैतिक या सांस्कृतिक राजसत्ता, पहरेदार राजसत्ता, सिपाही राजसत्ता, राजसत्ता का आर्थिक, नैसर्गिक रूप आदि विषयों पर चर्चा के उपरान्त इस अध्याय का महत्त्वपूर्ण लेख 'आधुनिक 'राजा' के रूप में राजनीतिक पार्टी' तथा इससे लगी हुई छोटी सी टिप्पणी अन्धश्रद्धावाद अथवा जड़पूजावाद (Fetishism) पर है। 'राजा'-सामूहिक आकांक्षा का प्रतीक-मैकियावेली उस प्रक्रिया की कोई व्याख्या नहीं करते कि वह कैसे निश्चित राजनीतिक लक्ष्य को प्राप्त करने के लिए सामूहिक इच्छा का प्रतीक बन गया। मैकियावेली राजा के गुणों, उसकी विशेषताओं, उसके कर्तव्यों और जरूरतों का ठोस वर्णन करके इस प्रक्रिया को प्रस्तुत करते हैं। यह पद्धति किसी भी राजनीतिक उत्तेजना और आकांक्षा को ठोस स्वरूप प्रदान करने की पद्धति हो सकती है।

दुनिया में कभी किसी भी क्षेत्र में आने वाले राजनीतिक भूचालों की व्याख्या करते हुए ग्राम्शी कहते हैं कि यह बिजली की त्वरित गति से होने वाले ऐतिहासिक-राजनीतिक घटनाक्रमों का परिणाम होते हैं, लेकिन उनका कोई दीर्घकालीन जैविक चरित्र नहीं होता। वे नया कुछ भी रचने में असमर्थ होते हैं। इसका मूल कारण यह है कि कभी-कभी समाज की सामूहिक आकांक्षा अपना आपा खोकर बिफर जाती है, उन्मत्त हो जाती है। उसका इस प्रकार बिफर जाना खतरनाक और डरावना हो सकता है लेकिन वह सामूहिक आकांक्षा की मृत्यु या सर्वनाश नहीं है। उसे फिर से चंगा करके खड़ा किया जा सकता है-न कि बिल्कुल शुरू से कोई नई सामूहिक आकांक्षा तैयार की जाए जिसके ठोस और संगत रूप को अभी सर्वस्वीकृत वास्तविक ऐतिहासिक अनुभव की कसौटी पर कसा जाना बाकी है।

ग्राम्शी इस टिप्पणी में आधुनिक राजा के रूप में सर्वहारा की पार्टी की, उसकी गुणात्मक विशिष्टता की ही चर्चा करते हैं।

पार्टी में निष्क्रियता का रोग

इस अध्याय की अन्तिम, छोटी-सी टिप्पणी 'अंधश्रद्धावाद' पार्टी के संगठन की एक खास बीमारी के बारे में है, जिसे ग्राम्शी एक जैविक रोग कहते हैं। पार्टी अनेक व्यक्तियों के समूह का जीवन्त रूप होती है जिसमें सब मिलकर अपना नेतृत्व तैयार करते हैं और इस नेतृत्व को सब सक्रिय रूप में स्वीकारते हैं। अब यदि इस जीवन्त समूह, संगठन का प्रत्येक घटक यह समझने लगे कि यह संगठन कोई ऐसी चीज है जो उससे बाहर की है, तो जाहिर है कि वास्तविकता में इस संगठन का कोई अस्तित्व ही नहीं रह जाता। बनिस्बत, वह एक बौद्धिक विचार, एक प्रकार की जड़पूजा बन जाता है। इतिहास में ढेर सारे संगठनों में इस बीमारी को देखा जा सकता है। ग्राम्शी वैटिकन के बारे में इसे एक बहुत स्वाभाविक बात बताते हैं क्योंकि वैटिकन का नेतृत्व हमेशा अन्दरूनी जनतंत्र के सभी रूपों का विरोधी रहा है और आस्थावान लोग अर्थात् उसके अनुयायी उसके अन्दरूनी मामले में कोई हस्तक्षेप करें, इसका वह हमेशा से विरोधी रहा है। लेकिन जब इस प्रकार का जड़पूजा का रोग लोगों की अपनी मर्जी से निर्मित संगठनों में दिखाई देने लगे तो इसे ग्राम्शी बहुत आश्चर्यजनक बताते हैं। व्यक्ति खुद सक्रिय नहीं है और उम्मीद करता है कि उसका संगठन सक्रिय रहे और यदि इसी प्रकार का रवैया और भी बहुतों का हो जाए तो अनिवार्य तौर पर वह संगठन निष्क्रिय हो जाएगा।

ग्राम्शी कहते हैं कि इतिहास में बहुत सारी चीजें ऐसे ही, कुछ यांत्रिक और सहज कारणों से, घटती रहती हैं। इसमें किसी के बहुत ज्यादा हस्तक्षेप की जरूरत नहीं होती। चूँकि किसी के कुछ किए बगैर ही कुछ घट जाता है तो इससे व्यक्तियों में यह सोच प्रबल होता है कि एक प्रकार की ऐसी मायावी शक्ति मौजूद है, संगठन का अमूर्त, ईश्वर की तरह का अस्तित्व, जिसको सोचने के लिए किसी मस्तिष्क की जरूरत नहीं पड़ती, चलने के लिए आदमी के पैरों की जरूरत नहीं पड़ती, लेकिन वह ठीक सोच लेता है और चल भी लेता है।

इसी सन्दर्भ में ग्राम्शी फिर से कैथोलिक चर्च की तरह के केन्द्रीकृत संगठन का प्रसंग उठाते हैं और कहते हैं कि ऐसे संगठन की यह जरूरत है कि उसे स्वतः ही अपने अनुयायियों की इच्छा का धारक-वाहक मान लिया जाए। इसमें यदि

नीचे के स्तर से हस्तक्षेप होने लगे तो उस चर्च का सिराजा ही बिखर जाएगा। लेकिन दूसरे संगठनों के लिए (ग्राम्शी का यहाँ तात्पर्य कम्युनिस्ट पार्टी के संगठन से है), यह जरूरी है कि उसमें किसी प्रकार की निष्क्रिय और परोक्ष सम्मति के लिए जगह नहीं होनी चाहिए, भले ही उससे संगठन में दरार या उठापटक की प्रतीति ही क्यों न हो। सदस्यों के बीच टकराव के जरिए निर्मित एकीकृत समझ के बिना सामूहिक चेतना, दूसरे शब्दों में जीवन्त संगठन का निर्माण नहीं हो सकता। न यह कहा जा सकता है कि 'मौन' में कोई मतभेद नहीं है। ग्राम्शी अपने इस पूरे विमर्श का अन्त इन शब्दों से करते हैं कि "जब कोई ऑरकेस्ट्रा अभ्यास कर रहा होता है तब उसके प्रत्येक वाद्य अपनी-अपनी ध्वनि के साथ एक भयानक शोर पैदा करते हैं। लेकिन फिर भी ऑरकेस्ट्रा को एक वाद्य के रूप में अपना प्रदर्शन देने के लिए इस प्रकार का अभ्यास जरूरी है।"

माओवाद...

आज एक और माओवादी नेता आलोक देवनाथ उर्फ बापी दा से मुलाकात हुई। चंडी सरकार को तो जमानत मिल गई और लगभग आठ वर्ष की कैद के बाद वे पिछले शनिवार, 4 अगस्त को जेल से निकल गए। बापी दा एक जवान, लगभग 40-45 वर्ष की आयु का माओवादी नेता है। बर्द्धमान जिले का मूल निवासी। उसे मैंने इसी डायरी में लिखी चंडी सरकार के बारे में अपनी टिप्पणी को सुनाया। इसके अलावा जब कोई भी राजनीति अपने समकालीन सरोकारों से कटकर शुद्ध बौद्धिक खब्तों की शिकार बन जाती है तो उसकी क्या दुर्गति होती है, इसे भी ग्राम्शी के उद्धरणों के जरिए मैंने उसे समझाने की कोशिश की। वह रह-रहकर लेनिन-स्तालिन-माओ की चर्चा करता था और उनके हवालों से कुछ ऐसी बातें कहने का प्रयास कर रहा था जो मेरी समझ से सर्वथा परे थी। शायद वही अपनी बातों में स्पष्ट नहीं था। लेकिन जब बार-बार लेनिन-स्तालिन का नामोच्चार करते हुए वही 1905 और उसके बाद दुमा (रूसी संसद) में भागीदारी करने, न करने सम्बन्धी बात को उठा रहा था तो मुझे डॉ. महादेव साहा की कही एक बहुत पुरानी बात याद आ गई। डॉ. साहब बंगाल के किसी बड़े जाने-माने वेदान्ती, तर्क वागीश का जिक्र करते हुए बता रहे थे कि किसी एक विषय पर शास्त्रार्थ के दौरान जब उत्तर प्रदेश के किसी वेदान्ती ने वेदों के हवाले से अपनी बात को पुष्ट करने की कोशिश की तो बंगाल के इस प्रकांड वेदान्ती ने खिन्न होकर कहा कि

तुम्हारे वेदों पर मैं मूतता हूँ। पोथी के हवाले से सत्य की लड़ाई नहीं लड़ी जाती।

इस नौजवान माओवादी को भी मैंने बार-बार नेताओं के नामोच्चार और उनकी बातों के हवाले से अपनी निरर्थक बातें कहने के लिए अपने ढंग से फटकारा। कहा कि दुमा सम्बन्धी बहस भारत में संसदीय राजनीति के सन्दर्भ में जरा भी लागू नहीं होती है। हर देश की अपनी कुछ खास सामाजिक-आर्थिक विशिष्टताएँ होती हैं। उनका अपना एक निजी सांस्कृतिक-राजनीतिक इतिहास होता है। इसे दूसरे की पोथियों के उद्धरणों से नहीं जाना जा सकता।

बापी दा से सुबह में एकचक्र बात हो जाने के बाद निश्चित तौर पर वही काफी बेचैन सा हो गया। उसके अन्दर जरूर कोई उथल-पुथल चलने लगी और इसी अकुलाहट में शाम के चार बजे के करीब फिर वह मेरे से उसी राजनीतिक चर्चा को आगे बढ़ाने के लिए आ गया। रास्ते पर खड़े-खड़े ही लगभग एक घंटा बात हुई। यह देखकर अच्छा लगा कि वह सिर्फ अपनी बात कहने के लिए नहीं, बल्कि हमारी भी सुनने की तैयारी से बात कर रहा था। सीपीएम से उसकी शिकायत सैद्धान्तिक कम, अपने अनुभवों पर आधारित आत्मगत ज्यादा थी। पार्टी के नेताओं के चाल-चलन के हवाले से कह रहा था कि उनसे क्या किसी क्रान्ति की उम्मीद की जा सकती है! यह किसी भी आम व्यक्ति के मोहभंग की तरह का ही सच था। वह भूमि सुधार की उपलब्धियों को भी निजी खास अनुभवों के आधार पर झुठला रहा था। उसे ऑपरेशन वर्गा में नौकरशाही की भूमिका पर आपत्ति थी। इस पर मैंने उससे किसान आन्दोलन के उस आम अनुभव का जिक्र किया जो गैर-कानूनी ढंग से जमीन पर कब्जे के आन्दोलन से शुरू होकर कानूनी स्वीकृति हासिल करने तक विकसित होता है। किसान मानस कब्जा की गई जमीन के बजाय पट्टे में मिली जमीन से कहीं ज्यादा आश्वस्त होता है, इसीलिए सरकारी मशीनरी का भूमि के बँटवारे में प्रयोग खुद में कोई बुरी बात नहीं है। इस प्रक्रिया के साथ किसान सभा के जन आन्दोलन को जोड़कर उसमें भ्रष्टाचार पर नियंत्रण रखने की भी भरसक कोशिश की गई थी। मैंने कहा कि यही कारण है कि बंगाल में 35 वर्षों तक वाममोर्चा का लगातार शासन कायम रहा।

बापी दा बिल्कुल सही ममता बनर्जी जैसी नेता द्वारा वाममोर्चा के शासन के अन्त के बारे में सवाल उठा रहा था। इस मामले में मैं कोई सफाई नहीं दे सकता था। मैं खुद पिछले चार वर्षों से पार्टी और उसके राज के बारे में जितने तीखे ढंग से आलोचनात्मक रुख रखता रहा हूँ, उसमें इस अवश्यम्भावी पतन के पक्ष में किसी प्रकार की दलील देने का कोई सवाल ही नहीं था।

बात बीच में ही रुक गई क्योंकि हमारे मेड ने रास्ते में खड़े होकर इतनी बात करने से मना कर दिया।

पार्टी और हम

आज ग्राम्शी सम्बन्धी चर्चा के अन्त में संगठन में Fetishism के रोग का प्रसंग आया था। संगठन का प्रत्येक सदस्य निष्क्रिय है फिर भी संगठन सक्रिय रहे, यह अपेक्षा की जाती है। यह स्थिति कैथोलिक चर्च की तरह के संगठन के लिए काम्य है, लेकिन कम्युनिस्ट पार्टी के लिए कतई नहीं। कम्युनिस्ट पार्टी विचारों की टकराहटों, विवादों के अन्दर से ही अपनी एकतानता को साध सकती है।

इस चर्चा ने एकबारगी मेरे मन में यह सवाल पैदा कर दिया है कि पार्टी का एक सदस्य होने पर भी पिछले तीन सालों से हम पार्टी का कोई खास काम नहीं कर रहे हैं। सिर्फ मैं नहीं, पार्टी की एक पूर्व सांसद सरला भी। इसके अलावा सच्चाई यह है कि सिर्फ हम ही काम नहीं कर रहे हैं, बल्कि पार्टी का वर्तमान नेतृत्व यह चाहता भी नही है कि हम कोई काम करें। हम एक लम्बे अर्से से इस नेतृत्व की कार्यपद्धति के तीखे आलोचक रहे हैं। बार-बार लिखित रूप में हमने अपने मतभेदों को उच्चतर नेतृत्व के पास दर्ज कराया है। लेकिन आज तक किसी के कान पर जूँ तक नहीं रेंगी। उलटे, अजीब ढंग से हमें सारी जिम्मेदारियों से बिल्कुल खामोशी से मुक्त कर देना ही नेतृत्व को ज्यादा उपयुक्त लगा। इसके लिए पार्टी के स्वीकृत कायदे-कानूनों की भी ज्यादा परवाह नहीं की गई। हमने भी एक शासक पार्टी के ताकतवर नेतृत्व की मंशा को समझकर धीरे से अलग या चुप हो जाना ही उचित समझा। हम आज सचमुच पूरी तरह निष्क्रिय हैं।

लेकिन फिर भी पता नहीं क्यों, हम अपने को उन निष्क्रियों की कोटि में नहीं मानते जिनकी बात ग्राम्शी ने अपनी Fetishism की चर्चा में की है। हमें लगता है कि आज हम निष्क्रिय रहकर ही शायद किसी से भी ज्यादा सक्रिय हैं। पश्चिम बंगाल में आज पार्टी की जो दशा है, वह हम जैसे 'निष्क्रियों' की वजह से नहीं, बल्कि पार्टी के अनेक प्रमुख स्थानों पर बैठे हुए विवेकशून्य, हाथउठाऊ 'सक्रिय जनों' की बदौलत है। ग्राम्शी ने तोल्याती को लिखे अपने पत्र में जिस बात का जिक्र किया था कि कुछ लोग यह समझते हैं कि पार्टी का उपकरण स्वतः क्रान्ति करवा देगा, ऐसा मानने वाले आज पश्चिम बंगाल

में पार्टी के संगठन पर हावी हैं। 'स्वाधीनता' और जनवादी लेखक संघ, इन दो संगठनों के अपने अनुभव के आधार पर पूरे दावे के साथ मैं इस बात को कह सकता हूँ। मैं समझता हूँ कि नेताओं के स्वेच्छाचार का मुखर विरोधी होने के नाते, हम अनेक व्यक्तित्व-शून्य पुतलों की सक्रियता से कहीं ज्यादा सक्रिय हैं। ग्राम्शी के मानदंडों पर भी मुझे यही बात ठीक मालूम होती है। Fetishism नेताओं का मुँह जोहने वाले काठ के पुतलों में होता है, सही सवाल उठाने वाले, जबरन निष्क्रिय बना दिए गए विवादियों में नहीं। पार्टी को ऐसे 'सक्रिय', किन्तु वास्तव में निष्क्रिय तत्त्वों से मुक्त कराकर ही सही अर्थों में पुनर्जीवित किया जा सकता है।

7.8.2012 (मंगलवार)
लिखने का माप

आज एक नई कॉपी में डायरी लिखने का काम शुरू कर रहा हूँ। 245 पन्नों की छोटे आकार की एक कॉपी भर गई। पता नहीं क्यों, जब लिखते-लिखते पेन की स्याही खत्म हो जाती है तो मन में एक सन्तोष सा होता है कि इतने पन्ने लिख मारा हूँ। स्याही का खत्म होना भर लेखन के परिमाण का एक मापदंड है। लिखकर होने वाले सन्तोष से हम अपनी आन्तरिक प्रकृति को, अपनी एक खास प्राणी सत्ता को पहचानते हैं और अपने लेखक रूप को जानकर ही यह दूसरे प्रकार का सन्तोष होता है। अब जब स्याही खत्म होने पर इतना तोष तो फिर कागज खत्म होने की अनुभूति कैसी होगी!

एक कॉपी भर दी और दूसरे पर हाथ रख दिया है। कॉपी के पन्नों पर कलम की नोक की चुभन कागज के लिए कितनी ही पीड़ादायी क्यों न हो, ऐसी परपीड़ा के सुख में ही लेखकीय स्वार्थ बसता है। कलम जितनी जोर से चलती रहे, मन उतना ही रमता रहेगा।

दरअसल, इधर के दिनों मैंने हाथ से लिखना प्राय: बन्द कर दिया था। कम्प्यूटर पर ही टाइप किया करता था। लगभग 7-8 साल पहले अचानक मुझे महसूस हुआ था कि लिखते वक्त मेरा हाथ काँपता है। लिखने में काफी जोर लगता था और मन में कहीं यह डर बैठ गया था कि ज्यों-ज्यों उम्र बढ़ेगी, ऐसा न हो कि शरीर की कमी के कारण लिखना ही छूट जाए। इसी समय मैंने हिन्दी टाइपिंग सीखने का निश्चय किया। सरला के साथ दिल्ली में रहता था। समय ही समय था। कम्प्यूटर की सुविधा भी थी और उस पर हिन्दी में लिखना शुरू कर दिया। तब से कम्प्यूटर पर ही लिखता रहता हूँ। ई-मेल वगैरह की सहूलियतों के कारण कहीं पर भी पलक झपकते सामग्री भेजी जा सकती है। इसके अलावा लिखा गया हर शब्द सुरक्षित रखना भी उसमें आसान होता है।

इसी बीच, लगभग तीन साल पहले मेरा दाहिना कन्धा जाम (Shoulder Freeze) हो गया। उसी का इलाज कराने के अन्त में दोहरा लाभ हुआ। कन्धा खुल गया और साथ ही लिखने में हाथ की कँपकँपी भी जाती रही।

अभी जेल में कम्प्यूटर की तरह का कोई साधन जब पास में नहीं है, तब 'अपना हाथ जगन्नाथ' फिर चल पड़ा है। सालों पहले दिल्ली में ही ग्रन्थशिल्पी प्रकाशन के श्याम बिहारी राय ने पता नहीं क्यों, मुझे इस बात के लिए टोका था कि मैं हाथ से न लिखकर कम्प्यूटर पर क्यों लिखता हूँ। उनकी इस आपत्ति में मुझे न तब कोई तुक नजर आया था, न आज ही कोई नजर आता है। सारी दुनिया आज टाइपराइटरों और कम्प्यूटरों पर लिखने वाले बड़े-बड़े लेखकों से भरी हुई है। लेकिन अभी जेल में जिस गति के साथ यह हाथ चल रहा है, उसमें कुछ अलग सी अनुभूति जरूर हो रही है। ऊपर से अपने प्रकार का यह अनोखा अनुभव! हाथ का लेखन जिन्दाबाद!

आज इस डायरी की पहली कॉपी घर पहुँच गई। सरला पढ़ रही है। पता चल गया। एक-दो दिन में ही पहले पाठक की प्रतिक्रिया मिल जाएगी। अच्छा लगेगा। सरला ने कहा कि जेल की व्यवस्था का और भी वर्णन कर सको तो अच्छा होगा। देखें, क्या कर पाता हूँ। लेकिन अभी तो मूल लक्ष्य अपने जेल अनुभव के बारे में लिखने का नहीं है। जेल में मैंने इटली के महान बन्दी ग्राम्शी की जो उँगली पकड़ी है, उसी के साथ जितनी दूर सम्भव हो, जाना चाहता हूँ। ग्राम्शी ने जेल निर्वासन का लाभ बड़े सवालों से उलझने में उठाया था। मैं भी नहीं चाहता कि यह निर्वासन इधर-उधर की बातों में खत्म हो जाए। ग्राम्शी की साधना से थोड़ी भी सिद्धि पा सका तो वह ज्यादा बड़ी उपलब्धि होगी। इसीलिए उन्हीं की तपस्या में फिर-फिर लौटना चाहता हूँ।

पुनश्च : ग्राम्शी

फासीवाद और नि:शब्द क्रान्ति

इस संकलन का अगला अध्याय है-'नि:शब्द क्रान्ति, सीजरवाद, फासीवाद'।

फ्रांसीसी क्रान्ति से लेकर फासीवाद तक पूँजीवादी प्रभुत्व के बारे में कई महत्त्वपूर्ण टिप्पणियों के इस अध्याय में फ्रांसीसी क्रान्ति के एक शीर्ष बिन्दु, 1792-94 के दौरान जैकोबियन क्रान्ति को इस पूँजीवादी क्रान्ति के व्यापक जनता में विस्तार के बिन्दु के रूप में देखा गया है। यहीं से पूँजीवाद जनता के दूसरे हिस्सों के नेतृत्व की बागडोर अपने हाथ में ले लेता है। 1789 के फ्रांसीसी

क्रान्ति के मॉडरेट नेतृत्व की माँग कुछ आर्थिक स्वतंत्रताओं तक सीमित थी। जैकोबियन्स ने इसके साथ शहरी मजदूरों और किसान जनता के हितों को भी जोड़कर पूँजीपतियों के नेतृत्व में पूँजीपतियों-मजदूरों-किसानों का एक व्यापक गठजोड़ तैयार किया। बड़ी-बड़ी जमींदारियों का उन्मूलन करके किसानों में जमीन बाँट दी। यह गठजोड़ ज्यादा लम्बी दूरी तय नहीं कर पाया। जैकोबियन्स की भी असली जमीन पूँजीवादी हितों की जमीन थी। सत्तासीन होने के बाद उन्होंने मजदूरों के सभा समावेश करने के अधिकार पर रोक लगा दी, मुद्रास्फीति पर नियंत्रण के लिए मजदूरों के वेतन को नियंत्रित करने की कोशिश की। इसीलिए यह गठबन्धन शीघ्र ही टूट गया। जैकोबियन टिक नहीं पाएँ और नेपोलियन के रूप में अपेक्षाकृत नर्म प्रकार का जैकोबियनिज्म चला तथा उसी के तहत 19वीं सदी में फिर संसदीय शासन कायम हुआ। पूरी आबादी पर पूँजीवाद के स्थायी प्रभुत्व की स्थापना हो गई।

फ्रांसीसी क्रान्ति की तर्ज पर ग्राम्शी इटली के एकीकरण के आन्दोलन, रिजोरजिमेंटो (Riserogimento) के घटना क्रम का विश्लेषण करते हैं, जिसके कारण 1860-61 में इटली का एकीकरण हुआ था। यह आन्दोलन जैकोबियन क्रान्ति में तब्दील नहीं हो पाया क्योंकि वहाँ कवूर के नेतृत्व के नरमपन्थियों और मैत्सिनी तथा गैरिबोल्डी की ऐक्शन पार्टी जैसे गरमपन्थियों के बीच की टक्कर में, ऐक्शन पार्टी अपने पीछे किसान जनता को लामबन्द करने में विफल रही और एक जनतांत्रिक गणतंत्र की स्थापना के लक्ष्य से चूक गई। दूसरी ओर, नरमपन्थियों का पूँजीपति वर्ग के साथ जैविक सम्बन्ध था और वे संकट के अपने उदारपन्थी समाधानों को लागू करने में सफल हो गए। पीडमंट्स सम्राट के अधीन बाकी के इटली को शामिल कर लेने, एक केन्द्रीकृत सरकार की स्थापना तथा सीमित चुनाव के आधार पर सरकार के गठन की माँगों को उन्होंने मनवा लिया।

ग्राम्शी इन नरमपन्थियों के काम को निःशब्द क्रान्ति (Passive Revolution) कहते हैं, बिना क्रान्ति किए क्रान्ति। इसमें एक सामाजिक समूह सत्ता पर आसीन होता है, लेकिन स्थापित सामाजिक ताने-बाने पर कोई आँच नहीं आती, वह ज्यों का त्यों बना रहता है। ऐसे अक्षत ताने-बाने में प्रवेश करके यह निःशब्द क्रान्ति उस ताने-बाने को क्रमिक रूप में बदलती है। ग्राम्शी 19वीं सदी के पूरे उदारपन्थी संविधानवादी आन्दोलन से लेकर प्रथम विश्वयुद्ध की उथल पुथल के उपरान्त फासीवाद के आने तक की प्रक्रिया को इसी मौन अथवा निःशब्द क्रान्ति की संज्ञा देते हैं।

सीजरवाद की ग्राम्शी की अवधारणा निःशब्द क्रान्ति से ही जुड़ी हुई है।

नि:शब्द क्रान्ति से जिस प्रकार का मौन अथवा सीमित प्रभुत्व हासिल होता है, सीजरवाद उसी की तार्किक परिणति है। फ्रांस या ब्रिटेन में जहाँ पूँजीवाद आम जनता के साथ मिलकर एक प्रभुत्वशाली गठबन्धन कायम करने में सफल हुआ, वहाँ यह प्रभुत्व संसद के मजबूत आधार पर स्थापित हुआ। लेकिन इटली की उदारपन्थी जनतांत्रिक संस्थाएँ (संसद, राजनीतिक पार्टियाँ) सीमित, प्रतिनिधित्वहीन और कमजोर रह गईं क्योंकि वे नि:शब्द क्रान्ति का परिणाम थीं, किसी प्रकार की जैकोबियन प्रक्रिया की नहीं। इसने नौकरशाही को स्वायत्त रूप दिया। फलत: सीजरवादी संसदीय तानाशाह (डेप्रेतिस, क्रिस्पी, जिओलिटी) पैदा हुए। प्रथम विश्वयुद्ध के बाद जब मूलभूत वर्गों के बीच तेज टकराहटें शुरू हुईं जो इन संसदीय तानाशाहों से सँभल नहीं पा रही थीं, तब फासीवाद के तौर पर सीजरवाद के ही एक और रूप का उदय हुआ।

इस अध्याय का पहला लेख है–'इटली में आधुनिक राज्य के निर्माण और विकास में राजनीतिक नेतृत्व की समस्या।' 12 पृष्ठों का एक अपेक्षाकृत लम्बा लेख। इटली के राष्ट्रीय मुक्ति आन्दोलन और एकीकरण के साथ राजनीति की विभिन्न धाराओं और इन धाराओं का एक-दूसरे के साथ क्या सम्बन्ध था, इसी चर्चा से लेख का प्रारम्भ होता है। भारत में राष्ट्रीय कांग्रेस के अन्दर नरमपन्थी और गरमपन्थी, दो धाराएँ होने पर भी जिस प्रकार अन्तिम विश्लेषण में दोनों एक-दूसरे की पूरक, इतिहास में एक ही पथ की पथिक थीं, वही दशा इटली के एकीकरण के आन्दोलन (रिजोरजिमेंटो) में मॉडरेट और ऐक्शन पार्टी की थी। गैरिबोल्डी की ऐक्शन पार्टी अपनी सारी गरम-गरम बातों के बावजूद ऐतिहासिक तौर पर मॉडरेटों के नेतृत्व के ही अधीन थी। इटली के इस समूचे दौर में राजनीतिक दलों की इस स्थिति के आधार पर कि सत्ताधीन होने के पहले ही मॉडरेटों का प्रभुत्व पूरे सामाजिक पटल पर कायम हो गया था, ग्राम्शी इस नतीजे पर पहुँचते हैं कि "सत्ता में आने के पहले ही प्रभुत्वकारी क्रियाशीलता निश्चित तौर पर शुरू हो जाती है और इसमें उस भौतिक शक्ति की कोई भूमिका नहीं होती जो सत्ता के रूप में प्रभावशाली नेतृत्व को हासिल होती है।" इसे ही ग्राम्शी बिना क्रान्ति के क्रान्ति कहते हैं। एक नि:शब्द क्रान्ति।

इसके साथ ही ग्राम्शी यह सवाल उठाते हैं कि वे कौन से तरीके और कैसे साधन थे जिनके जरिए मॉडरेटों ने अपना बौद्धिक, नैतिक और राजनीतिक प्रभुत्व स्थापित करने का रास्ता तैयार किया? ये 'उदारवादी' तौर-तरीके और साधन थे–दूसरे शब्दों में (पार्टी के किसी सुनिश्चित कार्यक्रम के जरिए नहीं) व्यक्ति की, एक-एक आदमी की निजी पहल के जरिए उन्होंने अपने वर्चस्व

का उपकरण तैयार किया था। इटली के मॉडरेट जिन सामाजिक समूहों का प्रतिनिधित्व करते थे, स्वाभाविक तौर पर उनसे सम्बद्ध बुद्धजीवी भी थे। ये बुद्धिजीवी जिन उच्चवर्गों से आते थे उन्हीं वर्गों के सच्चे जैविक हरावल थे। तमाम बुद्धिजीवियों के बीच उनकी प्रतिष्ठा थी। जबकि ऐक्शन पार्टी में, अपने चरित्र की वजह से ही, वह आकर्षण नहीं था। बनिस्बत, वह खुद मॉडरेटों के प्रति आकर्षित थी। मॉडरेटों के प्रति स्वत:स्फूर्त आकर्षण की तुलना में ऐक्शन पार्टी को अपने प्रति आकर्षण पैदा करने के लिए संगठित कोशिशें करनी पड़ती थीं। वे हमेशा मॉडरेटों के दबाव में रहते थे। गौर कीजिए, किस प्रकार भारत में सुभाष चन्द्र बोस से लेकर भगत सिंह और नम्बूदिरिपाद तक अन्तत: कहीं न कहीं जाकर गांधीजी के सामने नतमस्तक होते दिखाई देते हैं।

इटली की ऐक्शन पार्टी में फ्रांस के जैकोबियन्स की तरह वह दम नहीं था कि वह जोर-जबर्दस्ती, पूरी ताकत लगाकर, दूसरे सबको पीछे धकेलकर, नरमपन्थी क्रान्तिकारी नेताओं के हाथ से सत्ता छीनकर क्रान्ति का नेतृत्व अपने हाथ में ले लेते। 1789 की फ्रांसीसी क्रान्ति के तीन साल बाद जैकोबियन्स ने राजसत्ता को अपने हाथ में लेकर क्रान्तिकारी तानाशाही कायम की और 1792 से 1794 के बीच पूरे राजपरिवार और क्रान्ति के दुश्मनों को मौत के घाट उतारकर प्रतिक्रान्ति के खतरे को जड़मूल से खत्म कर दिया। ग्राम्शी कहते हैं कि इटली की सामाजिक-राजनीतिक परिस्थिति भी ऐसी नहीं थी कि वहाँ जैकोबियन्स की तरह की कोई उत्कट क्रान्तिकारी शक्ति का उदय हो पाता। इटली में एक प्रमुख लड़ाई ऑस्ट्रिया के खिलाफ, एक विदेशी शक्ति के खिलाफ थी क्योंकि उसने इटली के बहुत से क्षेत्रों पर कब्जा कर रखा था। इसके अलावा यह लड़ाई उस समय की अन्तर्राष्ट्रीय सन्धियों के खिलाफ भी थी। हालाँकि फ्रांस में भी ऑस्ट्रिया द्वारा फ्रांस के क्षेत्र पर कब्जे की समस्या थी, लेकिन जैकोबियन्स ने उस स्थिति का अपने पक्ष में लाभ उठाया और बाहर के शत्रु से सख्ती से निपटने के लिए अन्दर के शत्रु का सफाया जरूरी है, कहकर क्रान्ति विरोधियों के खिलाफ इसका प्रयोग किया।

ग्राम्शी ने फ्रांस में जैकोबियन्स के उदय के पीछे वहाँ के आर्थिक विकास के स्वरूप, पेरिस की तरह के एक शक्तिशाली शहरी केन्द्र के उभार की भी चर्चा की है। इस मामले में इटली की स्थिति काफी भिन्न थी। देहाती फ्रांस ने पेरिस के प्रभुत्व को स्वीकार लिया था।

जैकोबियन्स का तूफानी दौर अधिक दिन नहीं चला। लेकिन इतिहास का सच यह है कि नेपोलियन के रूप में उनकी बुर्जुआ तानाशाही की मुहिम बाद में भी लम्बे काल तक जारी रही। ग्राम्शी अपने काल के फ्रांस के प्रगतिशील

समाजवादियों, हैरियट और दालदियर, को भी उसी के निकृष्ट वंशज बताते हैं। फ्रांस में जैकोबियन्स के विचारों तथा फ्रांसीसी क्रान्ति के दौरान सनातन क्रान्ति के जिस विचार पर अमल किया गया, उसे संसदीय शासन के समय न्यायिक संवैधानिक संस्थानों में पूरी तरह से आत्मसात् कर लिया गया। संसदीय प्रणाली के रूप में समूची आबादी पर एक स्थायी प्रभुत्व, स्थायी तौर पर संगठित सर्वसम्मति की व्यवस्था कायम हो गई।

नि:शब्द क्रान्ति के बारे में इस अध्याय में तीन छोटी-छोटी टिप्पणियाँ हैं। पहली टिप्पणी में यह प्रश्न उठाया गया है कि क्या नि:शब्द क्रान्ति अपनी स्थिति को मजबूत करने की लड़ाई (war of position) का ही पर्याय नहीं है? दूसरी टिप्पणी में ऐतिहासिक भौतिकवाद के इन बुनियादी सिद्धान्तों को दोहराया गया है कि कोई भी सामाजिक निर्मिति उस समय तक खत्म नहीं हो सकती जब तक उसके अन्दर पनपी उत्पादक शक्तियों के विकास की जरा भी सम्भावना बची रहती है और कोई भी समाज अपने लिए उन कर्तव्यों को निर्धारित नहीं करता जिनके पालन के लिए जरूरी परिस्थितियाँ उसके गर्भ में पहले ही उत्पन्न न हो गई हों। तीसरी टिप्पणी में 'रिजोरजिमेंटो' की तरह की जटिल ऐतिहासिक उथल-पुथल पर 'नि:शब्द क्रान्ति' की थिसिस को लागू करने के लाभ और खतरों की बात की गई है। इससे एक प्रकार का 'ऐतिहासिक पराजयवाद' अर्थात् उदासीनता की ऐसी भावना पैदा हो सकती है कि किसी के किए कुछ नहीं होगा। यह एक खतरा है। ग्राम्शी कहते हैं कि "'नि:शब्द क्रान्ति' की अवधारणा को किसी कार्यक्रम के रूप में नहीं, बल्कि विश्लेषण के औजार के रूप में प्रयुक्त किया जा सकता है। यह राजनीतिक पार्टी के सिद्धान्तों में संकीर्णतावादी विचारों को पहचानने में मदद करती है। संकीर्णतावाद पार्टियों को किसी नियति की तरह मृत्यु की ओर ले जाता है। इससे जन पार्टी और सीमित लोगों की कुलीन पार्टी तथा उनके बीच अन्तर्क्रिया की अवधारणाओं के विकास में मदद मिल सकती है।" ग्राम्शी इस प्रकार के परस्पर आदान-प्रदान के सम्बन्ध को सैद्धान्तिक और व्यावहारिक, दोनों स्तरों पर सम्भव देखते हैं-कुछ हजार लोग अर्थात् थोड़े फिर भी उल्लेख योग्य संख्या में लोगों का समूह जो सामाजिक और विचारधारात्मक रूप में एक संगठित इकाई हो, जिसका कोई काफी बड़ा तामझाम न हो।

जाहिर है कि नि:शब्द क्रान्ति सम्बन्धी ग्राम्शी के ये विचार किसी भी गैर-क्रान्तिकारी परिस्थिति में क्रान्तिकारी विचारों के संगठन की गतिविधियों के स्वरूप की सम्भावनाओं पर प्रकाश डालते हैं। ग्राम्शी की पूरी जेल डायरी के लेखन का यह भी एक प्रमुख उद्देश्य रहा है।

नि:शब्द क्रान्ति के सन्दर्भ में इन तीन टिप्पणियों के बाद ही ग्राम्शी इटली में फासीवाद को ऐसी ही एक नि:शब्द क्रान्ति के संस्करण के रूप में परखने की कोशिश में दो छोटी-छोटी टिप्पणियाँ लिखते हैं। इन टिप्पणियों में वे क्रोचे की पुस्तक '19वीं सदी में यूरोप का इतिहास' पर अपने को केन्द्रित करते हैं। ग्राम्शी इसे विश्व संस्कृति के एक नैतिक-राजनीतिक इतिहास की पटभूमि बताते हुए कहते हैं कि क्रोचे ने बड़ी चालाकी से इसमें नेपोलियन के पतन के बाद के इतिहास को शामिल किया है। ग्राम्शी का प्रश्न है कि क्या 19वीं सदी का कोई अस्तित्व फ्रांसीसी क्रान्ति और नेपोलियन के युद्धों के बिना सम्भव था? क्रोचे ने जिन घटनाक्रमों पर इसमें विचार किया है, उन्हें फ्रांसीसी क्रान्ति और नेपोलियन के युद्धों से जैविक रूप में जोड़े बिना व्याख्यायित ही नहीं किया जा सकता है। यहीं पर प्रश्न के रूप में ग्राम्शी फासीवाद के बारे में जो बात कहते हैं, वह आज के हम सरीखे लोगों के लिए थोड़ी अचरज की बात है। ग्राम्शी कहते हैं कि क्या फासीवाद आधुनिक परिस्थितियों में एक नया 'उदारतावाद' नहीं है? 19वीं सदी में जो उदारतावाद था, क्या उसी प्रकार फासीवाद 20वीं सदी के अनुरूप 'नि:शब्द क्रान्ति' का ही रूप नहीं है? यहाँ ग्राम्शी का इशारा फासीवाद के निगमवाद के नारे की ओर था जिसे वे 'नि:शब्द' चरित्र के एक अन्तर्वर्ती आर्थिक स्वरूप के तौर पर समझने की कोशिश कर रहे थे। इस प्रकार उनके अनुसार फ्रांसीसी क्रान्ति तक के ऐतिहासिक चक्र को 'आक्रमणात्मक युद्ध' (War of Manoeuvre) कह सकते हैं और 19वीं सदी के उदारतावाद के दौर को 'स्थिति को मजबूत करने का युद्ध' (War of Position)।

ग्राम्शी के इस समूचे चिन्तन पर आज हम उनकी मृत्यु के लगभग 75 वर्ष बाद चर्चा कर रहे हैं। इस दौरान सोवियत क्रान्ति और सोवियत संघ का समाजवादी राज्य 72 वर्ष तक अस्तित्व में रहने के बाद 1989 में कुछ ऐसे ढह गया जैसे कोई सूखा पत्ता हवा के किसी हल्के से झोंके के बिना ही झर जाता है। सोवियत संघ और समाजवादी शिविर के पतन के साथ ही फ्रांसिस फुकुयामा की तरह के सिद्धान्तकारों की एक पूरी फौज सामने आई और 'इतिहास के अन्त' की बात कहते हुए अमेरिकी 'उदारतावादी जनतंत्र' को ही मनुष्य की राजनीतिक-ऐतिहासिक यात्रा का अन्तिम पड़ाव बताने लगी।

ग्राम्शी ने 'नि:शब्द क्रान्ति' सम्बन्धी अपने विवेचन में क्रोचे की पुस्तक '19वीं सदी में यूरोप का इतिहास' के बारे में जो बात कही है कि उसमें क्रोचे ने बड़ी चालाकी से फ्रांसीसी क्रान्ति और नेपोलियन के युद्धों को दरकिनार करके इस 19वीं सदी के निर्माण में उनकी सबसे अहम भूमिका को छिपाने की

कोशिश की है। इसी प्रकार, आज 20वीं और 21वीं सदी की दुनिया का वर्णन करते हुए क्या फुकुयामा एंड कम्पनी 1917 की रूस की समाजवादी क्रान्ति, द्वितीय विश्वयुद्ध और समाजवाद के प्रभाव से सारी दुनिया में राष्ट्रीय मुक्ति आन्दोलनों के ज्वार के इतिहास को छिपाकर इस नई सदी के नैतिक-राजनीतिक इतिहास के प्रमुख कारक तत्त्वों को ही छिपाने की कोशिश नहीं कर रहे हैं?

ग्राम्शी की विश्लेषण पद्धति से ताल मिलाते हुए आज यदि यह कहा जाए कि 1917 से लेकर विश्वयुद्ध और परवर्ती शीतयुद्ध का पूरा काल एक कल्याणकारी राज्य की स्थापना के लिए 'आक्रामक युद्ध' (War of Manoeuvre) का काल था और आज क्रमशः यह आक्रमक युद्ध अपनी स्थिति को मजबूत करने के War of Position के लम्बे काल में बदल रहा है तो ज्यादा गलत नहीं होगा। आज चीन, वियतनाम, क्यूबा सहित समाजवादी देशों और लातिन अमेरिका के अनेक देशों में उभर रही नई वामपन्थी सत्ताओं की भूमिका जिस प्रकार जनतंत्र और प्रतिनिधित्वकारी राजनीतिक संस्थाओं के पक्ष में एक सामाजिक सर्वसम्मति कायम करने की दिशा में धीरे-धीरे काम करती दिखाई दे रही है, इसे पूरे विश्व के पैमाने पर जनतंत्र के पक्ष में चल रहे व्यापक War of Position का हिस्सा कहा जा सकता है।

विश्लेषण की यह पद्धति भारत में भी वामपन्थियों को अपनी ऐतिहासिक भूमिका के बारे में अनेक प्रकार के भ्रमों से मुक्त करके कहीं ज्यादा यथार्थवादी और अपनी राजनीतिक कार्रवाइयों में कहीं ज्यादा प्रासंगिक तथा प्रभावशाली बना सकती है। सीपीआई(एम) के कार्यक्रम में धारा 112 तथा बाद में धारा 7.17 को जोड़ने की आवश्यकता के पीछे की सारी बहसें विश्लेषण की इस रोशनी में नया अर्थ प्रदान कर सकती हैं।

ग्राम्शी सम्बन्धी अब तक की हमारी समूची चर्चा का यह एक सबसे अधिक विचारोत्तेजक बिन्दु है। इसमें कहीं न कहीं, अति सूक्ष्म रूप में ही क्यों न हो, 'उदारतावादी जनतंत्र' की फुकुयामा की सोच के प्रति सर्वस्तरीय सम्मति के समर्थन की बात छिपी हुई जान पड़ती है। अमेरिकी सिद्धान्तकार इसे ही पिछले दिनों 'वाशिंगटन सम्मति' (Washington consensus) के रूप में चलाने की कोशिश कर रहे थे। अमेरिका के विश्व प्रभुत्व के अभियान में सिर्फ उसकी सैनिक शक्ति ही नहीं, और भी बहुत कुछ ऐसा है, जिससे कोई भी सिर्फ आत्मगत तरीके से इनकार नहीं कर सकता। इस सच्चाई को कोई झुठला नहीं सकता कि अमेरिका आज सारी दुनिया में ज्ञान-विज्ञान के तमाम क्षेत्रों में अनुसन्धान और विकास के कामों का सर्वप्रमुख केन्द्र बना हुआ है। सारी

दुनिया की मेधाएँ अमेरिका की ओर खिंची चली जाती हैं और पूँजीवाद का, अर्थात् पूँजी के प्रभुत्व का सबसे प्रमुख़ स्थान माना जाने वाला अमेरिका आश्चर्यजनक रूप से प्रतिभाओं के स्फुरण और विकास की उर्वर भूमि की मर्यादा भी पाए हुए है, सभ्यताओं का सबसे बड़ा विलयन पात्र कहलाता है। दुनिया के किसी भी नैतिक-राजनीतिक इतिहास की रचना में इन तथ्यों की अवहेलना नहीं की जा सकती है। अमेरिकी विश्व प्रभुत्व के विश्लेषण में इस ओर अच्छी तरह से ध्यान देने की जरूरत है। सिर्फ अमेरिका विरोध से काम नहीं चल सकता।

आज काफी रात हो गई है। यह सोच का एक काफी उत्तेजनापूर्ण उत्कर्ष था। बीच में छोड़ना नहीं चाहता था। इसीलिए इतनी दूर तक खींचता चला गया। लगता है, एक भारी विवाद के क्षेत्र में मैंने कदम बढ़ा दिए हैं।

8.8.2012 (बुधवार)
हम आक्यू हैं

रात काफी हो गई थी। विचार का वह एक प्रवाह था, उसके विरेचन में ही शान्ति थी। इसलिए चलने दिया। शायद इसी तरह शास्त्रज्ञान आत्मज्ञान का जैविक हिस्सा बनता है। ग्राम्शी के साथ यह समय ठीक ही बीत रहा है।

आज सुबह ही पृथा से बात हुई, फिर सरलू से भी। पता चला कि कल से तनिष की तबीयत खराब चल रही है। शहर में अभी एक अजीब सी आबोहवा है। खुलकर बारिश न होने के कारण ऐसी गर्मी है जिससे पसीना ही पसीना आता रहता है। हुप्से वाली गर्मी। अखबारों में भी खबर है कि इसकी वजह से नाना प्रकार के वायरल रोग पनप रहे हैं। डेंगू का प्रकोप सा चल रहा है। तनिष को कल बुखार 103 डिग्री तक चला गया था और इन दो महीनों में पहली बार वह अपने पापा अमित को बार-बार याद कर रहा था। यह जानकर मन बहुत दुखी हुआ। पृथा भी कह रही थी कि एक अमानुष ने हमारे जीवन को आज कितना दुखमय बनाकर छोड़ दिया है। कह रही थी कि क्या उसका कोई परिवार नहीं है।

मैंने कहा कि यदि यही बोध उसमें होता तो मनुष्य क्यों नहीं कहलाता।

जो भी हो, मन ही मन उसे कोसने के अलावा और कुछ नहीं कर सकता था। हम जैसों की शायद यही नियति है। सचमुच हममें और लूशुन के आक्यू में क्या फर्क है? हर भला आदमी शायद कहीं न कहीं आक्यू ही हो जाता है, उसकी सामर्थ्य-असामर्थ्य उसकी अपनी संस्कृति को नहीं बदल सकती। आक्यू गाँव भर के लोगों के लिए बेगार करता और उनकी लात और गाली भी खाता। प्रतिकार में उसके पास सिर्फ अन्तर की बददुआएँ होती थीं। यह उसकी भौतिक सामर्थ्य की सीमा हो सकती है, लेकिन हम जैसों के मामले में यह हमारी आत्मिक संरचना की सीमा है। शायद यही वजह है कि अन्तर का भला मनुष्य, अपनी वर्गीय स्थिति से परे जाकर भी, दुखीजनों के साथ खड़ा पाया जाता है।

ग्राम्शी के सांस्कृतिक वैचारिक प्रभुत्व के समूचे सोच के साथ हमारे निजी

दुखड़े का सूत्र भी शायद कुछ इसी प्रकार जुड़ जाता है। आदमी के आत्मिक संसार का विराट सच झुठलाया नहीं जा सकता।

सरलू ने कहा कि उसने इस डायरी की पहली 244 पृष्ठों की किस्त को एक साँस में पढ़ लिया। जानकर अच्छा लगा कि शास्त्र चर्चा ने इस पूरे उपक्रम को आधिक बोझिल नहीं बनाया है। दरअसल बीच-बीच में छोटे-छोटे निजी अनुभवों की छौंक इसे पठनीय बनाने में सहायक बन रही होगी। खैर, यह सब बिना किसी योजना के ही चल रहा है। कैद से निकलकर ही इस लेखन पर कोई अन्तिम निर्णय लिया जा सकेगा।

जेल की बात

पहले हमने अपने सेल के आठ कैदियों के अलिपुर जेल में स्थानान्तरण के बारे में लिखा था, अब पता चला है कि उनमें से चार को अलिपुर और चार को प्रेसीडेंसी जेल भेजा गया है। सुनने में यह भी आया कि उन आठों ने मिलकर अदालत में एक याचिका के जरिए दमदम जेल में चल रही अव्यवस्था और धाँधली के बारे में अदालत में शिकायत की है। उन्होंने समय पर भोजन न मिलने के प्रतिवाद में उस पगली घंटी के दिन शोर मचाया था। अपनी याचिका में उन्होंने कहा बताते हैं कि दमदम जेल के किचन का सामान ऊँची दरों पर जेल के मेडगणों को बेच दिया जाता है। इससे कैदियों का भोजन निहायत ही बदतर बनता है। सब्जी की कमी को पानी से पूरा किया जाता है। छौंक में तेल दिखाया भर जाता है।

अदालत में कैदियों की यह शिकायत यहाँ के जेल अधिकारियों के कानों तक पहुँच गई बताते हैं और इसीलिए जेलर आदि ने फौरन निर्देश जारी करके किचन के सामनों की बिक्री को एक बार के लिए रोक दिया है। इससे जो तमाम लोग अलग से अपना खाना बनाते हैं, उनके बीच आज थोड़ी हलचल है। हालाँकि सबका यही कहना है कि किचन के सामनों की बिक्री के पैसे में जेल अधिकारियों का ही सबसे बड़ा हिस्सा होता है। इसलिए यह पाबन्दी निहायत अल्पकालीन, दिखावे भर की पाबन्दी होगी। सभी वार्ड और सेल में अलग से खाना बनाने वालों को किसी न किसी प्रकार रसद की आपूर्ति जारी रहेगी।

कहते हैं जेल का किचन जिस मेड को बेचा जाता है अर्थात् जिसे उसे चलाने का अधिकार दिया जाता है, वह जेल अधिकारियों को तीन महीने के लिए एकमुश्त चालीस हजार रुपए से कम नहीं देता।

पुनश्च : ग्राम्शी

अमेरिका के पक्ष में

सचमुच यह देखकर आश्चर्य होता है कि ग्राम्शी के साथ अपनी यात्रा में कल अमेरिका सम्बन्धी चर्चा के जिस बिन्दु पर हमने पड़ाव लिया, खुद ग्राम्शी अब हमें उसी दिशा में बढ़ने का निमंत्रण दे रहे हैं। ग्राम्शी के लेखन के इस संकलन का अगला अध्याय है–'अमेरिकावाद और फोर्डवाद'।

रूस में समाजवादी क्रान्ति के बाद जब समाजवादी निर्माण का काम हाथ में लिया गया, तब जिस देश की ओर लेनिन का सबसे अधिक ध्यान गया था, वह अमेरिका ही था। अमेरिका में फ्रेडरिख टेलर के नाम से प्रसिद्ध उत्पादन के प्रबन्धन की वैज्ञानिक विधि को सीखने के लिए लेनिन ने तमाम सोवियतों का आह्वान किया था। ग्राम्शी ने भी 'अमेरिकावाद और फोर्डवाद' निबन्ध में '20 और '30 के जमाने के अमेरिका की अर्थनीति के साथ जोड़कर वहाँ की राजनीति और संस्कृति को समझने की कोशिश की है। डेट्रायट स्थित फोर्ड मोटर कम्पनी का कारखाना उस समय की एक सर्वाधिक आधुनिक मैनुफैक्चरिंग इकाई थी। इस कारखाने में उत्पादन की अधुनातन प्रविधियों, मजदूरों के चयन से लेकर प्रशिक्षण तक, यहाँ तक कि उनके सामाजिक-सांस्कृतिक-नैतिक जीवन को भी एक खास ढंग से निर्मित करने की सुचिन्तित विधियों का प्रयोग किया जाता था। ऊँचे वेतन देकर श्रमिकों को स्वतंत्र यूनियन के अधिकार से वंचित करने, मजदूरों की भर्ती पर नैतिक मानदंडों तक का प्रयोग करने और कारखाने के बाहर भी हमेशा मजदूरों पर नजर रखने के कुछ ऐसे तौर-तरीके इस कम्पनी ने अपनाए थे जो अपने आप में अनूठे थे। इसके अलावा ग्राम्शी उत्तरी अमेरिका के सामाजिक ढाँचे को पुराने यूरोप की तुलना में काफी विवेकसम्मत मानते थे, क्योंकि वहाँ यूरोप की तरह सामन्ती अवशेषों के रूप में परजीवियों के बीच के स्तर दिखाई नहीं देते। यहाँ का उदारतावादी राज्य निजी उद्यम को बढ़ावा देता था। एक नैगम संस्कृति पनप रही थी और रूजवेल्ट के 'न्यू डील' की तरह की जनोन्मुखी राजनीतिक कार्रवाइयाँ भी वहाँ दिखाई दे रही थीं। ग्राम्शी के शब्दों में, ''अमेरिका में

प्रभुत्व कारखाने में पैदा हो जाता है और इस पर अमल के लिए पेशेवर राजनीतिक तथा विचारधारात्मक मध्यस्थों की न्यूनतम कोशिशों की जरूरत रहती है।"

एक ऐसी व्यवस्था जिसके प्रभुत्व को कायम करने के लिए राज्य की न्यूनतम कोशिशों की जरूरत पड़े, अपने आपमें एक बहुत सारगर्भित और चौंकाने वाली बात है। उत्पादन की प्रक्रिया के अन्दर से ही प्रभुत्व की प्रक्रिया भी शुरू हो जाती है। अमेरिकी पूँजीवाद के बारे में ग्राम्शी के इस मन्तव्य के गर्भितार्थों के इतने आयाम हैं कि उनकी पूरी थाह पाना कठिन जान पड़ता है।

बहरहाल, ग्राम्शी अमेरिकी उत्पादन प्रणाली को इसलिए भी समझना चाहते थे, क्योंकि लेनिन की तरह ही भावी समाजवादी उत्पादन प्रणाली की एक पूरी समझ कायम करने की ओर उनका रुझान था। इसके लिए उन्हें यह भी समझना था कि यह अमेरिकी प्रणाली कितनी विवेकसम्मत है और उसमें कितनी मात्रा में दमन और उत्पीड़न का तत्त्व काम कर रहा है।

इसके साथ ही ग्राम्शी फासीवाद के अन्तर्गत इटली के पूँजीवाद की प्रवृत्तियों का भी अमेरिकी पद्धति से एक प्रकार का तुलनात्मक अध्ययन करना चाहते थे। फासिस्टों ने मजदूरों और उनके परिवार के लिए चिकित्सा, प्रशिक्षण आदि की सुविधा के नाम पर उनसे हड़ताल का अधिकार छीन लिया, प्रबन्धन में उनकी भागीदारी को खत्म कर दिया। ट्रेड यूनियन की जगह फासिस्ट सिंडिकेटों और निगमों का गठन किया। लेकिन ग्राम्शी इस तथ्य को देखने से नहीं चूके कि अमेरिकी पूँजीवाद से पूरी तरह भिन्न इटली का फासीवाद 'देहातवाद' की नीति पर भी साथ-साथ चलता रहा है और उसने सरकारी नौकरियों तथा फासिस्ट पार्टी के कार्यकर्ताओं के रूप में परजीवियों की एक बड़ी फौज तैयार की है।

ग्राम्शी के इस निबन्ध की शुरुआत यूरोप की आबादी के चरित्र के अध्ययन से की गई है। इसकी वजह बताते हुए वे लिखते हैं कि यूरोप में इधर के वर्षों में अमेरिकावाद और फोर्डवाद के कुछ पक्षों को लागू करने की कोशिश की गई है लेकिन यूरोप के पुराने श्रेष्ठितांत्रिक सामाजिक स्तरों (Plutocratic Stratism) की वजह से उसके साथ पूरा मेल बैठाना सम्भव नहीं हो पाया है। यूरोप के प्राचीन और अचल आबादी के सामाजिक ढाँचे से हेनरी फोर्ड की अमेरिकी ढर्रे की सर्वाधुनिक उत्पादन पद्धति और काम की संस्कृति का मेल बैठाना निहायत बेमेल चीजों का मेल बैठाने की कोशिश की तरह की जटिल गुत्थी साबित हो रही थी। यूरोप में फोर्डवाद के प्रचलन की कोशिश का इसीलिए इतना 'बौद्धिक' और 'नैतिक' विरोध हो रहा है।

इसके बारे में ग्राम्शी कुछ व्यंग्यात्मक लहजे में लिखते हैं कि ''यूरोप अपनी केक को पाना और खाना चाहता है, फोर्डवाद ने प्रतिद्वन्द्विता की जो शक्ति प्रदान की है उसके सारे लाभों को भी उठाना चाहता है लेकिन इसके साथ ही परजीवियों की अपनी पूरी फौज को भी कायम रखना चाहता है, जो अतिरिक्त मूल्य के बड़े हिस्से को गटक लेती है, उत्पादन के प्रारम्भिक खर्चों को बढ़ा देती है और अन्तर्राष्ट्रीय बाजार में प्रतिद्वन्द्विता की ताकत को कम कर देती है।''

ग्राम्शी बताते हैं कि अमेरिकावाद एक खास परिस्थिति की उपज है, जो अमेरिका में नितान्त स्वाभाविक तौर पर मौजूद है। इस परिस्थिति को वे 'आबादी की एक विवेकसम्मत संरचना' कहते हैं। इसकी विशेषता यह है कि इसमें ऐसे असंख्य वर्गों का अस्तित्व नहीं है जिनकी उत्पादन की दुनिया में कोई भूमिका न हो, अर्थात् ऐसे वर्ग जिन्हें शुद्ध रूप में परजीवी वर्ग कहा जा सकता है। इसके विपरीत यूरोपीय परम्परा या यूरोपीय सभ्यता की पूरी पहचान ही ऐसे परजीवियों पर टिकी हुई है। यूरोप के अतीत के इतिहास ने नागरिक सेवा कर्मियों, बुद्धिजीवियों, धर्म-याजकों तथा जमींदारों, लुटेरे व्यापारियों तथा पेशेवरों की लम्बी और लगभग अस्थि रूप ले चुकी कतारों के तौर पर अपने पीछे निष्क्रिय अवशेषों का एक पहाड़ तैयार कर दिया है। यहीं पर ग्राम्शी यह प्रसिद्ध उक्ति करते हैं कि ''कोई राष्ट्र जितना ऐतिहासिक होता है उस पर वंश परम्परा पर आश्रित, आर्थिक इतिहास के पेंशन-याफ्ता लोगों के निठल्ले और बेकार लोगों के अवशेषों का बोझ उतना ही ज्यादा होता है।''

इस मामले में ग्राम्शी इटली को भी प्राचीन यूरोप के अन्य देशों में अपवाद नहीं मानते और कहते हैं कि इस दृष्टि से सबसे बुरी दशा तो भारत और चीन की है, जिसके चलते ये देश ऐतिहासिक रूप में गतिरोध और राजनीतिक सामरिक नपुंसकता की स्थिति में पड़े हुए हैं।

अमेरिका के बारे में उनका कहना है कि अमेरिका का न कोई महान इतिहास है और न सांस्कृतिक परम्पराएँ। और, इसीलिए उसके कन्धों पर इनका कोई बोझ भी नहीं है।

9.8.2012 (वृहस्पतिवार)

पुनश्च : ग्राम्शी

अमेरिका के पक्ष में...

आज एक बार के लिए अन्य विषयों को स्थगित रख के अमेरिका सम्बन्धी ग्राम्शी के अध्ययन को ही आगे बढ़ाना चाहता हूँ। 75 साल पहले अमेरिका की जो स्थिति थी, उसकी तुलना में वह आज कहाँ खड़ा है, यह देखने और गहरे अनुधावन का विषय है। ग्राम्शी जब अमेरिकावाद पर लिख रहे थे, वही समय 1929 की अमेरिकी अर्थव्यवस्था की सबसे बड़ी मन्दी का समय भी था। रूजवेल्ट की 'न्यू डील' उस मन्दी की मार से अमेरिकी जनता को बचाने की एक कोशिश कही जाती है। एक बार, काफी साल पहले मैंने गॉल्ब्रेथ की किताब 'द ग्रेट डिप्रेशन' को पढ़ने के बाद ही 'न्यू डील' के बारे में ढेर सारी सामग्री इकट्ठी की थी, लेकिन उस पर अलग से लिखने का मानस नहीं बना पाया। वह सामग्री शायद आज भी घर के पुस्तकालय में सुरक्षित पड़ी है। यदि सम्भव हुआ तो उसे फिर एक बार टटोलकर देखूँगा। कल के 'टेलिग्राफ' में प्रभात पटनायक ने फिर अपने प्रिय विषय जे.एम. केंस पर एक लेख लिखा है। मेरा यह मानना है कि केंस के आर्थिक विचारों को रूजवेल्ट के 'न्यू डील' के साथ मिलाकर देखने से महामन्दी और उसके तत्काल बाद के अमेरिका के आर्थिक-राजनीतिक-नैतिक इतिहास की एक मुकम्मल तस्वीर बन सकती है।

बहरहाल, अभी अपने को ग्राम्शी के विचारों तक ही केन्द्रित करना है। कल जहाँ लिखना रोक दिया था, उसी को आगे बढ़ाता हूँ।

अतीत के परजीवी अवशेषों के बोझ से मुक्त अमेरिका को ग्राम्शी उद्योग और वाणिज्य के मजबूत आधार पर विकास की सबसे उपयुक्त जमीन बताते हैं। जिस प्रकार अमेरिकी उद्योग ने परिवहन और विपणन के काम को उत्पादन प्रक्रिया का ही एक अंग बनाकर उत्पादन खर्च में कटौती की है, वह यूरोप में करना आसान नहीं था। इन वजहों से ही फोर्ड अपनी कम्पनी के मजदूरों को अधिक वेतन देकर, अपने उत्पाद को तुलनात्मक रूप में कम दर पर बेचकर

भी अच्छा मुनाफा बटोर लेता है। ग्राम्शी इन्हीं कारणों से अमेरिका को यूरोप की तुलना में आम जनता के कहीं ज्यादा बेहतर जीवन स्तर के बावजूद पूँजी के संचय की एक सबसे मुफीद जगह मानते हैं। यहीं पर ग्राम्शी अमेरिका में 'प्रभुत्व' के बारे में वह चौंकाने वाली टिप्पणी करते हैं, जिस पर हम इस अध्याय के शुरू में चर्चा कर आए हैं। ''यह एक 'विवेकसम्मत' समाज का ऐसा रूप है जिसमें 'आधार' अधिरचनाओं पर कहीं ज्यादा तेजी से हावी हो जाता है और जिसमें अधिरचनाएँ भी 'विवेकसंगत' (rationalisned), (अर्थात् सरल और संख्या में कम) हो जाती हैं।''

सोवियत संघ के जमाने में हम एक नए समाजवादी इंसान के निर्माण की बात काफी सुना करते थे। रूस में उस नए इंसान के वंशज आज किस स्थिति में हैं, अध्ययन का विषय है। लेकिन ग्राम्शी ने अमेरिका के विवेकसंगत समाज को एक नए मनुष्य के निर्माण की जमीन के रूप में देखा था। उनके शब्दों में, ''अमेरिकी rationalisation ने नए प्रकार के काम और उत्पादन प्रक्रिया के अनुरूप नए किस्म के मनुष्य की जरूरत को तय कर दिया है।'' अपने इस प्रबन्ध में वे इसीनए अमेरिकी मनुष्य के नैतिक, पारिवारिक जीवन को एक खास ढाँचे में ढालने की बात करते हैं। इस नए आदमी का सेक्स के प्रति क्या रवैया होना चाहिए, शराब के प्रति क्या रुख हो और यह अपने परिवार के प्रति वफादार हो, इन्हें ग्राम्शी अमेरिकी उत्पादन प्रणाली की जरूरतों की रोशनी में अपने विचार का विषय बनाते हैं। उन दिनों मजदूरों के जीवन को अनुशासित करने के बारे में फोर्ड की बहुचर्चित पुस्तकों 'My Life and Work' (1922) तथा 'Today and Tomorrow' (1926) ने भी ग्राम्शी को इस दिशा में सोचने के लिए प्रेरित किया था। सेक्स (कामुकता) के बारे में चर्चा करते हुए वे एक नए नारी व्यक्तित्व के विकास की बात भी करते हैं और कहते हैं कि कामुकता के सवाल पर एक नैतिक और नागरिक व्यवस्था कायम करने के लिए यह एक जरूरी प्रश्न है। ''जब तक नारी पुरुष के सन्दर्भ में एक सच्ची स्वतंत्रता हासिल नहीं करती है, बल्कि गर्भ धारण से लेकर काम सम्बन्धों में भूमिका का एक नया पथ नहीं अपनाती है तब तक कामुकता सम्बन्धी प्रश्न में ढेर सारी बीमार प्रवृत्तियाँ बनी रहेंगी। इस प्रश्न पर किसी नए कानून की ओर कदम बढ़ाने के पहले सावधानी बरतने की भी जरूरत है।''

कामुकता के क्षेत्र में किसी भी प्रकार के दमनकारी कानून की तीव्र प्रतिक्रिया होती है। फिर भी ग्राम्शी इस मामले में किसी न किसी प्रकार की संहिता के पक्ष में थे क्योंकि ''उत्पादन और श्रम को विवेकसम्मत बनाने की यह माँग है कि एक नए प्रकार का मनुष्य सामने आए और यह सच है कि जब

तक मनुष्य की कामेच्छाओं की उपयुक्त संहिता नहीं बनती और वह विवेक-संगत रूप नहीं लेती, तब तक ऐसा नया मनुष्य नहीं बन सकता।''

इस प्रबन्ध में एक टिप्पणी का शीर्षक है–'पशुता और उद्यमशीलता'। ग्राम्शी कहते हैं कि उद्यमशीलता का इतिहास हमेशा मनुष्य के अन्दर के पशुता के तत्त्व से अनवरत संघर्ष का इतिहास रहा है। यह ऐसी निरविच्छिन्न प्रक्रिया है जो स्वाभाविक प्रवृत्तियों को (अर्थात् पशुवत् और आदिम प्रवृत्तियों को) नई, अधिक जटिल और कठोर नियमों तथा अनुशासन की आदतों में बदलने की एक वेदनादायी और रक्ताक्त प्रक्रिया का रूप ले लेती है। ग्राम्शी कहते हैं कि इस संघर्ष को बाहर से लादा जाता है और आज तक इसके परिणाम काफी हद तक शुद्ध रूप में यान्त्रिक रहे हैं, नई आदतें अब तक किसी 'दूसरी प्रकृति' का रूप नहीं ले पाई है। यद्यपि, ग्राम्शी यह मानते हैं, बाहर से लादी गई इन लड़ाइयों का काफी अहम फौरी व्यावहारिक मूल्य रहा है। ग्राम्शी ने इस बात को भी लक्ष्य किया है कि आदमी की स्वाभाविक प्रवृत्तियों का जितना ही दमन किया जाता है, वे बाद में और ज्यादा प्रबल तथा पाशविक रूप में उभरकर सामने आती हैं।

सामाजिक, नैतिक, मनुष्य की प्राकृतिक प्रवृत्तियाँ, कामेच्छा आदि विषयों की एक नैतिक ऐतिहासिक सन्दर्भ में पड़ताल करते हुए ग्राम्शी एक जगह कहते हैं कि अमेरिका में मेहनतकश जनता और शासक वर्गों के तत्त्वों के बीच नैतिकता के प्रश्न पर लगातार बढ़ रहा फर्क दिखाई देता है। ''यह नैतिक खाई मुझे एक सबसे दिलचस्प घटनाचक्र जान पड़ती है और इसके भारी परिणाम हो सकते हैं। हाल तक अमेरिकी जनता मेहनत करने वाली जनता है। 'काम के प्रति निष्ठा' सिर्फ मजदूर वर्ग में ही नहीं पाई जाती बल्कि शासक वर्गों की भी यह विशेषता है। यह सच्चाई है कि एक लखपति भी उम्र या बीमारी की वजह से जब तक अवकाश लेने के लिए मजबूर नहीं हो जाता तब तक वह वस्तुतः काम करता रहता है और दिन का काफी बड़ा हिस्सा वह अपने काम में लगाता है। यह एक खास अमेरिकी यथार्थ है।''

ग्राम्शी यह भी बताते हैं कि ''अमेरिका में इधर प्रवर्तकों (Pioneers) की एक नई 'परम्परा' दिखाई दे रही है जिसमें चन्द कद्दावर मजबूत व्यक्तित्वों में काम के प्रति निष्ठा चरम रूप से घनीभूत और प्रबल स्थिति में पहुँच जाती है और वह व्यक्ति नौकरों और गुलामों की फौज के बिना ही प्रकृति की शक्तियों के साथ ऊर्जस्वित सम्पर्क की दिशा में बढ़कर उन पर आधिपत्य कायम करने की ओर चल पड़ता है और विजयी होकर उनका दोहन करता है।''

अमेरिका के बारे में ग्राम्शी का 75-80 वर्ष पहले का यह अवलोकन आज के अमेरिका पर भी समान रूप से लागू होता है। इससे इनकार नहीं किया जा सकता कि आज की धरती पर अमेरिका आविष्कारों और आविष्कारकों की सबसे बड़ी जमीन है। अभी हाल में वाल्टर आइजैक्सन की लिखी एपल कम्पनी के संस्थापक स्टीव जाब्स की जीवनी प्रकाशित हुई है। उनके जैसे अनगिनत अमेरिकी शोध और अनुसन्धानकर्ताओं तथा आविष्कारकों ने घरों के गैराज में बैठकर जो अनुसन्धान और आविष्कार किए हैं, उनके कारण 'गैराज स्टार्टअप्स' की वहाँ एक पूरी नई अवधारणा ही विकसित हो गई है। सिलिकन वैली में ऐसे 'गैराज स्टार्टअप्स' के लिए सस्ते में जगहें तैयार की गई हैं।

ऐसी तमाम अमेरिकी विशेषताओं का जिक्र करने के बाद ही ग्राम्शी विचार के एक नए क्षेत्र में प्रवेश करते हैं। वे यह स्वीकारते हैं कि यूरोप के निष्क्रिय अवशेष वहाँ अमेरिकावाद की प्रवृत्तियों को पनपने से रोकते हैं, लेकिन आज अमेरिका में ही क्या शुरू हो गया है, इस सवाल के साथ वे कहते हैं कि ऊपर हमने जिस नैतिक खाई का जिक्र किया है उसके चलते वहाँ सामाजिक निष्क्रियता का और भी व्यापक क्षेत्र तैयार होना शुरू हो गया है। इसमें वे वहाँ की महिलाओं की एक खास भूमिका देखते हैं। ''पुरुष उद्योगपति भले लखपति क्यों न हो, लगातार काम करता रहता है, लेकिन उसकी पत्नी और बेटियाँ अधिक से अधिक संख्या में मौज की पुतलियाँ बनती जा रही हैं। सौन्दर्य प्रतियोगिताएँ, नई अभिनेत्रियों की प्रतियोगिताएँ (स्मरणीय है कि 1926 में फाक्स के पास तीस हजार इटली की लड़कियों ने स्वीमिंग कस्ट्यूम में अपने फोटो भेजे थे।), थियेटर आदि-इन सबमें सारी दुनिया की सुन्दर स्त्रियों का चयन किया जाता है और उनकी बोली लगाई जाती है। इससे वेश्यावृत्ति की मानसिकता को बल मिलता है और उच्च वर्गों में बिल्कुल कानूनी रूप में 'गोरे गुलामों' की प्रथा चल रही है।''

ग्राम्शी यह साफ देख रहे थे कि ''उच्च वर्गों के बीच इस प्रकार के घटनाक्रम से मेहनतकशों को भी दमन के जरिए नए उद्योग की जरूरत के मुताबिक तैयार करना काफी कठिन हो जाएगा।'' और कुछ भी क्यों न हो, इनसे एक मनोवैज्ञानिक दरार पैदा हो रही है, और क्रमशः वैसे ही निठल्ले सामाजिक समूह तैयार हो रहे हैं जैसे यूरोप में पाए जाते हैं।

ग्राम्शी ने अपने इस प्रबन्ध में टेलरवाद पर भी अलग से विवेचन किया है। आदमी कभी भी कोरा मशीन का पुर्जा नहीं बन सकता। यह आदमी की विशेषता है कि शरीर से एक ही प्रकार का काम किसी मशीन के पुर्जे की तरह

करने पर भी वह अपने दिमाग से स्वतंत्र रूप में सोच सकता है। जैसे आदमी चलते-चलते या हाथ-पैर हिलाते हुए भी सोच सकता है, चलना या हाथ-पैर हिलाना उसके मस्तिष्क से स्वतंत्र किसी स्वचालित क्रिया की तरह जारी रहते हैं, उसी प्रकार किसी मशीन पर जुते आदमी की अपनी सोचने की प्रक्रिया कभी भी पूरी तरह से रुक नहीं सकती। अमेरिकी उद्योगपतियों ने इस बात को समझते हुए मजदूरों के जीवन के दूसरे प्रश्नों पर भी समान रूप से ध्यान देना जरूरी समझा। ग्राम्शी ने फोर्ड की पुस्तकों तथा उनके और भी कई कदमों को इस बात का उदाहरण बताया है।

इसके बाद ही ग्राम्शी की दृष्टि अमेरिकी संस्कृति पर पड़ती है। उन्हीं दिनों इटली के एक अखबार में कार्लो लिनाती का एक लेख प्रकाशित हुआ था- "Babbit compra il mondo" (16 अक्टूबर, 1920) (बैबित दुनिया को खरीद लेता है) बैबित एक अमेरिकी उपन्यास का चरित्र है जिसे लिनाती अमेरिका का आधुनिक उद्योगपति बताता है। लेकिन ग्राम्शी कहते हैं कि यह वहाँ का आधुनिक उद्योगपति नहीं, एक निम्न पूँजीपति वर्ग का चरित्र है। व्यंग्यात्मक लहजे में लिखा गया लिनाती का यह लेख उस समय यूरोप में काफी प्रसिद्ध हुआ था। ग्राम्शी ने लिनाती के इस लेख पर टिप्पणी करते हुए कहा कि यह एक अधकचरे स्तर का लेख है, लेकिन इस लिहाज से महत्त्वपूर्ण है क्योंकि इससे यूरोप के लोगों की औसत राय की अभिव्यक्ति हुई है। इससे समझा जा सकता है कि यहाँ के अधिक बुद्धिमान लोग अमेरिकावाद के बारे में क्या सोचते हैं।

लिनाती का यह लेख यूरोप में इतना प्रसिद्ध क्यों हुआ, ग्राम्शी के अनुसार इसके कारणों का विश्लेषण काफी दिलचस्प हो सकता है। लिनाती ने यह लेख एडगार्द आंसेल मोरर की किताब 'This American World' के सन्दर्भ में लिखा था। मोरर की यह पुस्तक यूरोप से अमेरिका के नाभि नाल सम्बन्ध के टूट जाने से लेकर अमेरिकावाद के आगमन तक के इतिहास पर लिखी गई किताब है। ग्राम्शी इस किताब को कोई महान किताब नहीं मानते। उनकी नजरों में इसमें एक प्रकार का बनावटीपन और यांत्रिकता है। कलात्मक महत्त्व से ज्यादा इसका सांस्कृतिक महत्त्व है। यह कला के बजाय लोगों के जीने के तौर-तरीकों की आलोचना है। ग्राम्शी कहते हैं कि इससे पता चलता है कि अमेरिका में साहित्य की एक यथार्थवादी धारा मौजूद है जो जीने के तौर-तरीकों पर आलोचनात्मक नजर रखे हुए है। ग्राम्शी इसे एक महत्त्वपूर्ण सांस्कृतिक घटनाक्रम बताते हुए लिखते हैं कि "इसका अर्थ यह है कि वहाँ आत्म-समीक्षा में वृद्धि हुई है, एक नई अमेरिकी सभ्यता जन्म ले रही है, जो

अपनी शक्ति और कमजोरियों के प्रति सतर्क है। बुद्धिजीवी प्रभुवर्ग की जकड़ से मुक्त होकर इस नई सभ्यता के साथ और आन्तरिकता से जुड़ रहे हैं ताकि एक सच्ची अधिरचना तैयार हो सके।'' ग्राम्शी लिखते हैं कि ''यूरोप के बुद्धिजीवी अपनी इस भूमिका को आँशिक रूप में गवाँ चुके हैं। वे अब सांस्कृतिक आत्म-चेतना का, प्रभुवर्ग की आत्म-आलोचना का प्रतिनिधित्व नहीं करते। एक बार फिर वे प्रभुवर्ग के दलाल बन गए हैं।''

बैबित के अधकचरेपन, उसकी बेवकूफियों, उसकी एक सरीखी मानक मानसिकता पर हँसने वाले यूरोप के लोगों से ग्राम्शी कहते हैं कि ''वे क्यों नहीं यह सवाल करते कि क्या यूरोप में बैबित है? ग्राम्शी के विचारों में यूरोप में बैबित है, लेकिन उनका मानकीकरण अमेरिका की तरह के एक विशाल राष्ट्र के स्तर का होने के बजाय क्षेत्रीय और स्थानीय स्तर का है। यूरोप के बैबित अमेरिकी बैबित की तुलना में ऐतिहासिक तौर पर निम्न दर्जे के हैं। वे राष्ट्रीय कमजोरी के सूचक हैं, जबकि अमेरिकी बैबित राष्ट्रीय शक्ति के प्रतीक हैं।''

लिनाती के लिए बैबित आधुनिक अमेरिकी उद्योगपति का प्रतिरूप है, जबकि असल में वह निम्न पूँजीपति वर्ग का चरित्र है जिसका रुझान 'आधुनिक उद्योगपति' की ओर रहता है। ग्राम्शी टिप्पणी करते हैं कि अमेरिका का 'आधुनिक उद्योगपति' एक अनुकरणीय आदर्श है, एक ऐसा सामाजिक रूप जिसे अपनाया जाना चाहिए, जबकि यूरोप के बैबित के लिए चर्च के निर्देशों के अनुसार जिन लोगों को अनुकरणीय बताया जाता है वे प्रान्तों और सरकार के कुछ प्रमुखों के रूप में क्षुद्र पूजनीय लोग होते हैं। ''सामान्य तौर पर यूरोपीय बुद्धिजीवी सोचते हैं कि बैबित शुद्ध रूप में एक अमेरिकी चरित्र है और प्राचीन यूरोप को लेकर खुश होते हैं। यह अमेरिकावाद विरोध बेवकूफी से ज्यादा मसखरापन (comical) है।''

'अमेरिकावाद और फोर्डवाद' प्रबन्ध के अन्त में एक छोटी-सी टिप्पणी है-'अमेरिकी संस्कृति पर नोट्स'। इसमें जी.ए. बोर्गसे द्वारा अमेरिकी आबादी के विश्लेषण की चर्चा है। बोर्गसे ने इस आबादी को चार भागों में बाँटा था-वित्तीय वर्ग, राजनीतिक वर्ग, बुद्धजीवी वर्ग और आम आदमी। पहले दो वर्गों की तुलना में बुद्धिजीवियों की संख्या बेहद कम है : पूरब में संकेन्द्रित 10-20 हजार लोग, जिनमें लेखकों की संख्या चन्द हजार है। बोर्गसे को उद्धत करते हुए ग्राम्शी बताते हैं-''इन पर सिर्फ संख्या के आधार पर विचार नहीं करना चाहिए। ये बौद्धिक तौर पर दुनिया में सबसे अधिक समृद्ध हैं। इस तबके के लोगों की तुलना अठारहवीं सदी के फ्रांस के विश्वकोशीय ज्ञान के

पंडितों से की जाती है।'' बोर्गसे ने अपने इस विश्लेषण में अमेरिका के वित्तीय वर्ग और राजनीतिक वर्ग को एक ही सिक्के के दो पहलू बताया है।

लेकिन ग्राम्शी की दृष्टि बोर्गसे के इस कथन पर ही अटककर रह गई कि अमेरिकी बुद्धिजीवियों की स्थिति 18वीं सदी के फ्रांस के विश्वकोशीय ज्ञान के पंडितों की तरह है। अपनी टिप्पणी का अन्त वे इसी बात पर यह कहते हुए करते हैं कि ''यह बहुत महत्त्वपूर्ण है और इस पर और काम किया जा सकता है।''

इस प्रकार, मेरा मानना है कि ग्राम्शी ने अपनी जेल डायरी में 'प्रभुत्व, शक्ति के सम्बन्ध, ऐतिहासिक निर्मिति' की तरह की कुछ मूलभूत विचारधारात्मक विविक्तियों के निरूपण से सामाजिक परिवर्तन की प्रक्रिया में अधिरचनाओं की भूमिका के विश्लेषण के एक पूरे शास्त्र की रचना का जो बीड़ा उठाया था, अमेरिकावाद और फोर्डवाद प्रबन्ध तक आते-आते वह समूचा उपक्रम एक प्रकार की पूर्ण परिणति तक पहुँच जाता है। हमने ग्राम्शी के साथ अपनी यात्रा के लिए 1916 से 1935 तक की उनकी संकलित रचनाओं की जिस पुस्तक को अपना अवलम्बन बनाया, इसमें 'अमेरिकावाद और फोर्डवाद' लेख के बाद लगभग 100 पन्नों की और भी कुछ महत्त्वपूर्ण सामग्री संकलित है। यह सामग्री बुद्धिजीवियों तथा संस्कृति के विविध पक्षों के बारे में उनकी गहन अन्तर्दृष्टि का परिचय देने वाली काफी जरूरी सामग्री है। इसके साथ भी अपनी यात्रा की कुछ और दूरी तय करने में पुण्य ही पुण्य है। आगे उन पर भी यहाँ कुछ लिखने की कोशिश करूँगा।

फिर भी, आज 10 अगस्त की तड़के सुबह, जिस बिन्दु पर मैं अपने को रोक रहा हूँ, ग्राम्शी के साथ यात्रा का यह खुद में एक परिपूर्ण गन्तव्य है। इस गन्तव्य की अन्य झाँकियों के रूप में ही आगे के विषयों पर थोड़ा दृष्टिपात किया जा सकता है। लेकिन, जैसी कि अब तक की खबर है, आगामी 13 अगस्त, सोमवार को हमें जमानत मिल जाने की सम्भावना काफी उज्ज्वल है। कानून के अनुभवी पेशेवरों के अनुसार इस प्रकार के एक नितान्त आधारहीन जबरन तैयार किए गए तुच्छ प्रकार के मामले में हम हिरासत की अधिकतम समय सीमा तक आ गए हैं। आम आसामी को तो दो-चार दिन में ही जमानत मिल सकती थी, लेकिन हम जैसों के प्रति सरकार कुछ ज्यादा ही कृपालु है। नीचे की अदालतों में न्याय-विवेक नहीं, सरकारी विवेक अर्थात् निर्देश ज्यादा कारगर होते हैं। बहरहाल, अगर हमें 13 अगस्त को जमानत मिलती है तो जेल

में हमारे हाथ में और तीन दिन भर रह जाते हैं। इन तीन दिनों में जेल के कुछ और अनुभवों, कुछ और साथी कैदियों के बारे में थोड़ा लिखने की इच्छा है। देखें क्या-क्या कर पाता हूँ। सम्भव हुआ तो बीच-बीच में ग्राम्शी के बाकी संकलित लेखन की चर्चा को भी शामिल करूँगा। आज के लेखन को यहीं विराम देता हूँ।

8.8.2012 (बुधवार)
जेल की बात...

ग्राम्शी के साथ यात्रा के एक गन्तव्य तक कल पहुँच गया था। सचमुच काफी सन्तोष हुआ। जो हमें जेल भेजकर हमारे कष्ट से सुख लेना चाहते हैं, उनके लिए इससे अच्छा प्रत्युत्तर शायद ही कुछ और हो सकता था। मुझे आज उनकी साजिश और बदमाशियों का जरा भी गम नहीं है। जीवन में ऐसे निर्वासनों का हम जैसों को स्वागत ही करना चाहिए।

कल लिखना बन्द करने के पहले मैंने तय किया था कि जेल के अनुभवों के कुछ और पहलुओं पर थोड़ा लिखूँगा। इनमें मुख्यत: एक-दो व्यक्ति ऐसे हैं, जिनकी स्मृतियों को मैं हमेशा अपने लिए सुरक्षित रखना चाहता हूँ। एक तो इसलिए कि वह मुझे एक बहुत ही प्रिय और सच्चा चरित्र लगता है जिससे एक प्रकार का आन्तरिक लगाव सा महसूस होता है। और दूसरा बड़ा ही विचित्र सा एक विशेष चरित्र है। उसका यदि बखान कर पाया तो वह भी अपने प्रकार के एक जटिल से चरित्र का ऐसा अध्ययन होगा जो आदमी के परत-दर-परत बहुस्तरीय चरित्र की क्षुद्रताओं और उदात्तताओं के विचित्र से गड़बड़झाले में प्रवेश करने का आनन्द देगा। ऐसे चरित्र में कुछ भी निश्चित नहीं होता, यह ऐसा पेंडुलम होता है जो सिर्फ दो दिशाओं में नहीं, बल्कि चारों दिशाओं में बिना किसी पैटर्न के डोल सकता है।

हमारा मेड

पहले मैं इस दूसरे चरित्र को ही अपना विषय बनाता हूँ। यह हमारे सेल का मेड, नजरुल है। जेल में मेड होने का क्या मतलब है, इसे हम पहले ही बता आए हैं। नजरुल लाइफर है, अपनी सजा के 11 साल काट चुका है। अभी और कितने साल जेल में ही रहेगा, इसका अनुमान लगाना कठिन है, क्योंकि जेल से निकलने के लिए बाहर में जिस प्रकार की कानूनी

पहलकदमियों की जरूरत होती है, नजरुल उनके प्रति काफी हद तक बेफिक्र है।

ऐसा नहीं कि नजरुल कोई बेवकूफ व्यक्ति हो, जिसके न आगे कोई हो, न पीछे; कि उसने जेल को ही अपना अन्तिम घर मान लिया हो। लगभग 50 साल की उम्र के नजरुल का भरा-पूरा घर परिवार है, दो-दो बीबियाँ हैं। हर हफ्ते घर से मिलने वाले भी इंटरव्यू के लिए आते हैं। रोजाना फोन पर बात भी करता है। कहते हैं कि दो बेटों की शादी हो गई है, एक बेटा और बेटी क्वारे हैं। लगभग 12 साल पहले कोलकाता में एक कांड हुआ था जिसमें प्रसिद्ध 'खादिम' जूता बनाने वाली कम्पनी के मालिक का अपहरण कर लिया गया था। यह अपहरण उसी गिरोह के लोगों ने किया था जिन्होंने उन्हीं दिनों कोलकाता के यूएसआईएस के कार्यालय पर गोली चलाने की आतंकवादी कार्रवाई की थी। 'खादिम' के मालिक का अपहरण करके बशिरहाट के जिस गाँव में उसे रखा गया था, उस गाँव के गिरोह में नजरुल भी शामिल था। बाद में इस कांड के एक सरकारी गवाह की हत्या कर दी गई और उसमें नजरुल अन्य कइयों के साथ गिरफ्तार होकर जेल आ गया। तब से अब तक 11 साल बीत चुके हैं। कहता है कि हाईकोर्ट में आवेदन करने पर ही वह छूट सकता है, लेकिन करता नहीं है। क्योंकि अभी तो जेल में कमाई करने का समय आया है, अभी बाहर जाकर क्या होगा!

दरअसल नजरुल जेल में आने के बाद लगभग 10 साल से भी ज्यादा काल तक लेबर का काम करता था। अलग-अलग जगहों पर अलग-अलग मेड के मातहत। इसी दौरान वह एक पक्का गँजेड़ी बन गया, लेकिन साथ ही उसने मेडगिरी के गुर भी कुछ सीख लिये। हम जिस सात नम्बर सेल में हैं, उसमें आमतौर पर कम लोगों को ही रखा जाता था, क्योंकि काफी उजाड़ सा था। जेल अधिकारियों से हाथ-पैर जोड़कर नजरुल ने इसी सेल की मेडगिरी हासिल कर ली।

अभी उसके मेड बने महीना भर भी नहीं बीता था कि इस सेल में प्रसिद्ध एथलीट पिंकी प्रामाणिक को रख दिया गया। पिंकी और मेड की खूब छनी। पिंकी की ओर सारी दुनिया की नजर थी, जेल प्रशासन भी उसके विषय में काफी संवेदनशील था और नजरुल ने उसको शान्ति दे रखी थी। यही वजह है कि पिंकी के चले जाने के बाद नजरुल के प्रति जेल अधिकारी कुछ ज्यादा दयालु हो गए।

नजरुल ने जेल अधिकारियों को अपने सेल का गणित बताया, पिंकी पर हुए खर्च का हिसाब समझाया और मेरे और अमिताभ की तरह के चर्चित

कैदियों से किसी प्रकार की आमदनी न हो पाने की पीड़ा बताई और कहा कि वे यदि उसका ध्यान नहीं रखेंगे तो उसका कैसे चलेगा। और, इसके बाद ही जेल अधिकारियों ने इस सेल में कैदियों को भेजने का जो सिलसिला शुरू किया, 16 कमरों के इस सेल में अब तक करीब 30 कैदी भरे जा चुके हैं।

जब भी कोई नया कैदी आता है, नजरुल के चेहरे पर मुस्कान दिखाई देने लगती है। नजरुल गर्व के साथ बताता है कि वह कैसे इन 'जंगल के बाघों' को सीखचों में बन्द करके कितनी चालाकी से इन सबसे पैसे ऐंठता है। खुद दिन भर गाँजा पीता है और कैदियों को बताता है कि सेल में भी हर किसी को गाँजा, हेरोइन, टैबलेट लेने की अनुमति है, बशर्ते वह मेड को भेंट सेवा अर्पित करता रहे। जेल में हर सुविधा के लिए, नशा करने से लेकर फोन करने तक, मेड को कुछ न कुछ चुकाना पड़ता है। जो ऐसा नहीं करता, उसे किसी न किसी प्रकार से तंग करने की कोशिश करता रहता है, लेकिन हमेशा अपनी न्यायप्रियता और सदाशयता की डींग हाँकते हुए यह भी बताता है कि वह उतना क्रूर नहीं है, जितना कि दूसरे मेड हुआ करते हैं। अपनी छोटी-छोटी चालाकियों, लोगों को झूठे हड़काने और उनकी जेबे ढीली कराने की बातों को वह जितना रस ले लेकर बताता है, लगता है जीवन में इससे अच्छा और कुछ हो ही नहीं सकता। नजरुल अभी अपनी मेडगिरी के जुनून में कैदी जीवन की सारी यंत्रणा को भूल चुका है। अब एक ही ध्येय है कि भले जेल में ही पड़ा रहूँ, लेकिन रुपए कमाऊँ और किसी प्रकार बीबी-बच्चों तक भेजता रहूँ।

दूसरे साथी कैदी बता रहे थे कि 4 महीने पहले तक नजरुल से मिलने के लिए कभी कोई नहीं आता था, कभी उसे फोन भी करते नहीं देखा गया। लेकिन जब से वह मेड हुआ है, उसके घर से फोन आने लगे हैं, मिलने के लिए भी हर हफ्ते कोई न कोई हाजिर हो जाता है। घर के लोगों का स्वार्थ नजरुल के जेल में रहने से ही जुड़ गया है। अब तो बाहर निकलने की उसकी कोशिश और भी नहीं रहेगी। वह ढेर सारे, लाखों-करोड़ों बटोरने के बाद ही बाहर निकलने के सपने देखता रहेगा। न नौ मन तेल होगा, न राधा नाचेगी।

आजकल लाइफर की सजा की अवधि निश्चित नहीं होती है। इसी जेल में ऐसा कैदी भी है जो इकतीस साल से यहाँ पड़ा हुआ है। बीस साल से अधिक अवधि वाले तो कई हैं। अदालत में अर्जी करके सजा की अवधि निश्चित कराई जा सकती है, लेकिन इन सबमें खर्च आता है, कौन करेगा।

साथी कैदी बता रहे थे कि यह जेल के मेड, राइटर आदि की आम कहानी है। शुक्रवार, शनिवार के दिन सजायाफ्ता कैदियों के इंटरव्यू होते हैं। इस दिन बाहर के सम्बन्धी जेल बन्दी अपने लोगों की सहायता के लिए रुपए देने के

बजाय, जेल के अन्दर से कैदियों से रुपए ले जाते हैं। जेल के कैदियों की यह एक मार्मिक अर्थव्यवस्था है।

जो भी हो, मैं यह कभी विश्वास नहीं कर सकता कि कोई आदमी जेल सरीखी बन्दिशों को अपनी मर्जी से कभी चुन सकता है। यह आदमी मात्र की प्राणी सत्ता के खिलाफ है। हमारा मेड, खीसें निपोड़कर अभागे कैदियों से पैसे वसूलने की अपनी करामातों का जितने भी फख्र के साथ क्यों न बखान करे, क्यों न यह भी कहे कि मैं अभी उच्च अदालत में मुक्ति की अर्जी नहीं कर सकता, क्योंकि अभी तो उसे पैसे कमाने का मौका मिला है–मेरा मन कहता है कि यह सब उसके अन्दर की आवाज नहीं, मजबूरी की आवाज है। शायद उसकी व्यावहारिकता, 11 वर्ष से जेल में पड़े रहने की उसकी विवशता का ही तकाजा है कि जो और जैसा जीवन उसे मिले, उसी से निबाह करने के लिए वह तैयार रहे। इसीलिए वह अपनी क्षुद्रताओं के बखान में भी हँसता रहता है। 'जात्रा' के अभिनेताओं की तरह हाथ, पैर, पूरा शरीर नचाता रहता है। आज ही इंटरव्यू के लिए उसकी माँ आई थी। डेढ़ महीना पहले पिता की मृत्यु हो गई। नजरुल पिता के अन्तिम संस्कार के समय इसलिए नहीं गया कि वह हथकड़ी में वहाँ उपस्थित रहकर परिवार के लोगों को शर्मिन्दा नहीं करना चाहता था। पिता की मृत्यु के बाद उनकी छोड़ी हुई सम्पत्ति पर नजरुल के भाइयों और बेटों के बीच कुछ विवाद शुरू हो गया है। नजरुल की माँ नजरुल के बेटों के साथ रहती है, इसीलिए नजरुल से सलाह करने अचानक ही आ गई थी। नजरुल ने हमें बताया कि उसने माँ को समझा–बुझाकर भेज दिया है कि झगड़ा करने से तो कोई लाभ नहीं है, शान्ति से सबको समझाओ।

माँ की बात करते समय नजरुल की आँखों में मैंने पानी की चमक देखी। मैं नहीं मानता कि जो घर की हर छोटी–बड़ी बात को लेकर चिन्तित रहता हो, वह जेल से बाहर निकलने की इच्छा तक न रखता हो!

कहना न होगा कि जेल में बन्द सभी ऐसे पेशेवर कैदियों की यही कहानी है। जेल उन्हें कितनी भी आमदनी क्यों न कराए, बाहर का मुक्त संसार ही उनके मन का वृन्दावन है। फिर भले कोई कुछ भी हाँके, कितने ही स्वाँग क्यों न रचे!

हमारा राइटर

और, अब कुछ बातें जेल के अपने प्रिय साथी, सच्चाई और विनम्रता से भरे हुए फैजल अहमद, हमारे सेल के राइटर के बारे में। इस जेल में ये तीन

भाई हैं। बड़ा भाई हनीफ आठ नम्बर सेल का मेड है। ये बांग्लादेशी निवासी, नदिया जिले के करीमपुर बॉर्डर पर जीरो प्वाइंट में रहते हैं। वह बांग्लादेश का कुष्टिया जिला है। इनके गाँव का नाम है जमालपुर। जीरो प्वाइंट, मतलब भारत और बांग्लादेश की सीमा से बिल्कुल लगा हुआ इलाका।

दोनों देशों के बीच सीमाई इलाके में इनका आना-जाना ऐसे ही लगा रहता था। कभी कोई समस्या नहीं होती थी। लेकिन 7 वर्ष पहले अचानक ही एक दिन भारत के हिंदालगंज थाने की पुलिस ने इन्हें दबोचकर बन्द कर दिया। इसमें शायद बांग्लादेश के उनके किसी पड़ोसी का भी इशारा था। हनीफ बांग्लादेश की शेख खालिदा जिया की बांग्लादेश नेशनलिस्ट पार्टी का समर्थक था और अभी वहाँ शेख हसीना की पार्टी का शासन है। चार-पाँच दिन तक भारत की पुलिस यही सोचती रही कि उन्हें किस मुकदमे में डाला जाए-ऐसे ही सीमा पार कर लेने के या गाँजा केस में। तभी बांग्लादेश में इनके घर से कुछ दूरी पर ही एक भारतीय नागरिक की हत्या हो गई। पुलिस को इस हत्या का जब और कोई सुराग नहीं मिला तो इन तीन भाइयों को ही उस हत्या के मामले से जोड़ दिया गया। न कोई गवाह था, न हत्या के कारण के बारे में कोई तथ्य। फिर भी मजिस्ट्रेट ने सिर्फ इस बिना पर कि हत्या तो हुई है, इन तीनों को सजा सुना दी। पहले कृष्णनगर जेल में, और अब दमदम जेल में ये वर्षों से सड़ रहे हैं।

फैजल और हनीफ ये दोनों भाई जेल के मेड और राइटरों के बारे में अब तक मैंने जो भी लिखा, उन सबको एक सिरे से झूठा साबित करते हैं। जेल अधिकारियों से मिलकर कैदियों को सताते और पैसे वसूल करते हैं-मेड और राइटरों के बारे में इस सामान्य सच्चाई से परे दोनों भाई सचमुच अपवाद हैं। ये जेल के दुखियारों से पैसे वसूलना हराम समझते हैं। किसी से बदसलूकी इनकी सीरत में नहीं है। खासतौर पर फैजल, जो तीनों में सबसे छोटा है, ऊँची जुबान में शायद बोलना ही नहीं जानता। हनीफ की उम्र 32 वर्ष की होगी और फैजल 25 का। तीखे नाक-नक्श का छरहरा गठा हुआ बदन। रोज सुबह व्यायाम करता है और किसी घोड़े की फुर्ती के साथ दिन-भर जेल के कोने-कोने में घूमकर कैदियों की जरूरतें पूरी करता रहता है। नशे-पानी या किसी काले धन्धे की जरूरतें नहीं, जेल में कैदियों के लिए किसी राइटर से अपेक्षित सेवाओं से जुड़ी जरूरतें। आठ पैक वाले एक दुबले लेकिन सुन्दर शरीर के फैजल को मैं कई बार जेल का सलमान खान भी कह चुका हूँ।

हमारे लिए तो फैजल और हनीफ परकोटे की इस बेढब दुनिया में किसी पैगम्बर के भेजे हुए दूत जैसे जान पड़ते हैं। वे हमें प्यार करते हैं और हम

उनको। फैजल को जब भी फुरसत मिलती है, गप के लिए बैठ जाता है। वह जानकारियों का भूखा है।

फैजल बांग्लादेशी है और यहाँ के जेलों में बांग्लादेश के कैदियों की दुर्दशा पर काफी क्षुब्ध रहता है। कृष्णनगर जेल में तो उसने इन कैदियों के लिए कई दिनों के अनशन आन्दोलन का नेतृत्व भी किया था। पहले बांग्लादेश के कैदियों की यह स्थिति थी कि वे अदालत से रिहा कर दिए जाने के बावजूद डेढ़-डेढ़ साल तक जेल से रिहा नहीं किए जाते थे, क्योंकि उन्हें बांग्लादेश सीमा पर ले जाकर छोड़ने वाली गाड़ी ही नहीं आती थी। वे आरपी (रिलीज्ड प्रिजनर) बने हुए लम्बे काल तक जेल में सड़ते रहते। इसके अलावा जेल के जितने कड़ी मेहनत के काम होते हैं, वे बांग्लादेशी कैदियों से ही कराए जाते हैं।

कृष्णनगर जेल में फैजल के नेतृत्व में हुए अनशन आन्दोलन के बाद अब बांग्लादेशी आरपी को ले जाने के लिए डेढ़-दो महीने में एक बार गाड़ी अवश्य आ जाती है। जेल में बांग्लादेशी अभागों के लिए यह एक बड़ी राहत वाली जीत थी। फैजल ने ऐसे कैदियों की और भी अनेक प्रकार की परेशानियों के बारे में दिल्ली से आए आईबी के एक प्रतिनिधिमंडल को बताया था। भारत में उन्हें कानूनी मदद भर न मिल पाने के कारण वे वर्षों जेल में ही पड़े रहते हैं।

फैजल, हनीफ भी लाइफर हैं, लेकिन जेल में हर दिन वे इसी मन्नत के साथ बिताते हैं कि वे यहाँ से छूटकर अपने परिवार के लोगों के साथ जीवन बिताएँ। परिवार के लोग येन केन प्रकारेण इनकी सहायता के लिए कुछ पैसे भेज दिया करते हैं। जेल में भ्रष्टाचार को देखते हुए इन दो भाइयों पर मेड और राइटर के कामों की जिम्मेदारी एक चौंकाने वाली बात है। लेकिन, फिर यही कहना पड़ता है कि अपवाद ही सामान्य नियम का प्रमाण है।

जब वे कृष्णनगर जेल में थे, वहाँ एक हारुन-उल-रशीद उनका पक्का दोस्त और शुभचिन्तक बन गया था। आज भी अदालत में उनकी पेशी के समय वह जरूर हाजिर हो जाता है। हनीफ और दोनों भाइयों ने कलकत्ता हाईकोर्ट का दरवाजा खटखटाने का भी निर्णय लिया है और कुछ प्रारम्भिक कार्रवाइयाँ शुरू भी हो गई हैं। उनका यह पक्का मानना है कि यदि वकीलों ने सही ढंग से काम किया तो वे हाईकोर्ट से अपने पक्ष में जल्द ही राय पा सकते हैं। वे जेल से मुक्ति के सच्चे हकदार हैं।

फैजल और हनीफ हमारे इस जेल-प्रवास की उपलब्धियाँ हैं। अपराधियों के इस जंगल में वर्षों से अपने 'स्व' को बचाए हुए ऐसे भले लोग कहाँ मिलेंगे!

11.8.2012 (शनिवार)

पुनश्च ग्राम्शी

बस दो कदम और

मौत का एक दिन मु'अइयन है,
नींद क्यों रात भर नहीं आती।

खैर नींद नहीं आती तो प्रिय ग्राम्शी आते हैं। बुद्धिजीवियों के बुद्धिजीवी।

यूरोप, अमेरिका और दुनिया के नैतिक-सांस्कृतिक इतिहास की खूबियों और कमजोरियों की खाक छानते हुए दुनिया के कम्युनिस्टों के लिए रास्ते की तलाश में भटक रहे ग्राम्शी प्रभुत्व साधन की अपनी मंजिल के लिए अन्त तक बुद्धिजीवियों का दामन छोड़ने के लिए तैयार नहीं होते। ब्रह्मांड की तरह लगातार फैलता हुआ सभ्यता की अधिरचनाओं का मामला इतना जटिल और अपरम्पार है कि उसकी कोई भी सरल और एकांगी समझ कायम करने की कोशिश मन की अशान्ति को बढ़ाने का ही काम करेगी, किसी सन्तोषप्रद ठिकाने का सन्धान नहीं देगी। आधार से जुड़े सामाजिक वर्ग अपना प्रभुत्व हमेशा सीधे शाही फरमानों से नहीं, असंख्य प्रकार के दूसरे माध्यमों के जरिए कायम करते हैं। बुद्धिजीवी ही इन दूसरे राजनीतिक-सांस्कृतिक मध्यस्थों की सबसे जीवन्त कड़ी हैं। इसीलिए मजदूर वर्ग समाज में उस समय तक अपना वर्चस्व कायम नहीं कर सकता जब तक उसके पास अपने खुद के राजनीतिक सांस्कृतिक दूतों, अर्थात् अपने खुद के बुद्धिजीवियों की फौज नहीं होगी। ग्राम्शी के अनुसार, जन राजनीतिक पार्टियाँ एक 'सामूहिक बुद्धिजीवी' की ही भूमिका अदा करती हैं।

'बुद्धिजीवी और शिक्षा' अध्याय में ग्राम्शी बुद्धिजीवी से अपने तात्पर्य को काफी विस्तार देते हैं। उसे किसी लेखक, चिन्तक या अधिक से अधिक संस्कृतिकर्मी की सीमा से निकालकर पूरे आर्थिक सामाजिक-राजनीतिक क्षेत्र में बौद्धिक स्तर पर काम करने वाले तमाम लोगों को वे इस परिधि में शामिल कर लेते हैं। 1931 में ग्राम्शी ने अपनी साली तातियाना स्कुत को लिखा था- ''मैं 'बुद्धिजीवियों' से तात्पर्य को काफी विस्तृत रूप में देखता हूँ और खुद को

उस चालू अर्थ तक सीमित नहीं रखता जिसमें महान बुद्धिजीवियों का उल्लेख किया जाता है।''

बुद्धिजीवी कौन, कौन नहीं। कौन सा बुद्धिजीवी कौन से वर्गों से जुड़ा होता है, कौन नहीं। इसी उधेड़-बुन में पन्ना-दर-पन्ना रँगते जाने के बाद 'बुद्धिजीवी' शीर्षक टिप्पणी के अन्त में ग्राम्शी अपनी चिन्ता के एक केन्द्रीय विषय, राजनीतिक पार्टी पर आ जाते हैं। पार्टी में बुद्धिजीवी कहाँ है? और नतीजा यह निकालते हैं कि राजनीतिक पार्टी का हर सदस्य ही बुद्धिजीवी होता है। उन्हें मालूम है कि उनका यह निष्कर्ष किसी को भी कोरी बकवास या मजाक लग सकता है, लेकिन फिर भी उन्हें लगता है कि शायद यही बिल्कुल सही है। इन सदस्यों में स्तर का हेर-फेर हो सकता है। लेकिन नागरिक समाज में इनकी भूमिका- ''दिशा देने और संगठित करने की, अर्थात् शिक्षित करने की, अर्थात् बुद्धिजीवी की है। एक व्यापारी किसी राजनीतिक पार्टी में व्यापार करने के लिए शामिल नहीं होता, न कोई उद्योगपति कम खर्च पर उत्पादन करने के लिए होता है, न कोई किसान जुताई की नई विधियों को सीखने के लिए, भले ही पार्टी में व्यापारी, उद्योगपति या किसान की इन जरूरतों के कुछ पक्ष पूरे हो जाएँ। आम राय तो यही है, जिस पर बहस हो सकती है, कि राजनीति से जुड़ा हुआ व्यापारी, उद्योगपति या किसान अपने काम में लाभ के बजाय नुकसान उठाता है, और वह अपने पेशे में सबसे बुरा साबित होता है।... राजनीतिक पार्टी में आर्थिक-सामाजिक समूह अपने ऐतिहासिक विकास के क्षण से कट जाते हैं और राष्ट्रीय तथा अन्तर्राष्ट्रीय चरित्र की सामान्य गतिविधियों के वाहक बन जाते हैं।''

इसी प्रकार शिक्षा का प्रश्न प्रभुत्व के प्रश्न में एक अहम स्थान रखता है। प्राथमिक विद्यालय में ही प्राकृतिक विज्ञान के साथ नागरिक अधिकारों और कर्तव्यों की शिक्षा दी जाती है। विज्ञान बच्चों को ठोस चीजों के बारे में सिखाता है, नागरिक अधिकार और कर्तव्य राज्य और नागरिक समाज के बारे में। यह उन्हें लोकगीतों, परम्परागत विचारों के विपरीत आधुनिक दृष्टिकोण प्रदान करता है। प्रकृति और समाज के नियमों के प्रति छात्रों को जागरूक करता है। राज्य और समाज के नियम ऐसी ऐतिहासिक परिस्थितियाँ बनाते हैं जो आदमी को प्रकृति के नियमों पर आधिपत्य कायम करने में समर्थ बनाती है। आदमी काम के जरिए प्राकृतिक जीवन में भागीदारी करता है ताकि प्राकृतिक जगत् को वह अधिक से अधिक अपने अनुकूल बनाता चला जाए। ग्राम्शी इसी सन्दर्भ में कहते हैं कि सामाजिक और प्राकृतिक व्यवस्थाओं के मध्य आदमी का काम, उसकी सैद्धान्तिक और व्यावहारिक गतिविधि वह पहला तत्त्व है

जिसके जरिए मनुष्य अपने को चमत्कारों और अन्धविश्वासों से मुक्त करता है। ग्राम्शी के अनुसार प्राथमिक विद्यालयों की आदमी की चेतना के निर्माण में यही वास्तविक भूमिका हो सकती है।

प्राथमिक विद्यालयों के इस मूलभूत उद्देश्य को परिभाषित करते हुए ग्राम्शी 'पढ़ाई' की ओर बढ़ते हैं। पढ़ाई और शिक्षा एक चीज नहीं है, तो पूरी तरह अलग-अलग भी नहीं है। शिक्षक अपने काम के जरिए शिक्षा और पढ़ाई को आपस में जोड़ते हैं। वही छात्रों को खुद के दायरे से निकालकर समाज की संस्कृति से जोड़ता है। शिक्षक को यदि समाज और संस्कृति का तथा छात्र की पृष्ठभूमि का अनुमान न हो तो वह पढ़ाई के नाम पर थोथी बकवास करेगा, छात्रों को जीवन की व्यापक सच्चाई से कभी जोड़ नहीं पाएगा। एक अधकचरा शिक्षक छात्रों तक किसी प्रकार सूचनाएँ तो प्रेषित कर देगा, लेकिन उन्हें अच्छी तरह शिक्षित नहीं कर पाएगा।

इसी सिलसिले में ग्राम्शी नए पाठ्यक्रम के निर्माण और अपने समय की प्रचलित परीक्षा प्रणाली को पूरी तरह से खत्म करने की बात करते हैं। इस प्रणाली को लेकर उनका तर्क है कि परीक्षक कोई भी क्यों न हो, एक तारीख एक ही तारीख होती है, परिभाषा हमेशा एक परिभाषा होती है। लेकिन सौन्दर्यमूलक विवेचन या दर्शनशास्त्रीय विश्लेषण?

इसी प्रकार ग्राम्शी अपने लेख 'स्कूल का अवलोकन : शैक्षणिक सिद्धान्त की तलाश में' में शिक्षा के पुराने ढर्रे की समीक्षा से लेकर लैटिन और ग्रीक की तरह की शास्त्रीय किन्तु मृत भाषाओं के अध्ययन के विभिन्न पक्षों का गहराई से विवेचन करते हैं। लैटिन और ग्रीक भाषाओं के व्याकरण का अध्ययन और उनके प्राचीन साहित्य का अध्ययन जीवन में किसी काम में उनके प्रयोग के लिए नहीं, बल्कि खास सांस्कृतिक उद्देश्य के लिए किया जाता है। यह ग्रीक और रोमन सभ्यता को सीधे जानने के उद्देश्य से किया जाता है।

ग्राम्शी बताते हैं कि लैटिन भाषा को जिस प्रकार एकदम छोटे-छोटे टुकड़ों में विश्लेषित किया जाता है, यह ऐसा है जैसे हम किसी मृत वस्तु का विश्लेषण कर रहे हों। किसी भी जीवित भाषा का अध्ययन लैटिन की तरह नहीं किया जा सकता। कोई भी बच्चा जब इस प्रकार की विश्लेषणात्मक विधि से लैटिन सीखना शुरू करता है तब वह इस भाषा को नहीं जानता है। लेकिन क्या कोई इटैलियन भाषा का इस प्रकार अध्ययन कर सकता है? ग्राम्शी इसे असम्भव बताते हैं और तभी कहते हैं कि किसी भी जीवित भाषा का इस प्रकार अध्ययन नहीं किया जा सकता है। किसी मृत भाषा के

अध्ययन का तरीका और जीवित भाषा के अध्ययन का तरीका एक नहीं हो सकता।

शिक्षा और पठन-पाठन की ऐसी कई समस्याओं पर विचार करते हुए अपने इस लेख के अन्त में ग्राम्शी कहते हैं कि ''बहुत से लोगों को यह समझाने की जरूरत है कि पढ़ाई एक काम है, बहुत थकाने वाला काम है, इसका खास प्रशिक्षण है–इसमें शरीर की नसें, मज्जा और साथ ही दिमाग शामिल रहते हैं।...परम्परागत शिक्षित परिवार का बच्चा निःसन्देह अधिक आसानी से किसी भी चीज को समझकर अपना सकता है।''

लुब्बेलुबाब यह कि शिक्षा और पढ़ाई के तमाम ऐसे प्रश्नों से उलझते हुए ग्राम्शी अन्त में इस निष्कर्ष पर पहुँचते हैं कि ''यदि हमारा उद्देश्य ऐसे सामाजिक समूह में से बुद्धिजीवियों के एक नए तबके को पैदा करना है जिनके पास उच्चतम स्तर की विशेषज्ञता न हो और जिसने परम्परागत रूप में अपने मानस को सही रूप में तैयार नहीं किया है, तो हमें अभूतपूर्व कठिनाइयों पर विजय पाना होगा।'' अर्थात् यह काम कतई आसान नहीं है।

सचमुच, ग्राम्शी ने पूँजीवाद की परवर्ती एक नई सभ्यता के निर्माण में, आर्थिक आधिपत्य अर्थात् आधार के साथ ही अधिरचनाओं की बहुमुखी और बहुस्तरीय निर्मिति की एक सुनिश्चित संहिता के निर्माण में शिक्षा, बुद्धिजीवी, दर्शन, साधारण ज्ञान, भाषा, लोक-विश्वास और लोक-साहित्य, जनप्रिय संस्कृति, बहुपठित उपन्यासों, नाटकों से लेकर पत्रकारिता और अन्त में एक नई सभ्यता के लिए संघर्ष और कला की तरह के ढेर सारे विषयों को समेटने की जो अथक कोशिश की है, वह किसी गन्तव्य तक पहुँच पाने की सफलता के लिए नहीं, बल्कि गन्तव्य तक जाने की एक अन्तहीन यात्रा के लिए ही सबसे अधिक महत्त्वपूर्ण और अर्थपूर्ण है। यात्रा के अन्त से यात्रा मात्र कहीं ज्यादा सौन्दर्यपूर्ण और तात्पर्यपूर्ण है। और मुझे लगता है कि इस यात्रा की अन्तहीनता में ही इसका सार तत्त्व है। अधिरचनाओं की एक संहिता बनाने की इस कोशिश को कोई भी किसी मृगमरीचिका के पीछे दौड़ते हुए दम तोड़ देने के लिए अभिशप्त यात्रा बताकर इसे व्यर्थ घोषित कर सकता है। लेकिन यदि मनुष्य की सभ्यता मात्र का ही जब कोई अन्त न हो तो इस सभ्यता की किसी भी विवेकसम्मत संहिता का कोई अन्त या बन्द रूप कैसे हो सकता है!

उपरोक्त सभी विषयों पर एक नई दृष्टि से विचार करने की कोशिश में ग्राम्शी अक्सर कुछ विषय के कुछ ऐसे अँधेरे कोनों को प्रकाशित करते जाते हैं कि जैसे किसी बड़े रहस्य पर से पर्दा उठ गया हो, अन्धे को रोशनी, निरक्षर को अक्षरों की दुनिया में प्रवेश का टिकट मिल गया हो।

ग्राम्शी ने आर्थिक मार्क्सवाद या सांस्कृतिक मार्क्सवाद जैसे मार्क्सवादी दर्शन के किसी नए पन्थ का प्रवर्तन किया या नहीं किया, इस प्रपंच में पड़ने के बजाय निश्चयात्मक रूप में सिर्फ एक बात कहूँगा कि उन्होंने सर्वहारा की नई सभ्यता के निर्माताओं के सामने ढेर सारे ऐसे प्रश्न जरूर रख दिए जिनके सही समाधान से स्वत: आगे के रास्ते प्रशस्त होते चले जाएँगे। किसी भी मार्क्सवादी को अपने विचारों के प्रवाह के लिए सही प्रश्नों की जरूरत हो तो ग्राम्शी से अच्छा उसके लिए शायद ही कोई दूसरा दोस्त हो सकता है।

कुल मिलाकर ग्राम्शी के साथ की गई ऐसी समूची यात्रा किसी को भी सिद्धि और सन्तोष का सुख नहीं दे सकती। यह उसे एक अनन्त वैचारिक व्यग्रता, बेचैनी और कर्मोद्यम के मायाजाल में फँसे रहने का निमंत्रण देती है। सचमुच इस मायावी विश्व से सुन्दर कुछ नहीं है, इसे सँवारते चले जाने के उद्यम में ही मनुष्य की प्राणी सत्ता चरितार्थ होती है।

इति ग्राम्शी।

16.6.2012 (शनिवार)

सीआईडी हिरासत, भवानी भवन

(गंजी के कार्डबोर्ड के पीछे किसी प्रकार लिखी गई चन्द पंक्तियाँ)

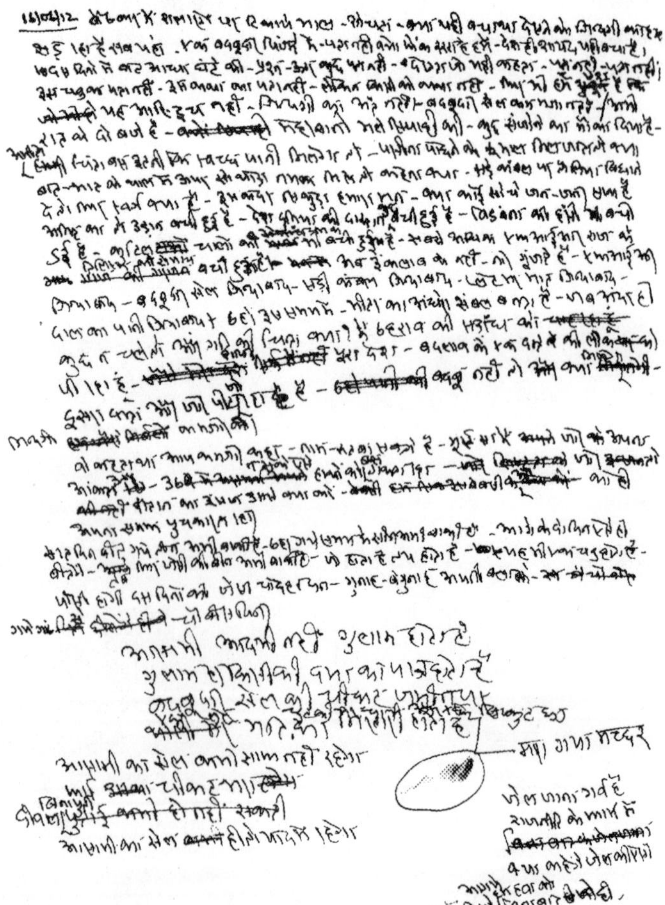

बैठकर मैं सलाखों पर टिकाए भाल–सोचता–क्या यही बचा था देखने को जिन्दगी का हाल।

सड़ रहा है सब यहाँ–एक बदबूदार पिंजड़े में–पता नहीं क्यों फेंक रखा है हमें–देश ही शायद यही बचा है।

दस दिनों में बात आधा घंटे की–प्रश्न–उत्तर कुछ पता नहीं–देखता जो यही कहता–पता नहीं, पता नहीं।

इस चक्र का पता नहीं–इस कथा का पता नहीं–लेकिन किसी को व्यथा नहीं–फिर भी हम खुश हैं कि यह ऑस्विच नहीं–जिन्दगी का अन्त नहीं।

अभी रात के दो बजे हैं–मेहरबानी भले सिपाही की–कुछ सँजोने का मौका दिया है–

अभी तो हमारी चिन्ता इतनी कि बस स्वच्छ पानी मिलेगा तो–पसीना पोंछने को रुमाल मिल जाता तो क्या बात–भात के थाल में ऊपर से थोड़ा नमक मिले तो कहना क्या–सड़े कम्बल पर तौलिया बिछाने दे तो फिर स्वर्ग क्या है–इस कदर सिकुड़ा हमारा मन–क्या सोचे कोई जन–जन।

साथ है अमित का तो उड़ान बची हुई है–देश–दुनिया की दास्तान कुछ बची हुई है–विडम्बना की हँसी बची हुई है–कुटिल चालों की चमक भी बची हुई है–सबसे अधिक एफआईआर राज के तिलिस्म का रोमांच बचा हुआ है।

अब इंकलाब के नहीं–नारे गूँजते हैं–एफआईआर जिन्दाबाद–बदबूदार जेल जिन्दाबाद–सड़ी कम्बल जिन्दाबाद–प्लेट भर भात जिन्दाबाद–दाल का पानी जिन्दाबाद।

ठहरे समय में–भीतर का अँधेरा सम्बल बनता है–जब अन्दर ही कुछ न चले तो और गति की चिन्ता क्या?

मैं ठहराव की सड़ायँध को पी रहा हूँ–शायद पूरा देश–बदलाव के एक दस्ते की लीक को दूसरा दस्ता और जोर से पीट जो रहा है–बदबू नहीं तो और क्या मिलेगा–जिन्दगी कमजोर की।

वो कहता है आप कमजोर कहाँ–नाम, रुतबा सब तो है–मूर्ख–सा मैं जोर अपना आँकता–उठ न सके ऐसे हाथों को बस ताकता।

जोर तो शैतान का इंसान उससे क्या करे–बेबसी को ही अपना समझ पुचकारता।

सात दिन बीत गए तीन अभी बाकी हैं–ठहर गए समय के सीन अभी बाकी हैं–आगे के दो दिन ऐसे ही बीतेंगे–तब फिर जेसी की बीन अभी बाकी है–जो होता है तय होता है–यह भी एक चक्र होता है–पीसी होगी दस दिनों की, जेसी चौदह दिन–गुनाह–बेगुनाह अपनी बला के–गए गाँठ के चौबीस दिन।

आसामी आदमी नहीं गुलाम होता है
गुलाम हर किसी की दया का पात्र होता है
बदबूदार सेल की चीकट जमीन पर
एक प्लेट भात, चुटकी भर चाय और एक बिस्कुट का भिखारी होता है।
आसामी का सेल कभी साफ नहीं रहेगा
फर्श चीकट भरा, दीवाल बिना पुती
आसामी का सेल ही तो याद में रहेगा।
मारा गया मच्छर
जेल जाना गर्व है राजनीति के फार्म में
क्या कहेंगे जेल की ऐसी हवा को
जद में जिसके आ गए हम बिना बात के।

12.8.2012 (रविवार)
सपनों का सौदागर

इस डायरी के अन्त की ओर जाने से पहले आज मैं जेल के उस फेरीवाले की बात करना चाहता हूँ जो अपने साथ बच्चों के सपनों की दुनिया के पता नहीं कितने रंगों को नाना प्रकार के गुब्बारों, खिलौनों और बाजों के साथ अपने डंडे में लटकाए गली-गली हाँक लगाता घूमता रहता है। बच्चों को उसकी हमेशा प्रतीक्षा रहती है, उसके डंडे में लहराती चीजों से उनकी हसरत भरी नजरें कभी हटती ही नहीं। ऐसे ही हमारे जेल के कैदी शिशुओं के सपनों के सौदागर हैं मुख्तार भाई।

मैंने मुख्तार भाई से काफी बातें की हैं। उनके घर-परिवार से लेकर उनके मामले की भी पूरी जानकारी ली है। वे लाइफर हैं। लेकिन उनके बारे में चर्चा करते समय व्यक्ति मुख्तार की बात करने का मन ही नहीं करता। जेल में सुबह से शाम तक उनकी हाँक और उनकी ओर लपकते कैदियों की ललक ही मेरे लिए स्मरणीय है। जेल की कैंटीन से दिनभर, एक के बाद एक निकलने वाली चीजों को दौड़-दौड़कर कैदियों के बीच बेचने वाला, एक फेरीवाला है। दमदम जेल के कैंटीन का मैं पहले ही जिक्र कर चुका हूँ। इसने इस मटमैली-बदरंग दुनिया में कुछ चमकदार रंग बिखेरने का काम किया है। और मुख्तार भाई इसी कैंटीन के हमेशा मुस्कुराने वाले और कभी न थकने वाले सबसे प्रिय दूत हैं।

सुबह सात बजे वे किसी रेलवे स्टेशन पर चाय की हाँक लगाने वाले चाय वाले की तरह अपनी स्टील की नल वाली बड़ी-सी चाय की केतली के साथ हमारे दरवाजे पहुँच जाते हैं। मैं तो उनसे नियमित दो कप चाय लेता हूँ। फिर नौ बजे के पहले ही उनका दूसरा दौरा रोज किसी न किसी ताजा बनाए गए नाश्ते के साथ होता है। कभी आलू पराँठा तो कभी दालपूड़ी और आलू की सब्जी, कभी लूची और चने की दाल, तो कभी घुघनी। गरम-गरम, पूरी सफाई के साथ अच्छे तेल से बनाए गए इस नाश्ते से कभी कोई नुकसान नहीं होता। फिर दोपहर के खाने के पहले वे अक्सर अंडा करी के साथ एक फेरी लगा

जाते। दोपहर के तीन बजे तक घुघनी या प्याजी या आलूचाप, वेजिटेबल कटलेट का उनका फेरा लगता और फिर अन्त में लॉकअप के ठीक पहले कभी मुगलाई पराँठा तो कभी रोल तो कभी कुछ और। इसी के बीच मुख्तार भाई हल्दीराम की मिठाइयों, नमकीन, चॉकलेटों और ऐसी ही दूसरी पैकेटबन्द चमकदार चीजों को लेकर भी घूम जाते हैं।

सोचिए, जेल में ऐसे मुख्तार भाई की क्या अहमियत होगी। कैदियों के साथ उनका हिसाब भी चलता है। आज यदि कूपन नहीं है तो कोई बात नहीं, कल कूपन आ जाने पर चुका देना। जिन पर बाहर वालों ने भरोसा गवाँ दिया है, वे मुख्तार भाई के भरोसेमन्द हैं।

लोगों ने बताया कि अकेले मुख्तार भाई नहीं, कैंटीन के ऐसे और भी फेरीवाले हैं। लेकिन हमारा साबका चूँकि सिर्फ मुख्तार भाई से ही पड़ा, इसलिए यहाँ उन्हीं की बात कह सकता हूँ। जब से जेल में कैंटीन खुला, शायद मुख्तार भाई तभी से उससे जुड़े हुए हैं। कैंटीन उसके कर्मी कैदियों का एक सहकार है। इसके सामानों की गुणवत्ता के बारे में पहले ही बता चुका हूँ, और कीमतें–इतनी वाजिब कि सोचा भी नहीं जा सकता। कई बार सोचता हूँ कि इतने सस्ते दाम पर चीजें बेचकर इस समवाय को क्या मुनाफा होता होगा? मैंने तो एक बार पूछ भी लिया कि क्या 'बिना लाभ बिना नुकसान' के आधार पर यह कैंटीन चलता है? मुख्तार भाई ने बताया कि नहीं, लाभ होता है, लेकिन ऐसा नहीं कि किसी को लाखों की आमदनी हो जाए। आखिरकार कैदियों का मामला है। ऐसे ही वे अपने किए, न किए का दंड पा रहे हैं। ऊपर से उन्हें और भी कोई दंड, किसी के लोभ-लालच की तुष्टि का दंड भी भुगतना पड़े, यह उचित नहीं है।

इसीलिए मुख्तार भाई कोई सजायाफ्ता अपराधी नहीं, कैदियों–दुखियारों के एक सेवक, उनके हितैषी हैं। हम हमेशा उनके लिए खुशियों की, उनकी जल्द रिहाई और रंगीन जिन्दगी की कामना करेंगे।

सीआईडी हिरासत की स्मृतियाँ

अनु ने बताया कि कल सीआईडी वालों ने उसे वह गंजी के अन्दर पैकिंग में डाले जाने वाला कार्डबोर्ड दे दिया है जिसकी एक पीठ पर मैंने सीआईडी की हिरासत के समय कुछ पंक्तियाँ लिखी थीं। सीआईडी की हिरासत में कागज-पेन न मिलने से ऐसा कुछ भी लिखना सम्भव नहीं होता है। ऊपर से

उनके सेल में हमेशा रहने वाला नीम अँधेरा। फिर भी पहरेदार सिपाही की सहानुभूति वहीं से हमें मिलने लगी थी। एक रात एक सिपाही ने एक कलम दे दी, नई गंजी के अन्दर का कार्डबोर्ड हाथ में था और हमने थोड़ी-सी पंक्तियों में उस अनुभव के भावों को लिख दिया।

हम सीआईडी की हिरासत में तेरह दिन थे। पहले दिन ही हमारे इंस्पेक्टर ने कह दिया था कि हम घबड़ाए नहीं, वे इतने बुरे लोग नहीं हैं। इसके साथ ही चेता भी दिया था कि आने वाले चन्द रोज आपको काफी परेशान कर सकते हैं।

भवानी भवन में सीआईडी अधिकारियों ने हमारे साथ तेरह दिन में बमुश्किल आधा घंटा कोई पूछताछ की होगी। इसके अलावा पाँच दिन वे हमारे साथ हमारे कार्यालय में गए और सारा दिन वहीं पर गुजारा। भवानी भवन में भी कई मर्तबा, ऐसे ही इधर-उधर की गप के लिए वे घंटों हमें अपने दफ्तर में बुला लेते थे। कुछ देर हमसे बात करते, बाकी अपना दूसरा काम करते-लेकिन अँधेरे सेल की घुटन से बचाने के लिए अपने पास ही बैठाए रखते। सच कहूँ तो उनके रुख में मैंने कभी भी किसी प्रकार की शत्रुता का भाव नहीं देखा। वे जानते थे कि उन्हें अपना फर्ज अदा करना है। आखिर हमें आसामी बनाकर ले गए थे। लेकिन भीतर का सच किस आदमी को नहीं प्रभावित करता। वे हर लिहाज से हमारे प्रति सदाशय ही रहे।

फिर भी, जब मैंने गंजी के कार्डबोर्ड पर कुछ पंक्तियाँ लिखीं तो वे इतनी वेदना और दुख से भरी हुई थीं कि किसी भी संवेदनशील हृदय को एक बार के लिए तो थोड़ा झकझोर ही सकती थीं। पता नहीं क्यों, दूसरे ही दिन, बात बात में मैंने अपने जांच अधिकारी अतीश चटर्जी को वे पंक्तियाँ सुना दीं। स्वाभाविक तौर पर वे जरा सा हिल गए। मुझसे विशेष कुछ नहीं कहा, लेकिन जब हम उनके कार्यालय से अपने सेल में वापस जाने लगे तो उन्होंने धीरे से कहा कि कृपा होगी, यदि वह कार्डबोर्ड मैं उनको दे जाता। उन्होंने आश्वासन दिया कि वे उसे खोएँगे नहीं, सुरक्षित लौटा देंगे। अब इतने दिन बाद अनु को उन्होंने वह कार्डबोर्ड सौंप दिया है।

सीआईडी हिरासत में लिखे गए इस कार्डबोर्ड की पूरी कहानी को कहने का मकसद यह है कि हमने जब उन पंक्तियों को लिखा, उस समय हम उस पूरे वातावरण को जी रहे थे और सच कहें तो बड़ी आसानी से जी रहे थे। सीआईडी हिरासत के उन दिनों को हमने जिस भाव के साथ काटा, उसकी वहाँ के कर्मचारी भी प्रशंसा कर रहे थे। उस समय कुछ दिनों के लिए हमारे साथ रखे गए दूसरे दो आसामियों ने भी हमें देखकर, और हमसे लगातार गप करके उस कष्ट के समय को आराम से गुजार दिया था। लेकिन कार्डबोर्ड की उन पंक्तियों में जिस

सच का बयान हुआ है, वह इतनी आसानी से जी लिया जाने वाला सच नहीं है। उन पंक्तियों को पढ़कर निस्सन्देह अतीश की भी एक बार रूह काँपी होगी। अपने समग्र अनुभव से काटकर मैंने और अमित ने भी जब उन पंक्तियों को पढ़ा तो सारा मामला बेहद मार्मिक और कष्टदायी प्रतीत हुआ था।

यही वजह है कि आज जब यह पता चला कि अनु के हाथ वह कार्डबोर्ड लग गया है, तभी मैं समझ गया था कि इसने अब तक संयत रहे हमारे बेटे को थोड़ा विचलित कर दिया होगा और, ऐसा ही हुआ भी। इन दो महीनों में पहली बार फोन पर वह अपनी बेचैनी जाहिर कर रहा था।

और सरलू। अभी चन्द रोज पहले तो वह किसी प्रकार सन्तुलित हुई थी। दो शब्द भी ढंग से बोल नहीं पाती थी, गला रुंध जाता था। इस कार्डबोर्ड ने आज फिर उसे हिलाकर रख दिया है। आज बस यही कह रही थी कि अब और सहन नहीं होता।

मुझे इस बात का पहले से ही अनुमान था। मैंने उसे सतर्क कर दिया था कि उसे पढ़कर घबड़ाना नहीं। कार्डबोर्ड पर उभरी पीड़ा से कहीं बड़ा सच यह है कि हमने उन सभी दिनों को जरा भी विचलित हुए बिना पूरी शान से जीया है। हमें उसका कोई शोक या सन्ताप नहीं है।

सचमुच, शब्दों के संसार की अपनी ही माया है। इसका अपना यथार्थ है। लेखक भले इसकी रचना करके इससे मुक्त हो जाए, लेकिन पाठकों का यह एक चिरन्तन सत्य, जी का स्थायी जंजाल है। काफी गम्भीरता से सोचने की जरूरत है। रचना के यथार्थ के त्रिआयामी अवलोकन के लिए पाठकों को कैसा चश्मा लगाना चाहिए, उसका सन्धान भी आलोचकों का एक प्रमुख काम है। ब्रेख्त शायद इसीलिए दर्शकों को नाटकों के करुण, विह्वल भाव वाले नाटकीय प्रभाव से बचाने की नई शैली की खोज में लगे हुए थे।

13.8.2012 (सोमवार)

माओवाद...

माओवादी बापी दा 8 अगस्त का 'टाइम्स ऑफ इंडिया' दे गए। इसमें चंडी सरकार का एक साक्षात्कार छपा है। चन्द रोज पहले ही वे जेल से रिहा हुए थे। इस साक्षात्कार का शीर्षक है–'लालगढ़ फिर उठ खड़ा होगा'।

आशावाद कभी भी बुरा नहीं होता। उम्मीद पर दुनिया कायम है। चंडी सरकार कहते हैं कि ''हम अभी कुछ पीछे हटे हैं, लेकिन और तेजी से आगे बढ़ने के लिए। हमारे अनेक कार्यकर्ता और नेता जेल में हैं या शहीद हो गए हैं। किशनजी जैसे नेता को हमने खोया है...लेकिन इन भारी नुकसानों के बावजूद हम उबर जाएँगे, क्योंकि अब भी बड़ी संख्या में लोग हमारे साथ हैं।''

'बड़ी संख्या में लोग'–भारतीय राजनीति का यह सबसे बड़ा मिथ है। देश की इतनी भारी आबादी में कभी कहीं कुछ लोग साथ हो लिये और आदमी 'नेताजी' बन गया। उस्ताद नेता तो भाड़े के लोगों से जिन्दाबाद के नारे लगवाकर इन लोगों के भाड़े का खर्च तो उठाता ही है, खुद भी मगन होकर इतराता रहता है। लेकिन वास्तव में इसमें कितना सब टिकाऊ है और कितना क्षणिक, पैसों और धौंस का चमत्कार, इसका अन्दाज ही नहीं लगता और एक जिन्दगी गुजर जाती है।

अन्तिम प्रश्न राजनीति का है–उद्देश्यों और रोजमर्रे के कामों का। शत्रु-मित्र की पहचान और समाज में शक्तियों के सन्तुलन में बदलाव का।

चंडी सरकार से प्रश्नकर्ता ने जब पूछा कि क्या नन्दीग्राम और लालगढ़ में तृणमूल कांग्रेस के साथ मेल-जोल ही बंगाल में उनके पतन का कारण नहीं है, तो उनका साफ जवाब था–''नहीं, यह कभी भी हमारी पार्टी लाइन के विरुद्ध नहीं था। हमें यह निर्देश है कि क्रान्तिकारी आन्दोलन के लिए हम किसी भी दूसरी पार्टी के तृणमूल स्तर के कार्यकर्ताओं से हाथ मिला सकते हैं।''

कौन सी क्रान्ति, कैसा क्रान्तिकारी आन्दोलन! इस अनुभवी नेता के मन में एक बार भी यह सवाल क्यों नहीं उठता कि उन्होंने किसी 'क्रान्तिकारी आन्दोलन' के लिए तृणमूल कांग्रेस से हाथ मिलाया था या शुद्ध रूप में तृणमूल

कांग्रेस के भाड़े के टट्टुओं का काम किया था? आज के अनुभवों के बाद भी नहीं! नन्दीग्राम में माओवादियों का क्रान्तिकारी आन्दोलन कहाँ गायब हो गया? क्रान्तिकारी आन्दोलन शुभेन्दु अधिकारी और उनके जैसे शासक वर्ग के बर्बर नेताओं को वह क्षेत्र सौंपकर या तो रुखसत कर गया या खत्म कर दिया गया।

आप उनसे बात कीजिए, वे आपको क्रान्ति के लिए संयुक्त मोर्चा की रणनीति समझाएँगे। बताएँगे कि जनता में असन्तोष को वाणी देने के लिए इस प्रकार के गठबन्धन जरूरी होते हैं।

हमारा सवाल है कि हर 'जरूरी' कर्तव्य के पीछे इतिहास-बोध और यथार्थ-बोध की भी कोई भूमिका होती है या नहीं? दिन-रात 'वर्ग शत्रु' और 'वर्ग मित्र' का जाप करने वालों का वास्तविक वर्गीय बोध भी कुछ होता है या नहीं? हर स्थानीय लड़ाई को यदि इसी प्रकार 'क्रान्ति' समझा जाने लगा तो फिर राजसत्ता का प्रश्न तो कभी क्रान्ति का विषय ही नहीं बन सकता। राजसत्ता पर अधिकार की वृहत्तर लड़ाई राजनीति के वृहत्तर परिप्रेक्ष्य की समझ की माँग करती है। राजनीति, व्यापक जनता की गोलबन्दी, सामाजिक शक्तियों के सन्तुलन में परिवर्तन और एक सम्पूर्ण आर्थिक और विचारधारात्मक प्रभुत्व की स्थापना की लम्बी ऐतिहासिक प्रक्रिया का शीर्ष क्रान्ति या क्रान्तिकारी परिवर्तन को चरितार्थ करता है। भारत में इसका सिंह भाग जनतंत्र की लड़ाई है। उत्पीड़ित जनों की आवाज को उठाने की जनता की लड़ाई। सशस्त्र गिरोहों की हत्यारी साजिशें नहीं।

इसीलिए नन्दीग्राम लालगढ़ के अन्त में जनता तृणमूल के साथ रह गई और माओवादियों के पास कोरे शस्त्र-राज्य के शस्त्रों और सेना की तुलना में बिल्कुल आदिम स्तर के जंग खा चुके शस्त्र। तृणमूली 'वर्ग मित्रों' के हाथ जनता को सौंपकर, 'फिर आएँगे' के आश्वासन के साथ क्रान्ति क्षेत्र से प्रस्थान।

सचमुच, हर रोज 'क्रान्ति' की बूटी चढ़ाकर खुद में मगन हो जाने का व्यसन, दुनिया के वास्तव दुखों से पिंड छुड़ाने या गम गलत करने का उपक्रम-यह सब एक खास पलायनवाद ही है।

आरएसएस पर अपने शोध के दौरान मैंने पाया था कि जब तक उसने अपने राजनीतिक संगठन जनसंघ की स्थापना नहीं की थी, उसके नेता इसी फिराक में थे कि किसी भी प्रकार से कांग्रेस पार्टी में घुसपैठ करके क्यों न उसी पर कब्जा जमा लिया जाए। कांग्रेस के कुछ प्रादेशिक नेताओं को तब आरएसएस की भाषा बोलते हुए देखा जाता था। लेकिन जब यह साफ हो गया कि इस प्रकार शुद्ध साजिशाना ढंग से किसी व्यापक जन समर्थन वाली पार्टी की गर्दन पर सवार नहीं हुआ जा सकता, तो कांग्रेस मंत्रिमंडल के ही एक सदस्य रह चुके श्यामा प्रसाद

मुखर्जी को सामने रखकर जनसंघ का गठन किया गया।

माओवादियों की 'संयुक्त मोर्चा' की नीति भी इसी प्रकार किसी मुख्यधारा की पार्टी की गर्दन पर सवार हो जाने की कांक्षित नीति है। इसीलिए इसका कोई भविष्य नहीं है। राजनीति की असली चुनौती जनतांत्रिक संघर्षों की जिस व्यापक जमीन पर है, उससे कतराकर अँधेरे घरों में अस्त्र साधना का कोई भविष्य नहीं है।

आरएसएस वालों ने भी अम्बेडकर सहित अपने समय के अनेक जाने-माने लोगों की प्रशंसा के प्रमाण पत्र इकट्ठे किए थे। आज अरुंधती राय की तरह के कपटहीन लोगों की प्रशस्तियाँ माओवादियों के शरीर के धब्बों को नहीं छिपा सकतीं।

जमानत

हम दोनों की जमानत का समाचार मिल गया है। आँसू थम नहीं रहे हैं। खुशी में मन इतना भारी है कि अब और लिख नहीं सकता। पुराने, इप्टा के जमाने के, नई सुबह के गीत जोर-जोर से गाने की इच्छा हो रही है। क्या अच्छा हुआ कि शुरू में ही हम यह जान गए थे कि हम जहाँ भी हैं, हिटलर के ऑस्विच मृत्यु शिविर में नहीं हैं। जीवन इसके बाद भी रहेगा।

जेल के सभी प्यारे कैदी साथियों को अलविदा! एक बार के लिए दुनिया के महान बन्दी, इस यात्रा के हमसफर ग्राम्शी को भी अलविदा!

और अन्त में

सोचता हूँ कैसे उन शूरवीरों का कर्ज अदा करूँगा जिन्होंने पता नहीं कितने जोड़-तोड़ करके हमारे इस निर्वासन को सम्भव बनाया होगा। उनकी इस असीम कृपा के बिना किसी भी माध्यम पर ग्राम्शी को बुलाने का यह प्लांचेट कैसे सधता! ग्राम्शी जैसे महान बन्दी को कागज-कलम पर बुलाने के लिए बन्दीशाला का यह वातावरण क्या कम जरूरी था!

प्रभु उन सबको शतायु करें।

फिर भी गालिब के शेर से इतना जरूर कहूँगा-

दिल ही तो है, न संग ओ खिश्त, दर्द से भर न आए क्यों,
रोएँगे हम हजार बार, कोई हमें सताए क्यों।

परिशिष्ट-1

भारतीय वामपन्थ के पुनर्गठन का प्रस्ताव विचार के कुछ बुनियादी नुक्तें*

[आत्मालोचना क्रियात्मक और निर्मम होनी चाहिए, क्योंकि उसकी प्रभावकारिता परिशुद्ध रूप में उसके दयाहीन होने में ही निहित है। यथार्थ में ऐसा हुआ है कि आत्मालोचना और कुछ नहीं केवल सुन्दर भाषणों और अर्थहीन घोषणाओं के लिए एक अवसर प्रदान करती है। इस तरह आत्मालोचना का 'संसदीकरण हो गया है'।

–अन्तोनियो ग्राम्शी : राजसत्ता और नागरिक समाज]

1. सशस्त्र नवम्बर क्रान्ति ने 1917 में रूस में जो नई व्यवस्था कायम की वह 72 वर्ष चली। 1989 में उसका पतन कुछ इस प्रकार हुआ जैसे कोई सूखा पत्ता पेड़ से अनायास ही गिर जाता है। उस सत्ता परिवर्तन के अन्तिम दिन जब सोवियत सत्ता की ओर से सड़कों पर टैंक उतारे गए, तब वही टैंक येलत्सीन की वीरता के प्रदर्शन के मंच बन गए। क्रान्ति और प्रतिक्रान्ति के अनिवार्य रूप से हथियारबन्द और हिंसक होने अर्थात् इतिहास में बल-प्रयोग को लेकर एक प्रकार की अंध-आस्था वाले मस्तिष्कों को उस घटना ने चौंकाया था, क्योंकि मार्क्स की समझ के ठीक विपरीत उन्होंने सिर्फ इतिहास की ही नहीं, ऐतिहासिक परिघटनाओं के स्वरूपों अर्थात् बल-प्रयोग की सूरतों की भी अपनी खास प्रकार की अपरिवर्तनशील चौखटाबन्द समझ विकसित कर ली थी। जिस प्रकार उँगली के इशारों पर उस पूरी व्यवस्था का अन्त हुआ, उससे एक बात साफ थी कि उस समाज के लिए वैसी 'समाजवादी व्यवस्था' की कोई उपयोगिता नहीं रह गई थी, जैसी तत्कालीन सोवियत संघ में थी।

---

* यह नोट 15वीं लोकसभा के चुनाव के ठीक बाद लिखा गया।

रणधीर सिंह के शब्दों में, "It was a system virtually ready for history's broom." ।

2. 15वीं लोकसभा के चुनाव परिणामों के सन्दर्भ में सोवियत संघ के उस ऐतिहासिक घटनाक्रम का स्मरण अप्रासंगिक नहीं है। इसी लेखक ने पश्चिम बंगाल में लगातार छठी बार वाममोर्चा सरकार की जीत के सन्दर्भ में एक पूरी किताब लिखी है : 'पश्चिम बंगाल में मौन क्रान्ति'। दुनिया के इतिहास की यह बिरल घटना कि किसी पूँजीवादी सामन्ती राजसत्ता वाले संघीय गणतंत्र के एक अंग राज्य में लगातार 30 वर्षों तक कम्युनिस्ट पार्टी के नेतृत्व का मोर्चा चुनाव में जनता के मतदान से विजयी होता जा रहा है, यह किसी के लिए भी इसके सामाजिक गम्भीतार्थों के गम्भीर अध्ययन की माँग करता है। इसी जरूरत के तहत लिखी गई वह पूरी पुस्तक पश्चिम बंगाल के ग्रामीण क्षेत्र में मार्क्सवादी कम्युनिस्ट पार्टी के नेतृत्व में किए गए व्यापक सामाजिक-आर्थिक परिवर्तनों, सत्ता के सन्तुलन में आए बदलाव के इतिहास का आख्यान बन गई और बिल्कुल सही उस पूरे सामाजिक उपक्रम को एक 'मौन क्रान्ति' की संज्ञा प्रदान की गई। लेकिन उसी पुस्तक के उपसंहार में इस दौरान सामने आए नए सामाजिक यथार्थ और उसके कार्यभारों के सन्दर्भ में सीपीआई (एम) को सैद्धान्तिक और व्यावहारिक, दोनों स्तरों पर खुद को नए सिरे से प्रासंगिक बनाने की जिस नितान्त जरूरी जद्दोजहद की ओर संकेत किया गया है, यही वह पहलू है जिसका सीधा सम्बन्ध इस लोकसभा चुनाव और इससे जुड़े तमाम प्रसंगों से है।

3. ग्रामीण सत्ता संरचना में परिवर्तन जनतंत्र के बाकी कार्यभारों को तेजी से उभारकर सामने लाता है। इनमें शहरीकरण और औद्योगिकीकरण के प्रश्न शामिल हैं। इन प्रश्नों के आर्थिक पहलू के अलावा व्यापक सांस्कृतिक पहलू भी हैं, जिन्हें आधुनिक जीवन की नैतिकता की समस्याएँ कहा जा सकता है। इन समस्याओं का समाधान ग्रामीण 'मौन क्रान्ति' की प्रभुत्व शैली (hegemony) से हासिल नहीं किया जा सकता है। यह जनता के व्यापक समर्थन पर टिकी हुई पूँजीवादी जनतांत्रिक व्यवस्था में रहते हुए एक जनक्रान्तिकारी रणनीति को तैयार करने की समस्या है। राजसत्ता के दमनकारी उपायों से इस व्यवस्था के लिए जनता के व्यापक हिस्सों का समर्थन हासिल नहीं किया गया है। बनिस्बत, घुमाकर कहें तो कहा जा सकता है कि लोगों का बड़ा हिस्सा चीजों को चलाने की उस प्रणाली से खुश है, जिस प्रणाली पर पूँजीपति वर्ग उन्हें चलाना चाहता है।

4. इसीलिए वामपन्थियों के सामने इस खास जनतांत्रिक नैतिकता के निर्वाह के

साथ क्रान्तिकारी विकल्प तैयार करने की समस्या है। और, गौर करने लायक बात यह है कि आधुनिक जीवन की जनतांत्रिक नैतिकता के ऐसे ही तमाम प्रश्न हैं जिनके सही समाधान देने में असमर्थ विश्व कम्युनिस्ट आन्दोलन आज तक पूँजीवादी जनतंत्र की चुनौतियों के सामने लचर दिखाई पड़ता है। इटली के कम्युनिस्ट विचारक ग्राम्शी ने अपने प्रभुत्व सिद्धान्त के तहत यूरोपीय परिस्थितियों में कम्युनिस्टों के प्रमुख कार्यभारों में विचारधारात्मक और नैतिक स्तर पर अपनी श्रेष्ठता स्थापित करने की जिस चुनौती की बात कही थी, यूरोकम्युनिज्म से लेकर फ्रांस के 60 के दशक के कैम्पस विद्रोह तक की सारी कोशिशों का मूल सार किसी न किसी रूप में इन्हीं प्रश्नों का उत्तर हासिल करना था। ये जनतंत्र की नैतिक चुनौतियाँ हैं। सभ्य समाज के इन नैतिक प्रश्नों को ऐसे ही दरकिनार नहीं किया जा सकता है। खुद मार्क्स ने सारा जीवन जनतंत्र और स्वतंत्रता के इन्हीं मूल्यों के लिए संघर्ष किया। मसलन, अखबारों की स्वतंत्रता की बात को ही लिया जाए। मार्क्स ने लिखा, अखबारों की स्वतंत्रता की अनुपस्थिति अन्य सभी स्वतंत्रताओं को कोरा भ्रम बना देती है। स्वतंत्रता का एक रूप ठीक वैसे ही दूसरे को शासित करता है जैसे शरीर का एक अंग दूसरे को करता है। जब भी किसी एक स्वतंत्रता पर प्रश्न उठाया जाता है तो स्वतंत्रता के सामान्य रूप पर प्रश्न उठा दिया जाता है। जब स्वतंत्रता के एक रूप को खारिज किया जाता है तो सामान्य तौर पर स्वतंत्रता को ही खारिज कर दिया जाता है। मार्क्स के लेखन में जनतंत्र के प्रति अटूट निष्ठा के भी ऐसे असंख्य उदाहरण मौजूद हैं।

5. लेनिन ने 'एक देश में समाजवादी क्रान्ति' पर अपने समय में चली ऐतिहासिक बहस में कहा था कि जब विकसित औद्योगिक देशों में क्रान्ति होगी तब विश्व समाजवाद का नेतृत्व भी उन्हीं देशों के हाथ में होगा। यहाँ वे सिर्फ विकसित देशों की आर्थिक शक्ति की ओर ही संकेत नहीं कर रहे थे, उनका संकेत कुछ ऐसी सामाजिक-आर्थिक और बौद्धिक संरचनाओं की ओर भी था जो आधुनिक समाज की जरूरतों से उत्पन्न हुई थी, मानव सभ्यता की प्रगति की सूचक थी और उन्हें पिछड़े हुए देशों की परिस्थितियों में प्राप्त नहीं किया जा सकता था। लेनिन के शब्दों में, समाजवाद बड़े पैमाने के पूँजीवाद द्वारा सृजित तकनीकी और सांस्कृतिक उपलब्धियों के उपयोग के बिना असम्भव है। (जोर हमारा) यहाँ 'सांस्कृतिक' शब्द पर गौर करने की जरूरत है।

6. इन सबके बावजूद, आज भी जनतंत्रीकरण कम्युनिस्ट पार्टी के सांगठनिक ढाँचे की एक बड़ी समस्या बना हुआ है। इसका प्रमाण यह है कि जनतांत्रिक केन्द्रीयतावाद की सैद्धान्तिकी के बारे में व्यापक सहमति के बावजूद संकट

के हर नए मुकाम पर इसी सांगठनिक सिद्धान्त को कसौटी पर चढ़ाया जाता है और आज तक कम्युनिस्ट आन्दोलन के दायरे में इस सिद्धान्त के औचित्य–अनौचित्य पर एक प्रकार की अन्तहीन बहस जारी है। जनतांत्रिक केन्द्रीयतावाद संगठन के ढाँचे को तैयार करने का एक औपचारिक सिद्धान्त तो बना हुआ है, प्रश्न इसे संगठन के संचालन की आभ्यान्तरिक संस्कृति में तब्दील करने का है। गहराई से देखने पर पता चलता है कि जनतांत्रिक केन्द्रीयतावाद के बजाय संगठन नौकरशाही कमांड व्यवस्था और पूरी तरह से पूँजीवादी नवउदारतावाद की दो अतियों के बीच डोल रहा है। यह रुझान पार्टी की कार्यनीतिक लाइन को भी समान रूप से कैसे प्रभावित करता है, इसे हम आगे देखेंगे।

7. जनतांत्रिक केन्द्रीयतावाद की तरह ही जनतांत्रिक दुनिया के कम्युनिस्ट आन्दोलन में दूसरे जिस पद पर सबसे अधिक विवाद हुआ है, वह है 'सर्वहारा की तानाशाही' का पद। रूसी क्रान्ति के कुछ दिनों बाद ही 1920 में बर्ट्रेंड रसल रूस की यात्रा पर गए थे और उन्होंने लेनिन, ट्राटस्की और गोर्की से भी मुलाकात की थी। उस यात्रा के बाद ही उन्होंने एक किताब लिखी, 'द प्रैक्टिस एंड थ्योरी ऑफ बोल्शेविज्म'। इसमें वे अपने अनुभवों से बताते हैं कि ब्रिटेन में स्थित रूस के मित्र जब सर्वहारा की चर्चा करते हैं तब वे शाब्दिक अर्थ में सर्वहारा की ही बात कर रहे होते हैं, और जब वे तानाशाही की बात करते हैं, तब वे उच्चस्तरीय जनतंत्र कह रहे होते हैं, लेकिन रूस के कम्युनिस्ट जब सर्वहारा की बात करते हैं तो इससे उनका तात्पर्य रूस की कम्युनिस्ट पार्टी से होता है, और जब तानाशाही की बात करते हैं, तब वे शाब्दिक अर्थ में तानाशाही की चर्चा कर रहे होते हैं। दरअसल, शब्द सम्प्रेषण के औजार होते हैं। जिन शब्दों से हम अपने आशय को पूरी तरह से सम्प्रेषित नहीं कर सकते, उनसे चिपके रहना कहाँ की बुद्धिमानी है। पानी का जिक्र करते समय उसे उसके वैज्ञानिक नाम H_2O से पुकारना कोई मायने नहीं रखता। इसी प्रकार, किसी भी जनतांत्रिक राजनीतिक विमर्श में 'सर्वहारा की तानाशाही' पद के प्रयोग से पैदा होने वाले विभ्रम की आशंका को बनाए रखने के क्या मायने हैं? सोवियत संघ के पराभव के कारण के तौर पर आज सर्वस्वीकृत ढंग से सर्वहारा की तानाशाही के पार्टी की तानाशाही में और फिर पार्टी की तानाशाही के शुद्ध रूप में पार्टी के प्रभुत्वशाली गुट और फिर एक व्यक्ति की तानाशाही में बदल जाने की जो बात कही जाती है, उससे भी सर्वहारा की तानाशाही सम्बन्धी इस बहस के तात्पर्य को समझा जा सकता है।

8. कम्युनिस्ट पार्टियाँ संगठन के जिस कथित लेनिनवादी सिद्धान्त पर बल देती हैं, उसी के प्रवक्ता लेनिन नहीं मानते थे कि पार्टी के संगठन का कोई सार्विक और सर्वमान्य ढाँचा होता है। वे पार्टी को सामाजिक रूपान्तरण की खास ऐतिहासिक, राजनीतिक और सामाजिक परिस्थितियों में वर्ग संघर्ष को निश्चित राजनीतिक दिशा प्रदान करने का उपकरण मानते थे। पार्टी संगठन से उनकी यही अपेक्षा थी कि वह हर देश के यथार्थ के अनुरूप हो और संघर्षों की वास्तविक जरूरतों को पूरा करे। उनके शब्दों में, कम्युनिस्ट पार्टियों के संगठन का ऐसा कोई अन्तिम (absolute) रूप नहीं है, जिसे हर स्थान और काल के लिए सही माना जाए। संघर्षरत सर्वहारा वर्ग की परिस्थितियाँ लगातार बदल रही हैं, और इसीलिए सर्वहारा के हरावल को भी हमेशा संगठन के प्रभावशाली रूप की तलाश करनी होगी। इसी प्रकार, किसी भी देश की खास ऐतिहासिक परिस्थितियों की जरूरतों को पूरा करने के लिए प्रत्येक पार्टी को संगठन के अपने विशेष रूपों को विकसित करना होगा।

9. संगठन की विफलता सामाजिक यथार्थ और विश्व परिस्थितियों की समझ में कमी की भी सूचक होती है; अर्थात् सांगठनिक समस्या का सीधा सम्बन्ध पार्टी के कार्यक्रम की समस्या से है। पूँजीवाद की विफलताओं और जनता के व्यापक असन्तोष ने भारत में यत्र-तत्र वामपन्थ को आगे बढ़ने के बड़े अवसर दिए। विभिन्न स्तर के निकायों के चुनावों में काफी जीतें हासिल हुईं। एकाधिक राज्यों में सरकार बनाने का अवसर मिला। इन्हीं अनुभवों से पार्टी कार्यक्रम में ऐसी सरकारों की भूमिका को सुनिश्चित करने वाली धाराएँ (पूर्व कार्यक्रम की धारा 112 और सन् 2000 में त्रिवेंद्रम के विशेष सम्मेलन द्वारा पारित कार्यक्रम की धारा 7.17) जुड़ीं। अन्तर्राष्ट्रीय कम्युनिस्ट आन्दोलन के अनुभवों से बनाए गए पार्टी के कार्यक्रम में चुनाव के बल पर किसी संघीय गणतंत्र के अंगराज्य में भी सरकार बनाने की सम्भावनाओं तक का अनुमान नहीं लगाया गया था, केन्द्र सरकार में जाना तो दूर की बात। बोल्शेविक उसूलों में चुनाव में बहुमत के जरिए सत्ता पर आना पूरी तरह से असम्भव माना जाता था। 1996 में ज्योति बसु को प्रधानमंत्री बनाने के सवाल पर चली बहस के समय पार्टी कार्यक्रम में केन्द्र में सरकार बनाने की इस प्रकार की किसी सम्भावना के बारे में दिशा-निर्देश न होना भी चर्चा का एक विषय था और केन्द्रीय कमेटी के उक्त फैसले के ठीक बाद हुई सीपीआई (एम) की पार्टी कांग्रेस में ही कार्यक्रम में संशोधन करके इस प्रकार की सम्भावना के लिए स्पष्ट व्यवस्था की गई। कहने का तात्पर्य यह कि लेनिन की समझ के अनुसार भारतीय संविधान और भारत की ठोस

राजनीतिक-सामाजिक परिस्थितियों के साथ संगति रखते हुए पार्टी के कार्यक्रम और संगठन सम्बन्धी निर्णय लिये गए होते, तो अपनी रणनीति और कार्यनीति को कहीं ज्यादा सही और कारगर बनाया जा सकता था, अपने ही कामों का कहीं ज्यादा सही आकलन किया जा सकता था। यह तो जैसे अनायास ही पार्टी के संघर्षों ने अपने प्रभाव के राज्यों के ग्रामीण क्षेत्रों में सत्ता के सन्तुलन को बदलकर ऐसा परिवर्तन कर दिया कि जिसे 'मौन क्रान्ति' कहा जा सकता है। फिर भी आज तक इन अत्यन्त महत्त्वपूर्ण अनुभवों के आधार पर भारतीय क्रान्ति के अब तक के विकास पथ का एक सुसंगत सैद्धान्तिक ढाँचा तैयार करने में पार्टी की प्रकट विफलता बेहद चौंकाने वाली है। पश्चिम बंगाल के राजनीतिक घटनाक्रम के सिलसिलेवार अध्ययन के उपरान्त उसे 'मौन क्रान्ति' का नाम इस अदने से लेखक ने दिया है, पार्टी के लिए इस प्रकार का दावा आज भी उसकी कल्पना के बाहर है। अपने खुद के अनुभवों का सही आकलन न कर पाना किसी के लिए भी आगे के सही वस्तुनिष्ठ रास्ते को निर्धारित करना कठिन बना देता है। भारतीय वामपन्थ के साथ भी कहीं ऐसा ही कुछ तो नहीं घट रहा है?

10. भारत में कम्युनिस्ट आन्दोलन का इतिहास ऐसी कई बातों को सामने लाता है। यहाँ के कम्युनिस्ट नेतृत्व ने दुनिया के दूसरों देशों की कम्युनिस्ट पार्टियों की तरह ही 'कम्युनिस्ट अन्तर्राष्ट्रीय' को मुख्य रूप से अपने दिशा निर्देशक के तौर पर स्वीकारा था। इससे पार्टी के कार्यक्रम और संगठन के निर्माण में उसे जहाँ कुछ तैयारशुदा सूत्र मिल गए, वहीं उन सूत्रों को देश की ठोस परिस्थितियों के अनुसार ढालकर अपनाने में उसे काफी ज्यादा शक्ति और समय जाया करने का हरजाना भी देना पड़ा है। कभी-कभी तो उसकी समग्र नीतियाँ सोवियत संघ की विदेश नीति के हितों के ज्यादा अनुरूप रहीं, भारत में कम्युनिस्ट आन्दोलन के विकास के हितों के अनुरूप नहीं। कम्युनिस्ट आन्दोलन के शुरुआती दौर की कमियों को मार्क्सवाद के प्रयोग का ककहरा सीखने वाले शिशु की स्वाभाविक समस्या माना जा सकता है। वह दौर भी एक केन्द्र से पूरे विश्व के कम्युनिस्ट आन्दोलन को संचालित करने के कठमुल्ला सोच का दौर था। कम्युनिस्ट अन्तर्राष्ट्रीय के दस्तावेजों में उन दिनों जिस अधिकार और जोशो-खरोश के साथ सारी दुनिया के घटनाक्रमों के बारे में राय दी जाती थी, वह आज काफी आश्चर्यजनक लगता है। लेकिन, तब से अब तक विश्व कम्युनिस्ट आन्दोलन का पूरा दृश्यपट ही बदल गया है। एक केन्द्र से सब देशों की कम्युनिस्ट पार्टियों को संचालित करने की आज कोई कल्पना भी नहीं कर सकता है। भारत के कम्युनिस्टों

ने क्रान्ति के निर्यात की एक सबसे हास्यास्पद कोशिश भारत में चीन की कम्युनिस्ट पार्टी की शह पर तैयार किए जा रहे मुक्तांचलों के रूप में देखी थी। इसके बावजूद समग्रत: विचार करने पर लगता है जैसे आज भी सोच-विचार की अपनी खुद की पद्धति के विकास की ऐतिहासिक अक्षमता से भारत के कम्युनिस्ट आन्दोलन को उबरना बाकी है। यह काम भारत की वास्तविक परिस्थिति के विश्लेषण, संघर्ष की यहाँ की परम्परा की पहचान तथा परिवर्तन की सम्भावनाओं की ठोस समझ के आधार पर ही शुरू किया जा सकता है।

11. आज तक जाति और वर्ग के सम्बन्धों की पहेली अबूझ बनी हुई है। भारतीय समाज में जाति प्रथा एक क्षयिष्णु संस्था है। पूँजीवादी विकास के साथ-साथ इसकी मृत्यु अवधारित है। तथापि, राजनीति में जातिवाद का प्रभाव काफ़ी उग्र दिखाई देता है। यह गरीबों और गरीबों को आपस में लड़ाने का शासक वर्गों का सबसे जघन्य हथियार है, और इसीलिए '67 के बाद के भारी राजनीतिक उथल-पुथल के दौर में जातिवाद का प्रयोग पूँजीवादी सामन्ती ताकतों द्वारा अपने वर्चस्व को कायम रखने की वैसी ही एक बदहवास प्रतिक्रियावादी कोशिश रही है, जैसी साम्प्रदायिकता के जरिए है। साम्राज्यवाद के बरक्स भी जातिवादी पार्टियों की स्थिति कम खतरनाक नहीं है। कभी बहुजन समाज पार्टी को बिल्कुल सही, भारतीय राजनीति में अमेरिकी हस्तक्षेप के तौर पर देखा जाता था। लेकिन अब बसपा सहित सभी प्रकार की जातिवादी और नग्न साम्राज्यवादपरस्त ताकतों को तीसरे विकल्प की ताकतों के तौर पर सम्मानित स्थान पर रखा जाता है। ऐसा कोई भी मोर्चा क्या कभी साम्राज्यवाद विरोधी, सामन्तवाद विरोधी जनतांत्रिक मोर्चे के निर्माण के मार्ग को प्रशस्त कर सकता है? जातिवादी राजनीति के चरम प्रतिक्रियावादी रूप के प्रति कम्युनिस्ट आन्दोलन की साफ समझ के अभाव के कारण ही उसने हिन्दी प्रदेशों में पूरे कम्युनिस्ट आन्दोलन को लील लिया है। सामाजिक न्याय का प्रश्न कम्युनिस्ट पार्टी के मंचों से और ज्यादा ठोस और उग्र रूप में उठाया जाना जरूरी है।

12. आजादी की लड़ाई के दौरान कांग्रेस के साथ कम्युनिस्टों के सम्बन्धों का अपना एक लम्बा इतिहास है। कांग्रेस के साथ कभी ऊपर से तो कभी नीचे से संयुक्त मोर्चा बनाना, कभी उसके अन्दर रहकर काम करना, कभी पूरी तरह से स्वतंत्र रहना-आजादी की लड़ाई के दौरान भारत के कम्युनिस्टों की इन कार्यनीतियों का गहरा सम्बन्ध भारत के राष्ट्रीय स्वतंत्रता आन्दोलन के बारे में कम्युनिस्ट इंटरनेशनल के आकलन में समय-समय पर होने वाले

बदलावों से जुड़ा रहा है। इसकी मूल दिशा औपनिवेशिक गुलामी से मुक्ति की लड़ाई को तेज करने की ही रही। लेकिन सन् 42 के समय आश्चर्यजनक रूप में इसमें एक बुनियादी फर्क दिखाई दिया। शुरू में जिस विश्वयुद्ध को साम्राज्यवादी युद्ध मानकर उसके प्रति अपना रुख तय किया गया था, उसी युद्ध को सोवियत संघ पर हिटलर के हमले के बाद ब्रिटिश कम्युनिस्ट नेता हैरी पॉलिट के निर्देश पर जन-युद्ध घोषित किया गया, जबकि तब भी युद्ध की प्रमुख शक्तियाँ साम्राज्यवादी ही थीं। फलतः कम्युनिस्ट पार्टी तत्कालीन 'भारत छोड़ो' आन्दोलन के लगभग विरोध में खड़ी दिखाई दी। उस काल में फासिस्टों और नाजियों के खिलाफ मित्र शक्तियों में शामिल ब्रिटिश सरकार के प्रति क्या रुख अपनाया जाए, इस सवाल पर तत्कालीन पूरे राजनीतिक क्षेत्र में व्यापक भ्रान्तियाँ थीं। कांग्रेस के मंच पर भी इस विषय में नाना प्रकार की आवाजें सुनाई देती थीं। कम्युनिस्ट पार्टी के आकलन के मूल में विश्व परिस्थिति का यह आकलन भी काम कर रहा था कि नाजियों और फासिस्टों के खिलाफ मित्र शक्तियों की जीत से उपनिवेशवाद के खात्मे के युग का श्रीगणेश होगा। बाद का समूचा घटनाक्रम इस आकलन के सच को प्रमाणित करता है। इसके बावजूद यह भी एक बड़ी सच्चाई है कि सन् 42 के भारत छोड़ो आन्दोलन से अपने को अलग रखने के कारण उस समय पार्टी भारत की आम जनता से काफी अलग-थलग हो गई, जिसके लिए आज तक कम्युनिस्ट आन्दोलन से सफाई माँगी जाती है। और, आज तक यह सवाल अनुत्तरित ही है कि भारत में तब ब्रिटिश सरकार के प्रति अपनाए गए नरम रवैए से हिटलर के खिलाफ सोवियत संघ को अपनी लड़ाई में क्या मदद मिली? दुनिया के किसी भी कोने में कम्युनिस्टों का जनाधार बढ़ने से साम्राज्यवाद विरोधी संघर्ष को बल मिल सकता है, किसी भी वजह से उसमें कमी से नहीं। लेनिन के शब्दों में, केवल एक ही प्रकार की व्यावहारिक अन्तर्राष्ट्रीयता है अर्थात् अपने ही देश में क्रान्तिकारी आन्दोलन के विकास के लिए हार्दिक उद्योग करना और प्रत्येक देश के इसी प्रकार के आन्दोलन का समर्थन (प्रचार, सहानुभूति और सम्मान के द्वारा) करना। आचार्य नरेन्द्रदेव ने इसी सन्दर्भ में बिल्कुल सही कहा था कि इसको छोड़कर सब आत्मप्रवंचना है।

13. अन्तर्राष्ट्रीय कम्युनिस्ट आन्दोलन से प्राप्त 'क्रान्ति के विज्ञान' के सूत्रों का अंधानुकरण ही रूसी क्रान्ति की तर्ज पर सत्ता के केन्द्रों को आकस्मिक विद्रोह के जरिए दखल करो की सन् 48 की दूसरी पार्टी कांग्रेस की संकीर्णतावादी लाइन का कारण बना और पुनः चीन की ओर झुकाव चीन

के लांग मार्च की तर्ज पर तेलंगाना के सीमित किसान संघर्ष को सत्ता दखल करने की लड़ाई तक खींचने की दूसरी बड़ी गलती का सबब बना। 62 वर्षों के संसदीय जनतंत्र के लम्बे राजनीतिक इतिहास के अनुभवों के बावजूद इसकी सीखों को भारतीय क्रान्ति की अपनी समझ में शामिल करने के स्वतःस्फूर्त प्रयत्न आज भी नदारद हैं; जनता के जनवादी राज्य में बहुदलीय व्यवस्था की तरह की चीजों को स्वीकारने का कारण भी भारतीय राजनीति के अनुभव नहीं, सोवियत संघ में समाजवाद के पराभव के अनुभव रहे हैं। "यह प्रश्न कि (समाजवाद के तहत) अन्य राजनीतिक पार्टियाँ रहेंगी या बहुदलीय व्यवस्था कायम रहेगी, क्रान्ति और सामाजिक रूपान्तरण की प्रक्रिया में इन पार्टियों द्वारा निभाई जाने वाली भूमिका पर मुख्य रूप से निर्भर करता है।" ('कुछ विचारधारात्मक प्रश्नों पर', सोवियत संघ और पूर्वी यूरोप में समाजवाद के पराभव की पृष्ठभूमि में लिया गया पार्टी का प्रस्ताव, 1992)

14. कम्युनिस्ट इंटरनेशनल जैसी चीज काफी पहले ही अपना अस्तित्व गवाँ चुकी है, समाजवादी शिविर नाम की कोई चीज भी नहीं बची है। इसके बावजूद भारत के कम्युनिस्ट आन्दोलन ने अपने लिए अन्तर्राष्ट्रीय कम्युनिस्ट आन्दोलन का एक वर्चुअल संसार बना रखा है और चीन, क्यूबा, उत्तर कोरिया अथवा वियतनाम की तरह के देशों की तमाम नीतियों के बारे में उसके आकलन में उसके इस आत्म-सर्जित आभासित यथार्थ का दबाव हमेशा देखने को मिलता है। अपने 'पवित्र अन्तर्राष्ट्रीयतावाद' के निर्वाह के चलते हम इन देशों की नीतियों का न खुलकर आकलन कर पाते हैं और न ही उनके अनुभवों से सही सबक ले पाते हैं। इधर लातिन अमेरिका में नए सिरे से वामपन्थ के उभार के बारे में भी हमारे इसी रवैए के कारण पार्टी सदस्यों का आलोचनात्मक विवेक कमजोर हुआ है।

15. भारतीय संविधान में निहित क्रान्तिकारी सम्भावनाओं के बारे में आज भी सीपीआई (एम) के कार्यक्रम में कोई उल्लेख नहीं है, जबकि यहाँ के कम्युनिस्ट आन्दोलन ने खुद इन सम्भावनाओं का भरपूर प्रयोग किया है। कॉमरेड बी.टी. रणदिवे ने इस संविधान के बारे में लिखा था कि अपनी सारी कमियों और कमजोरियों के साथ यह संविधान जनतंत्र के विस्तार में आगे की ओर बढ़ा हुआ एक काफी बड़ा कदम है और नवस्वाधीन देशों में इसकी बहुत थोड़ी मिसालें हैं। सामाजिक विकास के वस्तुगत कारणों की शिनाख्त और विश्लेषण में असमर्थता के सही कारणों की तलाश करने के बजाय अक्सर हम पार्टी की सफलता और विफलता के लिए 'क्रान्तिकारी नैतिकता'

से जुड़े प्रश्नों को पूरी तरह से जिम्मेदार मानने लगते हैं। चुनावों में पराजय के लिए पार्टी की आत्मगत तैयारी के सवालों पर बल देने लगते हैं, और नीतियों के प्रश्नों की अनदेखी करते हैं। यह ऐतिहासिक भौतिकवाद के मूलभूत दर्शन के विरुद्ध है। क्रान्तिकारी राजनीति सिर्फ नैतिकता का प्रश्न नहीं है। समाजवाद नैतिक चयन नहीं, ऐतिहासिक अनिवार्यता है। क्रान्ति के खास चरण में अपनी ऐतिहासिक भूमिका की सही पहचान के आधार पर सही कार्यनीति के बिना सिर्फ कथित क्रान्तिकारी सांगठनिक शुद्धता से कुछ हासिल नहीं हो सकता। इसी प्रकार, बिना एक सिद्धान्तनिष्ठ प्रभावशाली संगठन के भी किसी भूमिका का निर्वाह सम्भव नहीं है।

16. जैसा कि ऊपर उल्लेख किया जा चुका है, पार्टी के संगठन की विफलताएँ उसके कार्यक्रम को प्रभावित करती रही हैं, वहीं कार्यक्रम की कमियों ने संगठन के स्वरूप पर असर डाला है। पार्टी संगठन का बोल्शेविक स्वरूप स्वाभाविक तौर पर किसी भी क्रान्तिकारी दल के लिए एक आकर्षक और आदर्श स्वरूप होगा क्योंकि उसी के जरिए दुनिया में पहली बार शासक वर्गों की ताकत के खिलाफ उत्पीड़ित जनों की क्रान्ति को सम्भव बनाया जा सका था। ब्रिटिश मार्क्सवादी इतिहासकार एरिक हाब्सवाम ने इस संगठन के बारे में सही लिखा था कि संगठन के उस स्वरूप ने छोटे से संगठनों को भी अपने अनुपात से कहीं अधिक प्रभावशाली बना दिया था, क्योंकि इसके जरिए पार्टी अपने सदस्यों से असाधारण निष्ठा और त्याग-बलिदान हासिल कर सकती है जो किसी भी सेना के अनुशासन और तालमेल से ज्यादा होता है और उन्हें किसी भी कीमत पर पार्टी के फैसलों पर अमल करने पर पूरी तरह से संकेन्द्रित कर देता है।

17. लेकिन गौर करने लायक बात यह है कि संगठन की जो तकनीक रूस में, जो एक पिछड़ा हुआ समाज था और जहाँ आततायी राजा का शासन था, जबर्दस्त रूप में सफल हुई, उसे भारत के एक भिन्न समाज और भिन्न प्रकार की राजनीतिक परिस्थितियों में हूबहू लागू नहीं किया जा सकता था। पार्टी को एक जनक्रान्तिकारी पार्टी के रूप में विकसित करने का यहाँ की पार्टी का निर्णय भी इसी सच को प्रतिबिम्बित करता है। जनक्रान्तिकारी पार्टी के निर्माण का फैसला संगठन के उस कथित लेनिनवादी रूप से मेल नहीं खाता था जो रूस की परिस्थितियों में उत्पन्न सोवियत संघ की कम्युनिस्ट पार्टी का रहा है और चीन की खास परिस्थितियों में उत्पन्न चीन की कम्युनिस्ट पार्टी का रहा है। यह भारत के विशेष आधुनिक राजनीतिक इतिहास की पृष्ठभूमि में लिया गया भारत की कम्युनिस्ट पार्टी का फैसला था, जिसकी दूसरे किसी

विकासशील देश में भी कोई नजीर नहीं मिलती। यह एक क्रान्तिकारी पार्टी को जनता के तमाम हिस्सों की प्रतिनिधित्वकारी पार्टी बनाने की जरूरत को समझते हुए लिया गया फैसला था।

18. दुर्भाग्य से पार्टी को ऐसे निर्णय तक पहुँचने में काफी ज्यादा विलम्ब हुआ। संसदीय जनतंत्र के सच और दूसरे आम चुनाव में ही केरल में कम्युनिस्ट पार्टी के नेतृत्व में राज्य सरकार के गठन के बावजूद कम्युनिस्ट आन्दोलन को हमेशा राजसत्ता के हिंसक दमन का सामना करना पड़ा। पश्चिम बंगाल में '70 के दशक का अर्द्ध फासिस्ट दमन इसी का एक और चरम उदाहरण था। शासक वर्गों में बढ़ते हुए तानाशाही के रुझान के चलते ही कम्युनिस्ट आन्दोलन अपने पुराने सांगठनिक ढाँचे से मुक्त नहीं हो पाया; जनता की जनवादी क्रान्ति की उसकी परिकल्पना भी पुराने प्रकार के हथियारबन्द संघर्ष के रास्ते से चिपकी रही। यही वजह है कि भारत में सन् 1975 के पहले का जो संगठन हथियारबन्द क्रान्ति की तैयारियों में लगा हुआ था, पार्टी के प्रभाव के सीमाई क्षेत्रों, लगुआ इलाकों और संचार सम्बन्धी नक्शों की तैयारी कर रहा था और गुजरात से लेकर बिहार तक भ्रष्टाचार तथा एकदलीय तानाशाही के खिलाफ जयप्रकाश के आन्दोलन के प्रति एक सीमा तक उदासीन सा था, वह संगठन '75 के आन्तरिक आपातकाल के खिलाफ संसदीय जनतंत्र की रक्षा की लड़ाई को नेतृत्व नहीं दे सकता था। हथियारबन्द लड़ाई के कार्यक्रम ने जनक्रान्तिकारी पार्टी के निर्माण को कभी पार्टी के एजेंडे पर नहीं आने दिया। सन् '75 के आन्तरिक आपातकाल के अनुभव के बाद ही वह विचार का मुद्दा बन पाया। 1979 में सीपीआई (एम) के सलकिया प्लेनम में जनक्रान्तिकारी पार्टी के निर्माण का नारा दिया गया। लेकिन इस बीच जो लम्बा समय गवाँ दिया गया, उसके नुकसान की पूर्ति कहाँ सम्भव थी!

19. किसी भी फैसले पर अमल में विलम्ब के अपने खास कारण होते हैं, और इससे खास प्रकार की विकृतियाँ भी पैदा होती हैं। जनक्रान्तिकारी पार्टी के निर्माण के फैसले के साथ भी कुछ ऐसा ही घटित हुआ। भारत की राजनीतिक व्यवस्था की तुलना एक गरीब आदमी को लगे अमीरी के शौक से की जा सकती है। सामान्यतः इतना गरीब और पिछड़ा हुआ देश संसदीय जनतंत्र के लिए अनुपयुक्त माना जाता है। फिर भी भारत के लोगों ने न सिर्फ इसे अपनाया बल्कि इसे अपनी पहचान का अभिन्न अंग बना लिया–यह बात सन् '75 के आन्तरिक आपातकाल के बाद के एक के बाद एक चुनावों से पूरी तरह स्थापित हो गई है। आज यह यहाँ की राजनीतिक व्यवस्था का नैसर्गिक अंग है। कम्युनिस्ट आन्दोलन को इस सच को समझकर आत्मसात्

करने में खासी देर हुई, जबकि आजादी के पहले से ही वह चुनावों में हिस्सा लेती रही है और आजादी के बाद, पहली लोकसभा चुनाव के समय से ही वह संसद में विपक्ष की एक प्रमुख ताकत रही है; आज तक माओवादी कहलाने वाले गुटों के लिए संसदीय जनतंत्र गले की हड्डी ही बना हुआ है।

20. पार्टी ने चुनाव लड़े, महत्त्वपूर्ण जीतें हासिल की, राज्यों में सरकारें बनाई, राज्य सरकार चलाने का अपने तरीके का विश्व रिकॉर्ड कायम किया, कुछ इतने बड़े सामाजिक परिवर्तन किए, जिन्हें क्रान्तिकारी परिवर्तन कहा जा सकता है–इन सबके बावजूद इस पूरे उपक्रम के समानान्तर पार्टी के सांगठनिक ढाँचे में एक जनक्रान्तिकारी पार्टी की जरूरतों के अनुरूप सभी प्रकार के जरूरी परिवर्तन सम्भव नहीं हुए, उसे व्यापक रूप में प्रतिनिधित्वकारी नहीं बनाया जा सका। पार्टी के कार्यक्रम और संगठन के बीच का यह लगभग असमाधेय प्रतीत होने वाला अन्तर्विरोध ही उस संकट के मूल में है, जिस संकट का सामना आज पार्टी को करना पड़ रहा है और जिसका उल्लेख यहाँ शुरू में आधुनिक जीवन की नैतिक चुनौतियों के रूप में किया गया है।

21. भारत में जनतंत्र की रक्षा और विस्तार तथा जनतांत्रिक संस्थाओं और मर्यादाओं को कायम रखने के लिए लम्बे संघर्षों के जरिए पार्टी ने भारतीय राजनीति में अपनी साख बनाई है। आजादी की लड़ाई में अपनी भूमिका के अलावा शुरू से राजनीतिक बन्दियों की रिहाई, जनजीवन की समस्याओं से जुड़ी लड़ाइयों, केन्द्र–राज्य सम्बन्धों के पुनर्विन्यास के जरिए भारत के संघीय ढाँचे की रक्षा, धर्मनिरपेक्षता के सवाल पर वामपन्थ के समझौताहीन रवैए और समाज के उत्पीड़ित और दलित जनों के लिए लगातार आवाज उठाने तथा सर्वोपरि, मजदूरों और किसानों के हितों की रक्षा के प्रश्न पर पार्टी के नेतृत्व में चलाए जाने वाले लगातार और अथक संघर्षों ने वामपन्थ का अपना खास स्थान बनाया है। जिस समय 1996 में ज्योति बसु को भारत का प्रधानमंत्री बनाने का प्रस्ताव आया था, उसके पीछे भी वामपन्थ द्वारा अर्जित जनतांत्रिक राजनीति के क्षेत्र की यही साख थी। यहाँ नेपाल के माओवादियों की तरह भारतीय वामपन्थियों को संसद में सबसे ज्यादा सीटें नहीं मिल गई थीं।

22. लेकिन समस्या तब खड़ी होती है, जब पार्टी अपनी इस साख के अनुभवों की सीखों को खुद के कार्यक्रम की समझ का अंग बनाने में चूक जाती है। ज्योति बसु को प्रधानमंत्री पद के प्रस्ताव के समय केन्द्रीय कमेटी के कथित बहुमत की पुरानी कठमुल्ला समझ ने जो भूमिका अदा की, बाद में लोकसभा के अध्यक्ष पद की मर्यादा के सवाल पर भी उसकी झलक देखने को मिली।

सत्ता के प्रति एक विशेष प्रकार का वैरागी और शुद्धतापूर्ण विशिष्टतावादी रवैया संसदीय जनतांत्रिक राजनीतिक परिवेश में वामपन्थ की साख को बढ़ाता नहीं, बल्कि कम करता है। संसदीय राजनीति में शुद्ध रूप से पार्टी के निर्देशों के अनुसार देश की नीतियों को तय करने का जनादेश पाने का सपना बोल्शेविक पार्टी की तर्ज पर पूर्ण सत्ता (absolute power) हासिल करने की कठमुल्ला समझ का परिणाम है, जो निश्चित तौर पर पार्टी की जनतांत्रिक साख को हानि पहुँचाता है। यह समझ अन्ततोगत्वा सर्वाधिकारवाद का खतरा पैदा करती है, जनतांत्रिक चेतना के लोगों को पार्टी से अलग-थलग करती है।

23. साख की यही समस्या विश्व परिस्थिति के आकलन और उसमें भारत की स्थिति और भूमिका के बारे में एक कठमुल्ला सोच से भी पैदा होती है। चीन अमेरिका से 'सर्वाधिक सुविधाप्राप्त राष्ट्र' का दर्जा पाता है, नाना प्रकार की सन्धि-समझौता करता है, पारमाणविक सन्धि भी करता है, तथा अधिकांश विश्व मामलों में अमेरिका के साथ खड़ा भी दिखाई देता है। दुनिया की परिस्थिति का उसका अपना आकलन है। उसके इस आकलन में अनेक चरणों को देखा जा सकता है। जैसे-जैसे दुनिया बदली, चीन ने अपनी जरूरतों तथा बदलती विश्व परिस्थितियों के अनुसार अपनी विश्व रणनीति को बदला। इससे चीन को अपनी समाजवादी व्यवस्था को मजबूत करने में कितनी मदद मिली, कितनी नहीं मिली तथा चीन की जनता की साम्राज्यवाद विरोधी चेतना का आज क्या स्तर है, यह बहस के इतर विषय हैं। इन पर निश्चित तौर पर इतिहास राय देगा। लेकिन जब हम भारत के सन्दर्भ में विचार करते हैं, तो भारत की विश्व रणनीति के बारे में हमारी सोच में किसी प्रकार का कोई क्रमिक विकास, लचीलापन या बदलाव दिखाई नहीं देता। 1989 में सोवियत संघ के पतन के साथ दुनिया की परिस्थिति में आए भारी परिवर्तन के बावजूद हमारी विदेश नीति सम्बन्धी सोच गुटनिरपेक्ष आन्दोलन के समय की परिस्थितियों में ही अटकी हुई है। इसी से साम्राज्यवाद विरोध भी कोरी लफ्फाजी भर बनकर रह जाता है।

24. भारत में साम्राज्यवाद विरोध की परम्परा का इतिहास कांग्रेस दल को अलग करके कभी तैयार नहीं किया जा सकता है। इस विषय में आजादी के बाद कांग्रेस के ढुलमुल यकीन रवैए के बावजूद कोई यदि कांग्रेस को अलग रखकर साम्राज्यवाद के खिलाफ देश की सार्वभौमिकता की रक्षा की कल्पना करता हो तो यह मूर्खों के स्वर्ग में वास करने के अलावा कुछ नहीं होगा। भारत की स्वतंत्रता और सार्वभौमिकता सिर्फ वामपन्थियों के बूते बचाई जा

सकती है, यह वस्तुनिष्ठ सच नहीं है। ऐसी स्थिति में कांग्रेस नेतृत्व को हमेशा सन्देह के घेरे में रखना एक खतरनाक खेल है। हमेशा इसी बात को दोहराते रहना कि हमारे नेता साम्राज्यवाद से लड़ेंगे नहीं, उससे समझौता कर लेंगे, जनता में एक प्रकार का निरुत्साह पैदा करता है। आगे लोगों को इस निरुत्साह की स्थिति से निकालना ही कठिन हो जाएगा। हमारी लगातार चली आ रही इस नकारात्मक नीति के घातक परिणाम साफ दिखाई देने लगे हैं। साम्राज्यवाद के खिलाफ लड़ाई सिर्फ छोटे से प्रभाव क्षेत्र वाले वामपन्थियों के वश में नहीं है, यह भारत की सभी देशभक्त ताकतों की साझा लड़ाई है और इसमें कांग्रेस भी शामिल है। जब तक इस वास्तविकता को नहीं स्वीकारा जाता, भारत की जनता की साम्राज्यवाद विरोधी चेतना को जाग्रत् नहीं रखा जा सकता है। इस बारे में शासक दल की पोल खोलने की कथित नीति साम्राज्यवाद विरोधी संघर्ष की नीति नहीं कहलाएगी, बनिस्बत इसे इस संघर्ष से देशभक्त जनता के बड़े हिस्से को काटने की नीति कहा जा सकता है। इसका अर्थ यह कदापि नहीं है कि कांग्रेस की साम्राज्यवाद के बरक्स समझौतावादी नीति की आलोचना न की जाए, लेकिन इसमें इतनी वस्तुनिष्ठता और संयम होना चाहिए ताकि हमारा आकलन जनता के बीच स्वीकृति पाए। लगातार यह कहना कि वे देश को अमेरिका के हाथ में बेच दे रहे हैं, सच से कोसों दूर है और हमारे प्रति जनता को निरुत्साहित करने के लिए काफी है। परमाणु सन्धि के सन्दर्भ में हमारा समग्र आकलन, यह प्रचार कि मनमोहन सिंह देश को बेच रहे हैं और बुश खरीद रहा है, कोरा बचकानापन था। 15वीं लोकसभा के लिए मतदान की समाप्ति के दूसरे दिन 14 मई, 2009 को 'इकोनोमिक्स टाइम्स' को दिए एक साक्षात्कार में कॉमरेड प्रकाश करात कहते हैं, "इस दौरान, भारत रूस, कजाखस्तान तथा अन्य देशों के साथ वार्ता चला सकता है। चूँकि हाइड एक्ट अमेरिका केन्द्रित है, इसीलिए अमेरिकी कम्पनियों के साथ सौदा करने के पहले इस पर फिर से काम करना होगा।" ("In the mean time, India could carry on with negotiations with say countries like Russia, Kazakhstan and other. Since Hyde Act is US-specific, we should rework that before dealing with American firms.") कॉमरेड प्रकाश का यह कथन ही इस विषय पर अपनाए गए चरम रुख के पीछे वस्तुनिष्ठता के अभाव को बताने के लिए काफी है।

25. किसी भी मामले में अन्धता साख की समस्या पैदा करती है। अन्ध अमेरिका विरोध भी। खुद अमेरिका में आज आर्थिक संकट के चलते जो परिवर्तन हो

रहे हैं, उनके प्रति पूरी तरह से आँख मूँदकर नहीं चला जा सकता है। अमेरिकी राजसत्ता के साथ ही अलग से अमेरिकी समाज पर भी नजर रखनी चाहिए। उस समाज के अन्तर्विरोधों को अनदेखा करने का कोई कारण नहीं है। अमेरिका की धरती पर मजदूर वर्ग के अधिकारों के लिए सबसे खूनी और ऐतिहासिक लड़ाइयाँ लड़ी गई हैं। आज के अमेरिकी संकट की परिणतियों को भी पुराने ढंग के मानदंडों से शायद पूरी तरह नहीं समझा जा सकता है।

26. गौर करने की बात यह है कि आज की दुनिया 50 साल पहले की दुनिया से काफी अलग है। यह 2007 के पहले की दुनिया से भी अलग है। आज भी अमेरिका दुनिया का सबसे शक्तिशाली सामरिक देश है, लेकिन विश्व अर्थव्यवस्था के इंजन के रूप में वह इसे और आगे खींचने में अक्षम है। पिछले अगस्त महीने में अमेरिका का जो ऋण संकट शुरू हुआ है, उससे उबरने के लिए सरकार द्वारा अब तक अरबों डॉलर बहा दिए जाने पर भी उस संकट का कोई किनारा दिखाई नहीं पड़ता है। वह हिमालय समान कर्ज के जिस बोझ के तले फँसा हुआ है, उससे निजात पाना उसके वश में नहीं है। आर्थिक ताकत के बल पर आँखें तरेरकर की जाने वाली नवउदारतावाद की सारी अनुशंसाएँ, 'वाशिंगटन कन्सेन्सस' और वित्तीय विनियमन की लम्बी-चौड़ी बातें अब सुनाई नहीं देतीं। आर्थिक सत्ता का न्यूयॉर्क से हटकर वाशिंगटन जाना ही नवउदारतावाद के जनाजे के समान है। अमेरिकी उदारतावादी जनतंत्र को अब चिरस्थायी बताकर 'इतिहास के अन्त' की घोषणा के साथ निश्चिन्त हो जाने वाला फ्रांसिस फुकुयामा फिर से सोच में पड़ गया है। यह सोवियत संघ और पूर्वी यूरोप के देशों में समाजवाद के पराभव के बाद अमेरिकी 'उदारतावादी जनतंत्र' और उसके तमाम नव-उदारतावादी नुस्खों के पराभव का युग है। अमेरिकी अर्थव्यवस्था आज जिस प्रकार अति उत्पादन के संकट में फँस गई है और वहाँ जिस पैमाने पर राज्य के हाथ में ऋणों का संकेन्द्रण हो रहा है, और जिस प्रकार अमेरिकी मजदूर वर्ग में यूनियनों के प्रति आग्रह बढ़ रहा है, उसे देखते हुए अमेरिकी राजनीति की अनन्त अकल्पनीय सम्भावनाओं को खारिज नहीं किया जा सकता है। आज अमेरिका में किसी क्रान्तिकारी मार्क्सवादी पार्टी की अनुपस्थिति का अर्थ यह नहीं है, वह आगे भी कभी नहीं होगी। कौन, कब और कैसे 'साम्राज्यवाद की कमजोर कड़ी' साबित हो जाए, कहना मुश्किल है। जरूरत मजदूर वर्ग की क्रान्तिकारी पार्टी के उभार की है। आज कम से कम इतना तो तय है कि संकट में फँसा अमेरिका मौजूद विश्व अर्थव्यवस्था के

भरोसेमन्द सहारे की स्थिति को क्रमश: गवाँ रहा है। यद्यपि आज भी अमेरिका ही आर्थिक और सामरिक, सभी दृष्टि से विश्व साम्राज्यवाद का सरगना है, इसमें जरा भी शक की गुंजाइश नहीं है। वही सारी दुनिया की शान्तिकामी, स्वतंत्रताकामी और न्यायप्रिय जनता का प्रथम दुश्मन है।

27. आज के युग को आभासित यथार्थ (virtual reality) का युग भी कहा जाता है। यह बात पूरी तरह सच नहीं है, तथापि इससे पूरी तरह इनकार भी नहीं किया जा सकता है। जो दिखाई देता है, उसका गहरा सम्बन्ध जो दिखाया जा रहा है, उससे है। चोमस्की जिसे 'निर्मित अभिमत' (manufactured consent) कहते हैं, वह इसी वर्चुअल की उपज है। ऐसे में पार्टी और माध्यम का सम्बन्ध काफी महत्त्वपूर्ण हो जाता है। यहीं पर पुन: उस वैचारिक प्रभुत्व की स्थापना की लड़ाई सबसे जरूरी लड़ाई जान पड़ती है, जिसकी हमने ग्राम्शी के उल्लेख के साथ पहले चर्चा की है। इस काम के लिए पार्टी का प्रचारतंत्र, बुद्धिजीवियों की उसकी फौज, उसका सांस्कृतिक मोर्चा किसी भी दूसरे मोर्चे से कम महत्त्वपूर्ण नहीं है। लेकिन इन्हीं मोर्चों पर इधर के वर्षों में हमारी स्थिति बेहद निराशाजनक दिखाई देती है। आज हम साहित्य और संस्कृति के क्षेत्र में किसी प्रकार का विचारधारात्मक संघर्ष करते दिखाई नहीं देते हैं। बुद्धिजीवियों के साथ पार्टी के आदान-प्रदान की कोई प्रक्रिया नहीं दिखाई देती है।

28. आज की दुनिया से अधिक आर्थिक वैषम्य अतीत में कभी दिखाई नहीं दिया; इसी प्रकार आज की तरह विचारों और नैतिकता के मामले में विश्वव्यापी एकसमानता पहले कभी देखने को नहीं मिली। दुनिया के स्तर पर सांस्कृतिक वैविध्य को जबर्दस्ती किसी दबाव के तले एक जैसा चपटा बना दिया जा रहा है। नवउदारतावादी समाज के मूल्यों को हमारे गले में ठूँसा जा रहा है। संचार के विकास के कारण भी राजनीति का स्वरूप इतना अधिक बदल गया है कि राजनीति के क्षेत्र को आज यदि विचारों के बाजार का क्षेत्र कहा जाए तो अतिशयोक्ति नहीं होगी। इस बाजार में जनमत को तैयार करने के उपकरणों पर शासक वर्ग की इजारेदारी है। बाजार की अपनी खुद की एक नैतिकता है। मुक्त बाजार में विचार कतई मुक्त नहीं है। बाजार का पंजा किसी सर्वाधिकारवादी राजसत्ता से भी कहीं ज्यादा फौलादी होता है, जो नागरिकों को अपने इशारों पर चलाता है। चोमस्की के शब्दों में, जनतंत्र के लिए प्रचार का वही महत्त्व है जो किसी तानाशाही निजाम के लिए दमन के यंत्र का है। क्रान्ति से तात्पर्य यदि शासक वर्गों की राजसत्ता को पराजित करना है तो जनतांत्रिक व्यवस्था में शासक वर्गों के प्रचार तंत्र को पराजित करना होगा।

29. इस लिहाज से आज वस्तुगत रूप में सारी दुनिया में वामपन्थ के पक्ष में सबसे अधिक सकारात्मक परिस्थितियाँ होने पर भी भारतीय वामपन्थ की स्थिति कमजोर नजर आती है। आजादी की लड़ाई और उसके बाद के प्रलेस के जमाने में, और पुन: '80 के दशक के बाद के जलेस के प्रारम्भिक काल में भारत के बौद्धिक जगत् में वामपन्थियों की जो वर्चस्व की स्थिति दिखाई देती थी, आज वह नहीं है। गौर से देखने पर पता चलेगा कि सम्भवत: आज के भारतीय वामपन्थ के साथ समग्र रूप में भारतीय बौद्धिकों का रिश्ता प्राय: नहीं रह गया है। वामपन्थी राजनीति भी कोई सामाजिक विमर्श नहीं, कोरी तात्कालिकताओं में सिमटी हुई जान पड़ती है। वामपन्थी नेतृत्व की बौद्धिक सांस्कृतिक पहचान कमजोर हुई है। सांस्कृतिक विषय उसकी आखिरी प्राथमिकता में है।

30. पश्चिम बंगाल का अनुभव यह है कि पार्टी की राज्य स्तर की सर्वोच्च सांस्कृतिक उपसमिति तक की बैठकें बुद्धिजीवियों से उनकी समस्याओं अथवा सामाजिक–सांस्कृतिक परिदृश्य की समस्याओं पर किसी प्रकार के संवाद के लिए नहीं होती। चुनाव या संकट की किसी दूसरी घड़ी में बहुत अल्प समय के लिए बुलाई गई ऐसी बैठकों में निहायत औपचारिक और नौकरशाही ढंग से कविताएँ और तुकबन्दियाँ तैयार करने, नाटक अथवा कार्टून तैयार करने और कोई सभा–जुलूस संगठित करने के कुछ निर्देश भर जारी किए जाते हैं। जनसंगठनों की स्वायत्तता नाम की कोई चीज नहीं बची है। राज्य के प्रभारी नेता की सनक जनसंगठनों का नेतृत्व तय करती है। यह सब पार्टी के उसी कमांड ढाँचे की परिणतियाँ हैं जिसमें किसी भी सेना की तरह ऊपर से आने वाला आदेश ही सर्वोपरि है, परस्पर विचार–विमर्श की गुंजाइश कम है।

31. जनसंगठनों के प्रति इस प्रकार के कमांड रवैए का सबसे घातक प्रभाव लेखक और सांस्कृतिक संगठनों पर पड़ा है। व्यापक लेखन और संस्कृति के जगत् में पार्टी के लेखक और सांस्कृतिक संगठनों से जुड़े लेखकों और संस्कृतिकर्मियों की स्थिति कमजोर हुई है। स्वभाव से प्रगतिशील, जनतांत्रिक और स्वतंत्र समझा जाने वाला लेखक इन संगठनों से जुड़कर सबसे पहले अपनी इसी नैसर्गिक पहचान को गवाँता है। 'प्रगतिशील' लेखक प्रगतिशील नहीं रह जाता, संघर्ष के मैदान की कुछ बद्धमूल धारणाओं और नैतिकताओं का बन्दी बनकर जीवन के अनेक मार्मिक और मानवीय पक्षों के खिलाफ खड्ग हस्त दिखाई देने लगता है। प्रेम की रचनाएँ लिखना भी इस कथित क्रान्तिकारी सांस्कृतिक हलके में विचार का विषय होता है, प्रश्नातीत

स्वाभाविकता नहीं। कलारूपों की अभिनवता, प्रयोग और सौन्दर्य के प्रति सदा संशय का भाव बना रहता है। जाहिर है कि ऐसे में स्वतंत्रता तो उससे कोसों दूर दिखाई देती है। फलतः अक्सर प्रतिवाद का स्वर भी नितान्त औपचारिकता बन जाता है। यह स्थिति वामपन्थी सांस्कृतिक संगठनों को सांस्कृतिक और लेखकीय जगत् के लिए अप्रासंगिक बनाने के लिए काफी है।

32. जनसंगठनों के संचालन में गड़बड़ियों से पैदा होने वाली ऐसी विकृतियों पर पार्टी में चर्चा होती है, उन्हें दूर करने के प्रस्ताव भी लिये गए हैं, जनसंगठनों के बारे में पार्टी का एक पूरा दस्तावेज है, जो इन्हीं समस्याओं को सम्बोधित है। फिर भी, व्यवहार में उन फैसलों पर अमल के लिए पार्टी के जिस ढाँचे की जरूरत है, वह दिखाई नहीं देता। जनतंत्र किसी भी सभ्य समाज का एक अभीष्ट लक्ष्य है। पार्टी में यह अनुलंघनीय होना चाहिए। जनतंत्र पर अधिकतम बल ही जनतांत्रिक केन्द्रीयतावाद को तमाम विकृतियों से बचाने की सबसे बड़ी गारंटी बन सकता है। इसके आगे की समस्या जनतांत्रिक केन्द्रीयतावाद को संगठन के संचालन की आभ्यान्तरिक, स्वाभाविक संस्कृति बनाने की समस्या है, जिसका हम पहले उल्लेख कर चुके हैं।

33. सन् 1979 के सलकिया प्लेनम का दूसरा महत्त्वपूर्ण निर्णय हिन्दी प्रदेशों में पार्टी को फैलाने के बारे में था, जिसकी काफी चर्चा होती है। इस विषय के ढेर सारे पहलू हैं। इस मामले में पार्टी की विफलता, एक जनक्रान्तिकारी पार्टी के रूप में पार्टी का विकास न हो पाने का प्रमुख कारण है। वामपन्थी आन्दोलन के लिए हिन्दीभाषी क्षेत्र आज तक अन्धों का हाथी बना हुआ है। इधर स्थिति और ज्यादा खराब हुई है। वस्तुतः आज के वामपन्थ से हिन्दी निष्कासित है। वामपन्थी राजनीतिक नेतृत्व हिन्दी के बुद्धिजीवियों से शायद ही कभी कोई संवाद करता है। हद तब हो जाती है जब डॉ. अशोक मित्र पार्टी के मुखपत्र में हिन्दी भाषा को ही जनसंघ की भाषा कह देते हैं। कम्युनिस्ट पार्टी के हिन्दी अखबार अनूदित सामग्रियों से अटे होते हैं। ये न जन संघर्षों को प्रेरणा दे सकते हैं, न किसी अन्य प्रगतिशील बौद्धिक विमर्श के मंच बन पाते हैं।

34. पार्टी के मौजूदा ढाँचे की आलोचना करने का अर्थ यह नहीं है कि सामाजिक परिवर्तन के लिए किसी राजनीतिक हथियार की जरूरत से इनकार करना। उलटे इतिहास इस बात का गवाह है कि पूँजीवाद विरोधी कोई भी आन्दोलन या शक्ति स्वतःस्फूर्त ढंग से नहीं पैदा होते। उन्हें अलग से बनाने की जरूरत होती है। जरूरत ऐसे राजनीतिक दल के विकास की है जो 21वीं सदी के समाजवाद की स्थापना की लड़ाई को नेतृत्व दे सके। आज की दुनिया 50 साल

पहले की दुनिया से काफी अलग है। यह सोवियत संघ और पूर्वी यूरोप के देशों में समाजवाद के पराभव और अमेरिका के दुनिया के सबसे बड़े सामरिक शक्ति के देश के रूप में उभरकर सामने आने वाले समय की दुनिया है, जब अमेरिका का बराबरी में मुकाबला करने वाली कोई ताकत नहीं दिखाई देती है। यह वह दौर है जिसमं वैज्ञानिक तकनीकी क्रान्ति की अग्रगति ने उत्पादन की प्रक्रिया तथा उसकी प्रकृति को भारी प्रभावित किया है। यह आर्थिक और सांस्कृतिक वैश्वीकरण तथा जनसंचार माध्यमों की बढ़ती हुई शक्ति का दौर है। यह वह दुनिया है जिसमें पूँजीवाद नवउदारवाद की निष्ठुरता की ओट में तकनीकी अग्रगति का अपने लाभ के लिए प्रयोग कर रहा है, निर्दयता से प्रकृति का नाश किया जा रहा है और विभिन्न सामाजिक समूहों तथा पूरे के पूरे राष्ट्रों को सामूहिक वंचना का शिकार बना रहा है।

35. किसी बेहतर भविष्य के लिए 'बेहतर वाममोर्चा' के शासन के प्रति अब लोगों में उतनी रुचि नहीं रह गई थी। भविष्य की चिन्ता किसे होती है? लोगों को भविष्य की चिन्ता प्रेरित नहीं करती। अतीत भविष्य की तुलना में कहीं ज्यादा मूर्त, ठोस और परिपूर्ण होता है। अतीत को बदलने, नए रंग में रँगने, उसकी बदरंग हो चुकी छवि को सुधारने के लिए आदमी जरूर प्रेरित होता है। पश्चिम बंगाल में वाममोर्चा के शासन के 34 वर्षों के दीर्घ अतीत में ऐसे कई बदरंग कोने तैयार हो चुके थे जिन्हें नए रंग में रँगना, उन्हें बदलना आदमी के लिए ज्यादा जरूरी हो गया था।

36. ऐसे में वामपन्थ के पुनर्निर्माण की जरूरत है। कहा जाए तो फौरी जरूरत है। राजनीति सम्भावनाओं की कला नहीं है। क्रान्तिकारियों के लिए राजनीति असम्भव को सम्भव बनाने की कला है। यह काम सिर्फ आत्मगत आग्रह से नहीं, मौजूदा शक्ति सन्तुलन को बदलने की यथार्थपरक दृष्टि और कार्रवाई से सम्भव है। तभी जो आज असम्भव जान पड़ता है, वह कल सम्भव हो पाएगा। इसके लिए जरूरी है कि हम आज की जरूरतों के अनुरूप अपने राजनीतिक उपकरणों को तैयार करें। यह पार्टी के बोल्शेविक ढाँचे के साथ अनालोचकीय तरीके से चिपके रहकर हासिल नहीं किया जा सकता है। इस ढाँचे में निहित जो सैद्धान्तिक कमजोरियाँ हैं, उनसे मुक्ति पाना ही होगा। पार्टी को सभी स्तरों पर अधिक जनतांत्रिक और संवादी बनाना ही होगा।

37. अपनी तमाम राजनीतिक और सांगठनिक कमजोरियों का कुल परिणाम आज पार्टी के एक ऐसे नौकरशाही स्वरूप के रूप में सामने आया है जिसमें आने वाले समय में काडर के रूप में चयन के लिए हमारे सामने अच्छे में श्रेष्ठ नहीं बल्कि बुरों में निकृष्ट के अलावा और कुछ नहीं रह जाएगा। एक

नौकरशाही ढाँचे में सिद्धान्तविहीन, मानवीय संवेदनाओं से शून्य, तिकड़मों में लिप्त होकर ही कोई व्यक्ति महत्त्व का स्थान हासिल कर सकता है। इन तिकड़मों में लचर और अधकचरे चरित्र के लोग माहिर होते हैं। इसलिए सब कुछ यदि पूर्व की भाँति ही चलता रहा तो पार्टी का नेतृत्व इन लचर और अधकचरे लोगों से ही भरा होगा, दूसरा कोई विकल्प ही नहीं रह जाएगा। ऐसा नेतृत्व नीतियों के मामले में विसर्जनवादी और संगठन के मामले में नौकरशाही, कमांड सिद्धान्त का हामी होगा। इसके लक्षण इधर साफ दिखाई दे रहे हैं।

परिशिष्ट-2
ज्योति बसु और 'व्यक्ति विमर्श'

यह कोई आश्चर्यजनक बात नहीं थी कि मई 1996 में केन्द्र में संयुक्त मोर्चा सरकार के गठन के समय तीसरे मोर्चे की सभी पार्टियाँ ज्योति बसु को भारत का प्रधानमंत्री बनाने के लिए पूरी तरह से एकमत थीं। ज्योति बसु के बारे में वे किसी भी रूप में अनजान रही हों, ऐसा नहीं कहा जा सकता। बसु एक कम्युनिस्ट नेता हैं, इसे वे अच्छी तरह से जानती थीं और इससे जुड़ी दूसरी सभी विशेष नीति सम्बन्धी बातों का भी उन्हें निश्चित तौर पर पूरा अहसास था। पूँजीवादी राज्य और उसकी भूमिका को लेकर कम्युनिस्टों की अपनी कुछ खास अवधारणाएँ रही हैं, जिनके साथ सामान्यत: पूँजीवादी पार्टियों का मेल बैठना मुश्किल होता है। इसके अलावा जो लोग भी सीपीआई (एम) और उसके तब तक के कार्यक्रम से वाकिफ थे, उन्हें सीपीआई (एम) की अपनी भीतरी बाधाओं का भी थोड़ा अहसास था। इन सबके बावजूद, जब यह बात उठी कि उन परिस्थितियों में प्रधानमंत्री पद और सरकार के नेतृत्व के लिए ज्योति बसु से बेहतर दूसरा कोई विकल्प नहीं हो सकता और तीसरे मोर्चे के सभी दलों की ओर से उस पर जिस प्रकार का दबाव डाला गया, उससे हमारे सामने अन्य बातों के अलावा एक दूसरा महत्त्वपूर्ण विचारधारात्मक सवाल भी चुनौती बनकर खड़ा हो गया कि क्या किसी क्रान्तिकारी कम्युनिस्ट पार्टी में नेता के व्यक्तित्व की भी अपनी कोई भूमिका होती है? इसने एकबारगी इतिहास और व्यक्ति के सम्बन्धों से जुड़े विश्व राजनीति के समूचे विमर्श को हमारे सामने ताजा कर दिया।

ज्योति बसु के उस सर्वसम्मत चयन से उठे सवाल का कि ज्योति बसु क्यों, एक सरल और काफी हद तक सही जवाब यह हो सकता था कि ज्योति बसु के नाम को मिली वह मान्यता दरअसल उस पार्टी को मिली मान्यता थी, जो तब 20 वर्षों से लगातार पश्चिम बंगाल की तरह के भारत के एक औद्योगिक राज्य में सत्ता पर थी तथा भारत के अन्य दो राज्यों, केरल और त्रिपुरा, में भी राजनीति की मुख्यधारा बनी हुई थी। जनमानस में ज्योति बसु को इसी पार्टी का पर्याय माना जाता है। संयुक्त मोर्चा की पार्टियों के आग्रह के पीछे निश्चित तौर पर यह सच कहीं न कहीं जरूर काम कर रहा था।

पश्चिम बंगाल में ज्योति बसु के नेतृत्व में वाममोर्चे का लगातार दो दशकों से अधिक का शासन सारी दुनिया में संसदीय जनतंत्र के इतिहास की जैसे एक बिरल घटना है, उसी प्रकार एक पूँजीवादी राज्य और संविधान के तहत किसी कम्युनिस्ट पार्टी को इतने लम्बे काल तक सत्ता में बने रहने देना, वह भले किसी अंग राज्य में ही क्यों न हो, दुनिया के कम्युनिस्ट आन्दोलन के लिए कम विस्मयकारी और महत्त्वपूर्ण अनुभव नहीं है। इसी प्रकार, यह कहना अतिशयोक्ति नहीं होगा कि भारत के कम्युनिस्ट आन्दोलन के लगभग पर्याय समझे जाने वाले व्यक्तित्व को देश के पूँजीवादी सामन्ती दलों के एक समूह द्वारा देश का सर्वोच्च, प्रधानमंत्री पद सौंपने की पेशकश भी अपने आपमें एक अनोखी और अकेली घटना थी। संसदीय जनतंत्र वाले किसी भी संघीय राज्य की केन्द्रीय सत्ता में कम्युनिस्टों को शामिल करने की पेशकश के तो और भी कुछ उदाहरण मौजूद हैं, लेकिन अत्यन्त अल्पमत में होने पर भी सरकार की कमान किसी कम्युनिस्ट नेता को सौंपने की कहीं कोई दूसरी नजीर नहीं मिलती।

इस अनूठे और अपने किस्म के अकेले घटनाक्रम की तहों में जाने के लिए, बहुत संक्षेप में ही क्यों न हो, भारत के आधुनिक राजनीतिक इतिहास और उसमें कम्युनिस्टों की भूमिका पर यहाँ थोड़ा सा दृष्टिपात करना उपयोगी होगा।

यदि हम भारत के कम्युनिस्ट आन्दोलन के इतिहास को देखें तो पाएँगे कि आजादी के पहले तक का यह इतिहास राष्ट्रीय स्वतंत्रता आन्दोलन की मुख्य शक्ति, राष्ट्रीय कांग्रेस के साथ 'एकता और संघर्ष' का इतिहास रहा है। ब्रिटिश साम्राज्यवाद के खिलाफ समझौताहीन संघर्ष और भारत को आजाद करने के लक्ष्य के प्रति कम्युनिस्ट पार्टी की अटूट निष्ठा ही कांग्रेस के साथ उसके 'एकता और संघर्ष' के सम्बन्धों का प्रमुख आधार थी। कम्युनिस्ट पार्टी की स्थापना के बाद, ब्रिटिश शासन के दमन से बचने के लिए, शुरू के अनेक वर्षों तक कम्युनिस्ट पार्टी के लोग कांग्रेस के अन्दर से ही काम किया करते थे। आजादी के बाद, एक अत्यन्त छोटे से काल (1948-1950) में 'यह आजादी झूठी है' के नारे और तेलंगाना आन्दोलन के साथ व्यापक विद्रोह के जरिए पूँजीवादी सामन्ती राजसत्ता को पलटकर उस पर कब्जा जमाने की लड़ाई के अतिरिक्त, देखा जाए तो, भारत के कम्युनिस्ट आन्दोलन की मुख्य धारा का लगभग 6 दशकों का इतिहास वास्तविक अर्थों में भारत में जनतंत्र और संविधान की रक्षा के लिए संघर्ष का इतिहास ही रहा है। "पूँजीवाद के आम पतन के युग में बुर्जुआ द्वारा फेंक दिए गए जनतंत्र के झंडे को उठाने का दायित्व सर्वहारा और उसकी कम्युनिस्ट पार्टी का है," और क्रान्ति के चरण के रूप में जनता के जनवाद की पूरी समझ इस काल में भारत के कम्युनिस्ट आन्दोलन का दिशा-निर्देश करती रही है। आजादी के बाद कांग्रेस दल ने जिस प्रकार से आजादी की

लड़ाई की प्रतिश्रुतियों को ठुकराया, उस पृष्ठभूमि में संविधान की रक्षा का संघर्ष और भी महत्त्वपूर्ण हो जाता है। कांग्रेस ने जमींदारी उन्मूलन के वादे से दगा की, भाषाथी राष्ट्रीयताओं को स्वीकारने में हिचकिचाहट दिखाई, राज्य के संघीय ढाँचे को कभी भी समुचित रूप में विकसित नहीं होने दिया, अर्थव्यवस्था में साम्राज्यवादी पैठ को कायम रखा और इस प्रकार स्वतंत्रता के आधार को कमजोर किया। यहाँ तक कि राज्य के धर्मनिरपेक्ष चरित्र और जनतांत्रिक संस्थाओं को भी कमजोर करने में प्रत्यक्ष भूमिका अदा की। सर्वोपरि, एक लम्बे काल तक एकदलीय तानाशाही का रुझान कांग्रेस के चरित्र का अभिन्न हिस्सा बना रहा।

और भी महत्त्वपूर्ण तथ्य यह है कि कांग्रेस दल और उसकी सरकार के सर्वसत्तावादी और तानाशाहीपूर्ण रुझानों का सबसे अधिक और प्रत्यक्ष शिकार भारत के प्रमुख दलों में कम्युनिस्ट पार्टी, उसमें भी खासतौर पर सीपीआई (एम) को बनना पड़ा है। कम्युनिस्ट पार्टी पर पाबन्दी, केरल में ईएमएस की पहली सरकार को जनतंत्र विरोधी साजिशों के जरिए गिराए जाने से लेकर कभी चीन का, तो कभी पाकिस्तान का दलाल बताकर कम्युनिस्ट नेताओं को वर्षों जेल में बन्द रखने, और '67 से '77 के पूरे काल में पश्चिम बंगाल में खेला गया केन्द्रीय षड्यंत्रों, राज्यपाल के पद के दुरुपयोग और हत्या की राजनीति का पूरा खेल, पुनः त्रिपुरा में अलगाववादियों के साथ मिलकर कम्युनिस्टों को सत्ता से हटाने की घिनौनी साजिशों का इतिहास बहुत पुराना नहीं है। सन् '75 के आन्तरिक आपातकाल को पश्चिम बंगाल में '72 से '77 तक अर्द्ध फासिस्ट शासन की शृंखला की ही आगे की कड़ी कहा जा सकता है।

इन तमाम प्रतिकूलताओं से लम्बे संघर्ष का ही परिणाम है कि पूँजीवादी संसदीय जनतंत्र को अपना अन्तिम लक्ष्य न मानने के बावजूद सीपीआई (एम) कालक्रम में भारत में संसदीय जनतंत्र और भारतीय संविधान के मूलाधारों की रक्षा के लिए संघर्ष की एक प्रमुख पार्टी बन गई। सीपीआई (एम) की इस 'जनतंत्र रक्षक' नई लोकप्रिय छवि ने बहुतेरे 'क्रान्तिकारियों' को कितना ही बेचैन और विस्मित क्यों न किया हो, भारतीय राजनीति में सीपीआई (एम) का यह नया अवतार काफी तात्पर्यपूर्ण रहा है और विश्व कम्युनिस्ट आन्दोलन के लिए निश्चित तौर पर एक नया अनुभव कहा जा सकता है। कहना न होगा कि जब मई '96 में ज्योति बसु को भारत के प्रधानमंत्री पद की जबर्दस्त पेशकश की गई थी, तब उसकी पृष्ठभूमि में इस राजनीतिक सच, और ज्योति बसु के रूप में उसके मूर्त व्यक्तित्व की निश्चित तौर पर निर्णायक भूमिका थी।

बहरहाल, मई '96 की उस पेशकश को सीपीआई (एम) की केन्द्रीय कमेटी ने ही नहीं स्वीकारा। इस पर केन्द्रीय कमेटी में काफी बहस हुई और मतदान के जरिए

उस पेशकश को ठुकरा देने का फैसला किया गया। यहाँ उस फैसले पर किसी प्रकार की टिप्पणी करना उचित नहीं होगा। गम्भीर विमर्श के दौरान निश्चित तौर पर इसके सभी राजनीतिक सांगठनिक पक्षों को, लाभ–नुकसान के हिसाब से देखा गया होगा।

तथापि, बाहर में जो चर्चाएँ चलीं, उसमें जो तर्क सुनाई दिए, उनमें मुख्य तर्क यह था कि संसद का गणित सीपीआई (एम) के अनुकूल नहीं था; ऐसी अवस्था में वह सरकार या तो चल नहीं सकती थी, या वह पूँजीवादी सामन्ती दलों के हाथ का खिलौना, एक स्टूज गवर्नमेंट भर होती जो बुर्जुआ के इशारों पर चलते हुए उसी के कार्यक्रम पर अमल करने के अलावा विशेष कुछ नहीं कर सकती थी। इसके अलावा कांग्रेस दल पर उस सरकार की निर्भरशीलता ने सबको और ज्यादा शंकित कर रखा था। कांग्रेस दल का अतीत, और खासतौर पर सीपीआई (एम) के साथ उसके सम्बन्धों का सच कोई भूल नहीं पा रहा था। निश्चित तौर पर सीपीआई (एम) के भीतर का एक तबका पुस्तक की, अर्थात् सीपीआई (एम) के तब तक स्वीकृत संविधान की बाधाओं से भी चालित था। उस काल में पार्टी कार्यक्रम की धारा 112 पर हुई भारी चर्चा को इसका प्रमाण कहा जा सकता है।

इन सब बातों के अतिरिक्त सबसे महत्त्वपूर्ण प्रश्न देश की तत्कालीन राजनीतिक परिस्थिति के विश्लेषण का भी था, जिसे यहाँ विस्तार से बताने की जरूरत नहीं है। सन् '91 से '96 तक अल्पमत की सरकार चलाने के बाद '96 के चुनाव में कांग्रेस बुरी तरह पराजित हुई थी और लोकसभा में सबसे बड़ी पार्टी भाजपा ने 13 दिनों की सरकार बनाई, जो संसद में बहुमत साबित न कर पाने के कारण गिर गई। तभी कांग्रेस के सहयोग से तीसरे मोर्चे की सरकार बनाने का सवाल उठा था। इसमें सबसे बड़ी राजनीतिक चुनौती देश की सर्वोच्च सत्ता पर साम्प्रदायिक ताकतों के काबिज होने को रोकने की, साहसपूर्वक देश की राजनीति के एजेंडे को बदलकर उसे साम्प्रदायिकता और जातिवाद के दलदल से निकालने की भी थी।

उस समय दिल्ली और अलीगढ़ के कई ख्यातनाम बुद्धिजीवियों ने एक ज्ञापन देकर सीपीआई (एम) की केन्द्रीय कमेटी से कहा था कि ''सीपीआई (एम) के नेतृत्व में वामपन्थी ताकतों को सिर्फ भाजपा को सत्ता से बाहर रखना ही नहीं, बल्कि उससे भी अधिक महत्त्वपूर्ण, भाजपा की हाल की सफलताओं के कारण को दूर करने की एक जरूरी भूमिका अदा करनी होगी। आज आम जनता को राहत देने के सामाजिक–आर्थिक कार्यक्रम के बारे में अपनी राजनीतिक दूरदर्शिता और इच्छा को अमल में लाने की जरूरत है, ताकि उदासीनता और नकारात्मकता के वातावरण से उबरा जा सके और जनता को 'घोटालों' तथा 'रथयात्राओं' के युग से अन्तिम रूप में मुक्ति पाने के लिए उत्साहित किया जा सके। जरूरत है एक नई शुरुआत के लिए दृढ़ पहलकदमी की, तथा वामपन्थ यह कर सकता है।''

और उनका जवाब देते हुए प्रो. एजाज अहमद ने 'इकोनॉमिक एंड पॉलिटिकल वीकली' के 1 जून, 1996 के अंक में एक लेख लिखा : 'इन द आई ऑफ स्टार्म द लेफ्ट चूजेज'। अपने इस लम्बे लेख में प्रो. अहमद ने ज्योति बसु को रॉबिनहुड न समझने के पार्टी के फैसले का समर्थन करते हुए केन्द्रीय सत्ता पर भाजपा के आने मात्र से फासीवाद के अवतरण की आशंका को कोरा बतंगड़ बताया था। प्रधानमंत्री पद पर ज्योति बसु की नियति की तुलना उन्होंने ऐसे सितारे से की जो चमक की एक कौंध दिखाकर टूटकर शून्य में विलीन हो जाता है। वह सरकार बुर्जुआ के हाथ की कठपुतली होती, इसे और मूर्त रूप में बताते हुए प्रो. अहमद ने लिखा कि जब चिदम्बरम की तरह के व्यक्ति वित्त मंत्रालय सँभालते, और लालू-मुलायम जैसे संगी साथी होते, तब किसी जनहितकारी कार्यक्रम पर अमल करना अथवा धाँधलियों की कालिख से बच पाना असम्भव होता। 'संवैधानिक राज्य' के संकट और 'सत्ता हासिल करने के लिए कृत संकल्प विद्रोही मजदूर वर्ग' की अनुपस्थिति में फासीवाद के आगमन की आशंका को उन्होंने कोरी कल्पना की उपज बताया और ग्राम्शी का उद्धरण देते हुए लिखा कि ऐसी परिस्थिति में लगातार पराजयों से थके व्यक्ति को इतिहास का विवेक नहीं, इतिहास से समर्थित होने की आस्था संचालित करने लगती है और आस्था से चालित आदमी उतावलेपन में मरने-मारने पर उतारू हो जाता है।

प्रो. अहमद ने अपने लेख में इटली के 1976 के चुनाव का उदाहरण दिया जिसमें वहाँ की कम्युनिस्ट पार्टी के महासचिव ने चुनाव में जीत के आसार को देखकर देश भर में इस नारे के साथ प्रचार चलाया था कि "हमें दो-तिहाई बहुमत दो, अन्यथा हम सरकार नहीं बनाएँगे।" इसके पीछे उनका तर्क यह था कि बिना दो-तिहाई बहुमत के वे लम्बे काल तक सरकार नहीं चला पाएँगे और इसीलिए कोई वास्तविक परिवर्तन लाने में भी सफल नहीं होंगे।

जाहिर है कि प्रो. अहमद की दलील थी कि भारत के कम्युनिस्टों ने भी इसी प्रकार के यथार्थबोध का परिचय दिया और अपने को निश्चित बदनामी या प्रतिक्रान्तिकारी विद्रोह में मारे जाने की नियति से बचा लिया।

जो भी हो, इतिहास के पूरे क्रम का कभी भी कोई पहले से पूरी निश्चयात्मकता के साथ बयान नहीं कर सकता। चूँकि इतिहास खुद को हूबहू दोहराता नहीं है, इसलिए ऐतिहासिक दृष्टान्त भी पूरी तरह से विश्वसनीय निदेशक नहीं हो सकते। एक स्थिति किसी भी शक्ति के राजसत्ता तक जाने के पहले की होती है और एक स्थिति राजसत्ता हासिल कर लेने के बाद होती है। राजसत्ता की तमाम प्रकार की सांस्थानिक बाधाओं के बावजूद जैसे फासिस्ट ताकतें अपनी शक्ति के विस्तार के लिए उसके भरपूर प्रयोग का रास्ता निकाल लेती है, वैसी ही सम्भावनाएँ क्रान्तिकारी ताकतों के लिए भी बनी रहती हैं। प्रतिद्वन्द्विता के जरिए विकास की पूरी अवधारणा

के ग्राम्शी के प्रभुत्ववादी सिद्धान्त में जोखिम उठाकर विशेष ऐतिहासिक अवसरों का इस्तेमाल करने की साहसपूर्ण क्रान्तिकारी कार्यनीति का कोई स्थान नहीं है। इस रास्ते पर यदि चला गया होता तो रूस की नवम्बर क्रान्ति कभी भी सम्भव नहीं होती। खुद ग्राम्शी ने रूस की समाजवादी क्रान्ति का समर्थन करते हुए परिस्थितियों के अनुरूप जोखिम भरी पहल को क्रान्ति और क्रान्तिकारियों के लिए अनिवार्य माना है। इतिहास के पूर्व निर्धारित पथ पर चलने की बात को अर्थनीतिवाद कहकर ग्राम्शी ने उसे क्रान्ति के विरुद्ध बताया था। ग्राम्शी का प्रभुत्व का सिद्धान्त गैर-क्रान्तिकारी परिस्थितियों में कम्युनिस्ट पार्टी के नियमित कार्यों को संचालित करने का सिद्धान्त है। इस प्रक्रिया से उत्पन्न होने वाली क्रान्तिकारी परिस्थितियों में क्रान्तिकारियों की जोखिम भरी पहलकदमी सबसे अधिक महत्त्वपूर्ण है।

द्वितीय विश्वयुद्ध के बाद से पश्चिमी यूरोप की कम्युनिस्ट पार्टियाँ 'प्रभुत्व हासिल करने' के मंत्र को साध रही हैं। कोरिया, क्यूबा, वियतनाम में क्रान्तियाँ सम्पन्न हुईं, इंडोनेशिया, चिले, ईरान आदि में प्रतिक्रान्तियाँ हुईं, लेकिन यूरो कम्युनिज्म अपने 'प्रभुत्व विस्तार' की आँख-मिचौली का खेल खेलते हुए आराम से साम्राज्यवाद का अंग बना रहा। वहाँ का मजदूर वर्ग भी नवउपनिवेशवादी जाल से प्राप्त लूट के धन का मामूली अंशीदार बनकर साम्राज्यवाद के साथ किसी तरह निबाह करता रहा।

इसके अलावा जो बात पश्चिमी यूरोप की परिस्थितियों में चल गई और चल रही है, उसे तीसरी दुनिया के देशों में चलाने का अर्थ व्यापक जनता की पहले से चली आ रही भयंकर दुर्दशा को स्थायी बनाने के अलावा और कुछ नहीं होगा। 'आस्था से चालित आदमी के उतावलेपन' के समानान्तर ही 'कर्म सिद्धान्त' का मनोविज्ञान भी क्रान्तिकारियों के लिए कम बड़ी चुनौती नहीं है। चीन के प्रसिद्ध कथाकार की विश्वप्रसिद्ध कहानी 'आक्यू की आत्मकथा' में आक्यू का वह मनोविज्ञान जो भौतिक जीवन की लगातार पराजयों को अपनी नैतिक विजयों में तब्दील करके अन्त में फाँसी के फन्दे तक चले जाने की अस्वाभाविक हरकतें कर बैठता है, उसमें 'कर्म सिद्धान्त' का भाग्यवाद और भोला उतावलापन, दोनों के मिश्रण को देखा जा सकता है। चीन की कम्युनिस्ट पार्टी ने इन आक्युओं को ही लम्बे मार्च में उतारकर उन्हें शोषण के जुए से मुक्त किया था।

दरअसल, एक बहुत महत्त्वपूर्ण प्रश्न पहलकदमी का होता है। जिस देश में कांशीराम, मायावती, लालू और मुलायम सिंह सरीखे नेताओं के पीछे दलितों, पिछड़ों, अल्पसंख्यकों के हुजूम चल पड़ते हैं; जहाँ की 30 प्रतिशत आबादी गरीबी की सीमा रेखा के नीचे वास करती है तथा जहाँ दुनिया के सबसे ज्यादा निरक्षर और कुपोषित जन वास करते हैं, वहाँ वेस्ट मिनिस्टर संसदीय व्यवस्था के मानदंडों से तमाम राजनीतिक निर्णयों को मापना, यहाँ के अनुभवों की तुलना इटली और

पुर्तगाल की कम्युनिस्ट पार्टियों के द्वितीय विश्वयुद्ध के बाद के काल के निर्णयों से करना, भारत के क्रान्तिकारी आन्दोलन में संसद के अन्दर और बाहर के संघर्षों के बीच के सम्बन्धों की समझ को पूरी तरह के गड्डमड्ड करने के अलावा और कहीं नहीं ले जाएगा।

इस बात को समझने के लिए एक विपरीत उदाहरण काफी मददगार हो सकता है। यह भारत की तरह के देश में ही मुमकिन है कि संसद, अदालत और तमाम वैधानिक संस्थाओं की नग्न अवहेलना करते हुए यहाँ 400 वर्ष पुरानी बाबरी मस्जिद को ढहा दिया गया। कई अर्थों में भारतीय समाज का यथार्थ एक उबलता हुआ यथार्थ है। इसमें 'प्रभुत्व विकास' की बारीकियों को कातना किनारे बैठकर नजारा भर देखने वाले 'संसदवाद' को पालने-पोसने के अलावा और कहीं नहीं ले जा सकता। भारत की तरह के अनगिनत विरोधाभासों से घिरे समाज को बदलने की लड़ाई में साहसपूर्ण नेतृत्व और क्रान्तिकारी जोखिम की बड़ी भूमिका हो सकती है।

हम सभी जानते हैं कि सीपीआई (एम) ने अपनी परवर्ती कोलकाता कांग्रेस में और बाद में त्रिवेन्द्रम के विशेष सम्मेलन में पार्टी के कार्यक्रम को अद्यतन बनाकर केन्द्रीय सरकार के मसले पर निर्णय लेने में पुस्तक की बाधा से खुद को मुक्त कर लिया और भविष्य में परिस्थितियों के ठोस विश्लेषण और निर्णय के लिए कहीं ज्यादा लचीलेपन की स्थिति तैयार कर ली। इसके साथ ही साम्प्रदायिक ताकतों के खिलाफ संघर्ष में सहयोगियों के चयन के बारे में भी समझ को और साफ किया गया। लेकिन, पार्टी के सन् '96 के फैसले के बाद ज्योति बसु ने जो कहा कि 'बस छूट गई है', वह हवा में ऐसे कई प्रश्नों को छोड़ गया है, जिन पर आगे भी विचार-विमर्श जारी रहेगा।

इनमें से ही एक मूलभूत प्रश्न इतिहास और उसमें व्यक्ति की भूमिका के बारे में भी बनता है। क्या यह भूमिका इतनी सरल रेखीय और एकतरफा होती है कि इतिहास का हर मुकाम अपने व्यक्तित्वों का निर्माण कर लिया करता है। वरंच, इतिहास और व्यक्ति का सम्बन्ध भी द्वन्द्वात्मक होता है और व्यक्ति कई परिघटनाओं (Phenomenon) के समुच्चय के रूप में विकासमान ऐतिहासिक प्रक्रिया की किसी एक प्रमुख परिघटना का पर्याय या प्रतीक बनकर समूचे इतिहास को नई दिशा में निर्देशित करने का महत्त्वपूर्ण कारक बन जाता है।

इसके अलावा, जैसे हम विश्व इतिहास की पूरी प्रक्रिया के अन्तर्विरोधों और उनमें सबसे प्रमुख और सबसे गौण अन्तर्विरोधों का विश्लेषण कर अपने तात्कालिक और दूरगामी राष्ट्रीय कामों को निर्धारित करते हैं, ठीक वैसे ही क्या किसी राष्ट्र विशेष के इतिहास के अन्तर्विरोधों में प्रमुखता और गौणता का तर्क लागू नहीं होता? अगर ऐसा नहीं होता तो क्रान्ति के अलग-अलग चरणों की बात करना ही निरर्थक

होता। अन्तर्विरोधों की यह प्रमुखता और गौणता ऐतिहासिक प्रक्रिया की अलग-अलग परिघटनाओं और चरणों, दूसरे शब्दों में कहें तो निर्मितियों, का कारक बनती है। इसीलिए सदा क्रान्ति के अन्तिम लक्ष्य की कसौटी पर प्रत्येक परिघटना में क्रान्तिकारी पार्टी की भूमिका को तय नहीं किया जा सकता है। किसी निश्चित और सीमित लक्ष्य की कार्यनीति को मूलभूत क्रान्तिकारी रूपान्तरण या वर्गीय शासन के प्रति दृष्टिकोण के आधार पर हमेशा स्वीकृत अथवा खारिज नहीं किया जा सकता है। 'बुर्जुआ के स्टूज' का तर्क साम्प्रदायिक फासीवाद या एकदलीय तानाशाही के खिलाफ संघर्ष के कार्यक्रम पर लागू नहीं किया जा सकता है, वैसी स्थिति में तो और भी नहीं जब हमारी क्रान्ति के चरण के रूप में जनता की जनवादी क्रान्ति के चरण की बात कही जा रही है, जिसके सतरंगे संगी-साथियों में एक निश्चित स्थान राष्ट्रीय बुर्जुआ का भी माना गया है।

इस बात को ठोस उदाहरण के जरिए समझने के लिए हम इन्दिरा गांधी की एकदलीय तानाशाही और आन्तरिक आपातकाल के खिलाफ जयप्रकाश नारायण के नेतृत्व के प्रति सीपीआई (एम) के दृष्टिकोण को ले सकते हैं। उस आन्दोलन में जनसंघ वालों के शामिल होने के बावजूद सीपीआई (एम) ने उसमें शामिल होने से किसी प्रकार का परहेज नहीं किया। पुनः 1989 में राष्ट्रीय मोर्चा की सरकार को वामपन्थियों और भाजपा, दोनों का बाहर से समर्थन मिला हुआ था। इसका अर्थ यह कदापि नहीं था कि किसी भी चरण में सीपीआई (एम) ने भाजपा के साम्प्रदायिक फासीवाद के साथ कोई समझौता किया हो, अथवा उसे समझने में भूल की हो। यह सब एक खास राजनीतिक परिघटना के अपने सीमित लक्ष्यों को साधने की कार्यनीति का हिस्सा था, जिसे बिना साधे आगे की किसी रणनीति के बारे में सोचा नहीं जा सकता था।

यह सही है कि '96 के वक्त संयुक्त मोर्चा की पार्टियों ने संयुक्त मोर्चा सरकार को नेतृत्व देने के लिए सीपीआई (एम) को नहीं, ज्योति बसु को न्योता था। लेकिन उपरोक्त चर्चा से ही यह साफ है कि ज्योति बसु सिर्फ व्यक्ति नहीं, भारत में जनतंत्र की रक्षा और विस्तार के लिए संघर्ष की उस पूरी परिघटना के प्रतिनिधि थे जिसमें सीपीआई (एम) की एक नेतृत्वकारी भूमिका रही है। इन परिस्थितियों में व्यक्ति को प्रमुखता दी गई या पार्टी को, यह प्रश्न गौण हो जाता है। तात्कालिक लक्ष्य ही यदि संसदीय जनतंत्र की रक्षा हो तो वह व्यक्ति के जरिए पूरा हो अथवा पार्टी के जरिए, संसदीय जनतंत्र के अलावा दूसरे मानदंडों पर इस लक्ष्य की कार्यनीति को नहीं परखा जा सकता है।

दरअसल, ऐसे मौकों पर कुछ चूक इतिहास में व्यक्तित्वों की भूमिका की एक बहुत साफ समझ के अभाव से भी हो जाती है। 18वीं सदी के राजनीतिक चिन्तक

जब 'किशोर राजकुमार' की शिक्षा-दीक्षा के बारे में शोध प्रबन्ध लिखते थे, तो वह इतिहास को समझने के लिहाज से अकारण या निरर्थक नहीं होता था। मार्क्सवाद ने इतिहास में व्यक्ति की भूमिका के बारे में अतिरंजनाओं को अस्वीकारा, लेकिन मार्क्स ने ही 'फ्रांस में वर्ग संघर्ष' (1848 से 1859 तक), 'लुई बोनापार्ट की 18वीं ब्रुमेर' में तथा एंगेल्स ने 'इतिहास में बल प्रयोग की भूमिका' में बिस्मार्क के बारे में और लेनिन ने स्तोलीपिन और केरेंस्की की नीतियों की चर्चा करते वक्त उन चरित्रों की व्यक्तिगत विशिष्टताओं के बारे में जितना बारीकी से अध्ययन किया, वह भी अकारण नहीं था। इन अध्ययनों से इतिहास का प्रवाह उतना ही रूपायित हुआ था, जितना कि इतिहास के प्रवाह के अध्ययन से उसमें व्यक्तियों की भूमिका प्रकाशित होती है। और तो और, लेनिन ने अपने आखिरी दिनों में 'कांग्रेस के नाम पत्र' वाले कुछ बहुचर्चित दस्तावेजों में स्तालिन और ट्राटस्की के व्यक्तिगत गुण-दोषों पर जो टिप्पणी की थी, वह क्या समाजवादी क्रान्ति के राजनेताओं के गुणों और विशिष्टताओं के अध्ययन की समस्या का परिप्रेक्ष्य पेश नहीं करती?

प्लेखानोव ने अपने प्रसिद्ध प्रबन्ध 'इतिहास में व्यक्ति की भूमिका के प्रश्न के बारे में' में व्यक्ति के सन्दर्भ में इतिहास की भौतिकवादी अवधारणाओं पर विस्तार से चर्चा करते हुए लिखा है कि "परिस्थितियों के क्रम पर गहरा असर डालने के लिए विशेष प्रतिभा वाले व्यक्ति को दो शर्तों को पूरा करना जरूरी होता है। पहली शर्त यह कि उस प्रतिभा को खुद को दूसरे किसी भी व्यक्ति की तुलना में एक निश्चित युग की सामाजिक जरूरतों के अनुरूप बनाना होगा : नेपोलियन में उसकी सामरिक प्रतिभा के बजाय बिथोभेन की तरह का संगीत का गुण होता, तो वह कभी भी सम्राट नहीं बन पाता। दूसरा, वर्तमान सामाजिक व्यवस्था उस व्यक्ति को उस विशेष काल के लिए जरूरी प्रतिभा और उपयोगिता हासिल करने के रास्ते में बाधक न बने। वही नेपोलियन एक जीर्ण-शीर्ण ज़नरल या कर्नल बोनापार्ट बनकर मर गया होता यदि फ्रांस में पुरानी व्यवस्था और 75 वर्षों तक कायम रह गई होती।" (George Plekhanov, Selected Philosophical Works, Vol. 4, Page 309)

कहने का तात्पर्य यह है कि '96 में ज्योति बसु को प्रधानमंत्री बनाने की पेशकश मात्र किसी एक व्यक्ति या प्रतिभा को मिली स्वीकृति नहीं थी, वह एक समय विशेष की सामाजिक जरूरतों और उसमें सबसे अधिक उपयुक्त साबित होने लायक व्यक्ति और उसके पीछे की पार्टी को स्वीकृति थी। वह काम देवगौड़ा अथवा गुजराल की तरह के बेपेंदी के व्यक्तित्वों से मुमकिन नहीं था, जिनके साथ कांग्रेस को किसी भी प्रकार का खेल खेलने में रत्ती भर भी चिन्ता नहीं हुई, क्योंकि उनकी या उनकी पार्टियों की ओर से भविष्य में भी कभी कांग्रेस को किसी प्रकार की चुनौती मिलने की कोई सम्भावना नहीं थी।

आज जब ज्योति बसु 90 के आयुवर्ग में हैं, और वय:जनित कारणों से खुद को सभी प्रकार के प्रशासनिक दायित्वों से मुक्त कर चुके हैं, तब 'बस चली गई' का उनका जुमला विशेष रूप से तात्पर्यपूर्ण जान पड़ता है।

परिस्थितियाँ रहें, सेना रहे, फिर भी नेपोलियन की तरह की सामरिक प्रतिभा, जिसे समाज द्वारा स्वीकारने में कोई बाधा न हो, न रहे, तो कोई सम्राट नहीं बन सकता। नई परिस्थितियों से पैदा होने वाले नए अवसरों को किसी मीडियोकर लुई बोनापार्ट से भरने के जो त्रासद परिणाम होंगे, इसका कोई भी आसानी से अनुमान लगा सकता है। सम्भवत: तब 'आस्था से चालित व्यक्ति का उतावलापन' कहीं ज्यादा उजागर होगा।

यह कहना बहुत आसान है कि जहाँ कोई लेनिन, स्टालिन, माओ या हो ची मिन्ह नहीं होते, वहाँ सामूहिक नेतृत्व ही कारगर होता है। सच्चाई किन्तु यह है कि क्रान्तिकारी संघर्ष के किसी भी चरण में क्रान्ति के महान प्रतिभा संपन्न जन नेता और सामूहिक नेतृत्व में 'यह नहीं तो वह' का फॉर्मूला काम नहीं आता। दोनों अनिवार्य और प्रतिपूरक होते हैं। इन्हें विकल्पों के रूप में देखना व्यक्ति पूजा या नियतिवादी कठमुल्लापन के दलदल में फँसने के समान है। क्यों नहीं इस पर विचार किया जाता है कि क्रान्ति स्पार्टाकस, लिंकन, नेपोलियन, लेनिन, गांधी, माओ, हो ची मिन्ह, फिदेल की तरह की विभूतियों का भी निर्माण करती है।

आशा है, ऐतिहासिक भौतिकवाद के दर्शन पर अमल में व्यक्ति की भूमिका के बारे में ज्योति बसु के सन्दर्भ में की गई उपरोक्त समूची चर्चा निरर्थक नहीं समझी जाएगी।

('उद्‌भावना' पत्रिका के ज्योति बसु पर विशेषांक में प्रकाशित)

परिशिष्ट-3

राजनीति का सौन्दर्यशास्त्र

बिहार में चुनाव हो रहे हैं। हरियाणा में भी। भारत की संसदीय राजनीति के इतिहास में ये दो ऐसे प्रदेश हैं जो वर्तमान दौर की राजनीति के अनेक रोमांचक तत्त्वों के उत्स कहे जा सकते हैं। जातिवाद ने भारत के और भी कई राज्यों की राजनीति के स्वरूप को बदला है, लेकिन किसी भी अन्य राज्य में लालू यादव पैदा नहीं हुए। इसी प्रकार राजनीतिक अनीतियाँ दूसरे राज्यों में कम नहीं दिखाई देतीं, फिर भी हरियाणा हरियाणा ही है। यहाँ किसी का भी शासन क्यों न आ जाए, राजनीतिक किस्सागोइयों में इसकी लाल त्रिमूर्ति (भजन-बंशी-देवी) का रोमांच कभी खत्म नहीं होगा।

दरअसल सामान्य तौर पर व्यावहारिक राजनीति का सम्बन्ध कॉमन सेंस से होता है। हालात को देखकर चालें चली जाती हैं। ऐसी राजनीति में आमतौर पर किसी प्रकार का रोमांच या कौतूहल नहीं होता और इसीलिए इसका अपना कोई सौन्दर्यशास्त्र भी नहीं होता। इतिहास के व्यर्थताबोध की जो सबसे अधिक चर्चा की जाती है और जो आज के उत्तर-आधुनिकतावादी दर्शन के मूल में है, उसके पीछे भी वस्तुतः किसी राजनीतिक सौन्दर्यशास्त्र की अनुभूति का अभाव ही काम कर रहा होता है। समाज को बदलने की प्रेरणादायी क्रान्तिकारी राजनीति जब दुनिया की परिस्थितियों से तालमेल बैठाने की कसरत में पर्यवसित होती दिखाई देने लगती है तो 'इतिहास के अन्त' का सूत्र जन्म लेता है। फ्रांसिस फुकुयामा ने 1989 में जब इतिहास के अन्त की बात की तब उसके पीछे उनका तर्क था कि सारी दुनिया में 'उदारतावादी जनतंत्र' (लिबरल डेमोक्रेसी) की प्रशासनिक व्यवस्था के औचित्य के बारे में जिस प्रकार की सर्वसम्मति पैदा हो रही है, उसने 'मनुष्यमात्र के विचारधारात्मक विकास को अन्तिम बिन्दु' तक पहुँचा दिया है। इतिहास से अपने तात्पर्य को समझाते हुए वे कहते हैं कि हेगल और मार्क्स ने भी इतिहास को सदैव विकासमान रूप में नहीं देखा था। हेगल ने एक उदारतावादी राज्य के विकास में इतिहास के अन्त को देखा था तो मार्क्स ने कम्युनिस्ट समाज में। लेकिन इसका अर्थ यह कदापि नहीं है कि जन्म, जीवन और मृत्यु का सिलसिला रुक जाएगा; कि आगे अब और महत्त्वपूर्ण घटनाएँ नहीं घटेंगी और अखबार उन्हें प्रकाशित करना बन्द कर देंगे। इतिहास के अन्त से उनका तात्पर्य मानवता द्वारा ऐसे उदारतावादी जनतंत्र की

स्थापना से था, जो अन्य सभी दूसरी व्यवस्थाओं के अन्दर के 'गम्भीर दोषों और अयौक्तिकताओं' से बुनियादी तौर पर मुक्त है और इसीलिए अन्तिम है।

बहरहाल, हमारा मकसद कतई इस दार्शनिक बहस और उसके तमाम निहितार्थों पर चर्चा का नहीं है। यह एक लम्बी बहस है और इसके अनेक आयाम हैं। सोवियत संघ और पूर्वी यूरोप के समाजवादी देशों के पराभव के साथ ही विचारधारा के मैदान में फुकुयामा का इस प्रकार का सैद्धान्तिक घोषणापत्र लेकर कूदना पूँजीवाद को ही इतिहास का अन्तिम सत्य घोषित करने की अश्लीलता से भरा हुआ था और इसीलिए सर्वत्र निन्दित भी हुआ। हम यहाँ इस प्रसंग पर चर्चा नहीं करेंगे। यहाँ हमारा मकसद बिहार और हरियाणा के चुनावों की खासियत से अपनी बात शुरू करके आम जनता को उत्साहित और प्रेरित करने वाले राज़नीति के रोमांच और कौतूहल के तत्त्व के सन्धान और इस तरह एक प्रकार 'राजनीतिक सौन्दर्यशास्त्र' की चर्चा के अनजान रास्ते की ओर बढ़ना है।

फुकुयामा के 'इतिहास के अन्त' का एक प्रमुख तत्त्व है–'सर्वसम्मति'। जहाँ 'सर्वसम्मति' है, वहीं 'अन्त' है। और इस 'अन्त' का अर्थ है प्रेरणा और उत्साह का, कौतूहल और रोमांच का अन्त। अब यदि हम फिर बिहार और हरियाणा तथा आज के राजनीतिक यथार्थ की बात करें तो पाएँगे कि क्या यह भारतीय राजनीति की 'सर्वसम्मति' का ही प्रताप नहीं है कि अब हरियाणा के 'लालों' और एक हद तक बिहार के लालू का भी पुराना आकर्षण क्रमशः म्लान होता दिखाई देता है; कि बार-बार चाहने पर भी साम्प्रदायिक भाजपा के लिए रामजन्मभूमि का झंडा उठाकर चुनाव के मैदान में उतरना सम्भव नहीं जान पड़ता? लालू हों या कोई लाल (जिनमें लालकृष्ण आडवाणी भी शामिल हैं) सभी 'विकास' के 'सर्वसम्मत' रथ के सारथी दिखाई देना चाहते हैं! यह अब तक की उनकी राजनीति के 'गम्भीर दोषों' और उसकी 'अयौक्तिकता' के अन्त का ही सूचक है! और इसीलिए आज वे सभी रोमांचविहीन तथा आकर्षणविहीन हो गए हैं।

सौन्दर्य का एक बड़ा स्रोत कौतूहल और रोमांच है। साहित्य और कला में आदमी खुद के और अपने इर्द-गिर्द के अभावनीय रूपों को देखकर जब कौतूहल और रोमांच से भरता है, वहीं से साहित्यिक पाठ के सौन्दर्य की सृष्टि होती है। इस प्रसंग में पाब्लो नेरूदा के जीवन की एक घटना पर गौर किया जा सकता है जिसका उनके एक जीवनीकार एडम फीनस्तीन ने हाल में प्रकाशित उनकी जीवनी 'पाब्लो नेरूदा अ पैशन फॉर लाइफ' में उल्लेख किया है।

यह घटना 1945 की है जब द्वितीय विश्वयुद्ध खत्म हो गया था, नाजी सेना पराजित हुई थी और चौतरफा सोवियत संघ की लाल सेना की ख्याति फैली हुई थी और नेरूदा ने भी कम्युनिस्ट पार्टी की सदस्यता ले ली थी। नेरूदा तभी चीले के एक

मरु क्षेत्र से सिनेटर भी चुने गए और तत्कालीन चीले सरकार ने उन्हें चीले का पहला राष्ट्रीय साहित्य पुरस्कार दिया। इस समूचे घटना क्रम ने नेरूदा में एक लेखक और एक कम्युनिस्ट सिनेटर की दोहरी जिम्मेदारी की चेतना पैदा की जो 30 मई, 1945 के दिन चीले के पार्लियामेंट में उनके पहले भाषण में साफ तौर पर दिखाई दी थी। अपने इस भाषण में उन्होंने कहा था कि "हम सब अथवा लगभग हम सभी जिस विचारधारात्मक, नैतिक और वैधानिक जिम्मेदारी को महसूस करते हैं, मेरे मामले में वह और ज्यादा है।"

नेरूदा का यह पहला भाषण राजनीतिक आवेग से भरा भाषण था जिसमें उन्होंने हिटलर की मौत, नाजियों पर मित्र शक्ति की जीत और वामपन्थ, खासतौर पर कम्युनिज्म की विजय पर खुशी जाहिर की थी।

"कुछ दिनों पहले तक एक पागल आदमी था जिसने कम्युनिज्म विरोध के झंडे तले कत्लेआम और विध्वंस किया, ईश्वर को कलुषित किया और उसकी निन्दा की, मनुष्यों, शहरों, खेतों और गाँवों, आम लोगों और संस्कृतियों पर हमले किए और उनकी हत्या की। उस आदमी ने एक भयंकर शक्ति हासिल कर ली थी जिसे उसने मानवता के इतिहास में पहले कभी नहीं देखी गई वैसी नफरत और हिंसा की एक सबसे जबर्दस्त आँधी का रूप दे दिया। आज, अपने राष्ट्र के अवशेषों के बगल में, उन लाखों मृत लोगों की बगल में जिन्हें उसने कब्र में घसीट लिया, वह अपने खुद के दुर्ग के मलबे के तले जले और सूखे हुए अनाम मांस के लोथड़े की भाँति पड़ा हुआ है। उस दुर्ग पर आज हँसिया, हथौड़े और सितारे के साथ शानदार लाल झंडा लहरा रहा है। और इस झंडे का, विजय की अन्य निशानियों के साथ, अर्थ है शान्ति और हमारी अपमानित मानवीय मर्यादा का पुनर्निर्माण।"

नेरूदा ने सोवियत संघ की प्रशंसा सिर्फ युद्ध के मैदान में नाजियों का मुकाबला करने की बहादुरी के लिए ही नहीं की, एक दूसरे सांस्कृतिक नजरिए से भी उन्होंने अपने इस भाषण में सोवियत संघ को सराहा। "मैंने अभी-अभी सरकारी आँकड़ों से एक तथ्य को जाना है जो मेरे लेखक के हृदय को अकूत खुशियों की बाढ़ से भर दे रहा है। वह यह तथ्य है कि युद्ध के दौरान सोवियत संघ में 100 विभिन्न भाषाओं में 1000 किताबों की एक अरब प्रतियाँ प्रकाशित हुई थीं।"

यह नेरूदा की एक राजनीतिज्ञ के रूप में नई तस्वीर थी।

उसी समय नेरूदा को मिले साहित्य के राष्ट्रीय पुरस्कार के लिए सान्तियागो में उनके सम्मान में 'सोसाइटी ऑफ चीलियन राइटर्स' की ओर से एक सभा बुलाई गई थी। नेरूदा के राजनीतिज्ञ रूप से आहत कुछ लोगों ने इस सभा में उन्हें कठघरे में खड़ा करते हुए यह अभियोग लगाया था कि आपने "कविता, कवियों, मानवतावादियों और गैर-राजनीतिक कवित. क्री पूरी व्यवस्था के प्रति विश्वासघात किया है। आपने

गुप्त सन्धानों को त्याग दिया है, आप हमसे जादू के बारे में, आन्द्रे ब्रेताँ (तत्कालीन प्रसिद्ध अतियथार्थवादी स्पैनिश लेखक) के बारे में बात नहीं करते हैं। आप एक... प्रचारक हैं। आप बहुत ही ग्राह्य और बहुत ज्यादा स्पष्ट हैं। आपके मिथ कहाँ गए, तिलिस्म कहाँ गया? मैंने काफ्का, अपोलिनेयर, मारक्वि द सादे, पिकासो और पॉल एलुआर्द को पढ़ा है, और उन सबमें अलौकिकता है।''

नेरूदा ने इस सभी प्रहारों का संयत ढंग से जवाब देते हुए कहा था कि ''मैं मानव संस्कृति में सभी गहन अवदानों को अलौकिक मानता हूँ। टोटेमिक आदिवासियों की रहस्यपूर्ण संगीतमय गोपनीयता का, चौसर, विल्लोन, बर्सिओ, अलिघियेरी के महान काव्यमय मुहावरों की चमकदार पैदाइश से लेकर रोनसार्द के रसिया पियानो, शेक्सपियर के आवेश और रत्नों, बाक अथवा तालस्ताय की काष्ठ शक्ति से होते हुए सोस्ताकोविच और पिकासो तथा पॉल एलुआर्द का भी मैं भक्तिभाव से आदर करता हूँ। तिलिस्म और शिल्प कला के दो स्थायी डैने हैं, लेकिन मेरा मानना है कि जो लोग संस्कृति की रक्षा करने के बजाय खुद को उस अग्नि से दूर रखते हैं जिसमें संस्कृति जल रही है (भले ही इससे किसी का हाथ भी क्यों न जल जाए) वे कविता के प्रति विश्वासघाती हैं।''

और, इस प्रकार नेरूदा ने फासीवाद के खिलाफ अपनी लड़ाई को संस्कृति की रक्षा के लिए अनिवार्य बताया था।

लेकिन उनके इस बयान में गौर करने लायक एक बात यह है कि वे मानव संस्कृति में 'सभी गहन अवदानों' को अलौकिक मानते हैं और तिलिस्म तथा शिल्प को कला के दो स्थायी डैने, अर्थात् वह चीज जिसके बिना कोई कला उड़ान ही नहीं भर सकती है। कहना न होगा कि शायद यही दो डैने साहित्यिक पाठ को अन्य पाठों से अलगाते हैं, और उसमें सौन्दर्य की सृष्टि करते हैं।

अब यदि इसी मानदंड को कोई राजनीति के कर्मकांडों के सौन्दर्य पर लागू करे जो व्यापक जनता को अपनी ओर आकर्षित करते हैं, उनके अन्दर नाना प्रकार के स्वप्नों और कल्पनाओं को जन्म देते हैं तो इसमें भी बहुत कुछ तिलिस्म के रोमांच और अलौकिक के आकर्षण की तरह का तत्त्व पाएँगे। जब राजनीति इन स्वप्नों और तिलिस्मी रोमांच से कटकर शुद्ध कॉमन सेंस की, अथवा 'सर्वसम्मति' की चीज बन जाती है तो वह किसी भी अखबारी समाचार की तरह का एक एकार्थी उबाऊ पाठ भर बनकर रह जाएगी। इसका अन्दरूनी लोकरंजक अथवा प्रेरणादायी आकर्षण खत्म हो जाएगा।

हरियाणा और बिहार के चुनावों में इधर नजर आ रहा घटनाक्रम, नकारात्मक अर्थों में ही सही, यह जाहिर करता है कि वहाँ की अब तक चली आ रही राजनीति विकास की 'सर्वसम्मत' कॉमन सेंस वाली राजनीति की चपेट में आकर अपना

विशेष आकर्षण गवाँ रही है। इससे राजनीति के सौन्दर्यशास्त्र के सामान्य सूत्रों के बारे में निश्चित तौर पर कुछ संकेत हासिल किए जा सकते हैं। जब हम कला के दो डैनों के रूप में 'तिलिस्म और शिल्प' की नेरूदा की बात को दोहराते हैं तो इससे हमारा तात्पर्य कतई यह नहीं होता कि कला सिर्फ तिलिस्म और शिल्प ही है। हमारा सिर्फ यही कहना होता है कि ये दोनों किसी भी कला के कला होने की अनिवार्य शर्त हैं। इसके बिना कोई कला कला नहीं हो सकती। इसी प्रकार, राजनीति का भी तब तक अपना कोई अलग सौन्दर्य अथवा आकर्षण नहीं हो सकता है जब तक वह किन्हीं विशिष्ट स्वप्नों और कल्पनाओं से न जुड़ी हो। 'सर्वसम्मति' हर प्रकार की राजनीतिक विशिष्टता के आकर्षण के लिए किसी दलदल की तरह है जिसमें प्रवेश करने के बाद उसके जिन्दा बचे रहने की कोई उम्मीद नहीं रह जाती है।

लालू के 'जातिवाद' और लालों की अनीतियों का दौर-दौरा अक्षुण्ण बना रहे, यह हमें कतई काम्य नहीं है। लालू का स्थान कोई रामजन्मभूमि वाला लाल ले, यह तो और भी नहीं स्वीकारा जा सकता। वह तो बेहद खतरनाक है, जो सर्वसम्मतिवाद का भी सबसे खूँखार रूप है। वह फासीवाद है जो तमाम मानवीय व्यवहारों को एक सामरिक साँचे में ढालकर उन्हें यकसाँ बना देने पर उतारू है। इसीलिए वह तो पूरी तरह से त्याज्य है। त्याज्य उदार सर्वसम्मतिवाद भी है। इस पूरे उपक्रम में आशा की बात है कि लालू सिर्फ जातिवाद नहीं है, उनके दिए स्वप्नों से सामाजिक न्याय के, धर्मनिरपेक्ष और सहिष्णु भारत के स्वप्न भी समान रूप से जुड़े हुए हैं। इसीलिए लालू अब भी अपना आकर्षण बनाए हुए हैं, पूरी तरह से 'सर्वसम्मति' के दलदल की ओर बढ़ते नहीं दिखते और इसीलिए किसी न किसी रूप में राजनीतिक सौन्दर्य का उद्रेक करते हैं। जहाँ तक हरियाणा की लाल त्रिमूर्ति की परम्परा का सवाल है, कभी वह सिर्फ इसीलिए विशिष्ट थी क्योंकि सर्वसम्मतिवाद के चरम भ्रष्ट रूप के पूरी तरह से परिपक्व होकर सामने आने के पहले ही इसमें उसकी झलक दिखाई दे दी थी। अब तो सर्वत्र उसी का बोलबाला है। इसलिए उनकी 'विशिष्टता' वाली कोई बात नहीं रह गई है। हरियाणा के चौटाला वहाँ की लाल त्रिमूर्ति की परम्परा की बदबूदार लावारिस लाश भर हैं, जिनका इस चुनाव में किसी कूड़े के ढेर पर फेंक दिया जाना तय है।

बहरहाल, राजनीति के सौन्दर्यशास्त्र की तलाश में बिहार, हरियाणा, फुकुयामा, नेरूदा और पुनः लालू, चौटाला तक की इस यात्रा के वृत्तान्त के अन्त में एक ही निष्कर्ष निकलता है कि सचमुच यदि हमें राजनीति के सौन्दर्यशास्त्र की रक्षा करनी है, उसके स्वप्निल तिलिस्म और करोड़ों लोगों को उत्साहित करने वाले शिल्प को बचाना है तो एक बड़ी जरूरत विकास के 'सर्वसम्मतिवाद' के दलदल को ठुकराने की है। वरना यह वाकई राजनीति की सम्भावनाओं के अन्त की पटकथा लिखेगा।

(जनसत्ता, 2005 में प्रकाशित)

□□□